开心读《论语》

郭干辉 ◎ 著

光明日报出版社

图书在版编目（CIP）数据

开心读《论语》/ 郭干辉著. -- 北京：光明日报出版社，2025.4. -- ISBN 978-7-5194-8628-0

Ⅰ.B222.2-49

中国国家版本馆 CIP 数据核字第 2025AL5357 号

开心读《论语》
KAIXIN DU《LUNYU》

著　　者：郭干辉

责任编辑：陆希宇　　　　　　　责任校对：许　怡　李学敏
封面设计：中联华文　　　　　　责任印制：曹　净

出版发行：光明日报出版社
地　　址：北京市西城区永安路 106 号，100050
电　　话：010-63169890（咨询），010-63131930（邮购）
传　　真：010-63131930
网　　址：http://book.gmw.cn
E - mail：gmrbcbs@gmw.cn
法律顾问：北京市兰台律师事务所龚柳方律师

印　　刷：三河市华东印刷有限公司
装　　订：三河市华东印刷有限公司

本书如有破损、缺页、装订错误，请与本社联系调换，电话：010-63131930

开　　本：170mm×240mm
字　　数：348 千字　　　　　　印　　张：23
版　　次：2025 年 4 月第 1 版　　印　　次：2025 年 4 月第 1 次印刷
书　　号：ISBN 978-7-5194-8628-0
定　　价：95.00 元

版权所有　翻印必究

序言一

在泱泱华夏的悠久历史与文化积淀中,《论语》犹如一块璀璨的宝石,熠熠生辉。这部儒家经典,是孔子与其弟子思想交流的实录,也是儒家道德规范、学问探讨、社会理念的集大成者。自古至今,它对中国乃至东亚文化圈产生了深远的影响。如今,我们欣然看到郭干辉先生撰写的《开心读〈论语〉》一书,此书以一种新颖、轻松的方式,引领我们重新走进这部古老经典。

《论语》作为儒家学派的经典之作,不仅是一本道德的教科书,更是一部深邃的哲学著作。其中蕴含的"仁爱""忠诚""礼义""智慧"等核心价值观,对中华民族的精神世界构建起到了不可估量的作用。然而,随着时代的变迁,很多传统的解读方式已经难以让现代人产生共鸣。在这个背景下,郭干辉先生的《开心读〈论语〉》应运而生,它不仅为我们提供了一种全新的解读视角,更让古老的智慧焕发出现代的光芒。

郭干辉以其渊博的知识和细腻的情感,将《论语》中的每一句箴言都与现代生活紧密相连。他通过生动的语言和丰富的生活实例,让读者在轻松愉悦的阅读过程中,领略到儒家思想的博大精深。这种深入浅出的解读方式,不仅保留了经典的精髓,还让现代人能够从中汲取智慧,指导自己的日常生活。

在《开心读〈论语〉》中,郭先生没有停留在传统的道德教诲层面,而是深入挖掘了《论语》中的哲学思想和人生智慧。他通过对孔子及其弟子言行的解读,揭示了儒家思想对于人性、道德、社会、政治等多方面的深刻洞察。这种解读方式,不仅让读者对《论语》有了更深的理解,也让儒家思想在现代社会中焕发出新的活力。

郭干辉对《论语》的解读,还特别注重它与现代社会的契合点。他通过对比古今社会生活的异同,揭示了儒家思想在现代社会中的实际应用价值。例如,在快节奏的现代生活中,人们往往容易忽视内心的修养和精神的追求。

而《论语》中的"仁爱""忠诚""礼义"等价值观,正是我们这个时代所急需的精神滋养。通过阅读《开心读〈论语〉》,我们能够重新审视自己的生活态度和价值观,找到心灵的归宿和精神的寄托。

此外,本书还通过对《论语》中人物性格的揣摩和生活细节的体察,让读者更加直观地感受到儒家思想的魅力。孔子及其弟子的形象在书中栩栩如生,他们的言谈举止、思想碰撞都让读者仿佛置身于那个时代,亲身感受儒家文化的熏陶。这种跨越时空的对话,不仅让读者对《论语》有了更深刻的理解,也让儒家思想在现代社会中焕发出新的生命力。

作为一所大学的副校长、教授和博士生导师,我深感传承和弘扬中华优秀传统文化的重要性。而《开心读〈论语〉》正是这样一部能够引领我们走进经典、感受中华文化魅力的佳作。我相信,这本书将会成为广大读者了解《论语》和儒家思想的重要窗口,也会成为传播中华文化、弘扬社会正能量的有力工具。

在这个信息爆炸的时代,我们需要的不仅是知识的灌输,更需要的是智慧的启迪和精神的滋养。《开心读〈论语〉》正是这样一本能够启迪智慧、滋养精神的好书。它让我们重新审视自己的生活态度和价值观,找到心灵的归宿和精神的寄托。同时,它也让我们更加深刻地认识到中华文化的博大精深和独特魅力。

最后,我要对郭干辉先生表示由衷的敬意和感谢。他用自己的笔触为我们描绘了一个生动、鲜活的《论语》新世界,让我们能够更深入地了解这部古老经典的思想内涵和精神价值。同时,我也期待更多的读者能够通过这本书走进经典、感受中华文化的魅力,并将这些古老的智慧应用到现代生活中去,共同创造一个更加和谐美好的未来。

周建设
二〇二四年四月十六日于北京

(周建设教授,首都师范大学副校长,博士生导师。武汉大学哲学博士,美国堪萨斯大学、得克萨斯大学高级访问学者。兼任国家语委中国语言智能研究中心主任、教育部课程资源建设专业委员会委员、国家社科重大项目首席专家等职务。)

序言二

我有幸接触到众多才华横溢的学生和老师，他们不仅在学术领域有着深厚的造诣，更在文化传承上有着不可磨灭的热情。郭干辉就是其中的佼佼者之一，他不仅在教学和科研方面成绩斐然，更对我国传统文化有着独到的见解和深厚的感情。

郭干辉是我三十多年前的一名学生，当时我在湖南科技大学（原湘潭师范学院）执教文学理论和美学等，知道他很喜欢这一类型的课程。写毕业论文时，我担任其指导老师。毕业以后，他先后担任高中语文、大学语言学和法学类课程的教学，后来又从事律师工作。几年前，我在长沙见过他一面，得知其对家庭教育和国学研究有着浓厚的兴趣。这次，他送了一本名为《成长的快乐》的书给我，说是他五岁的小女儿郭文馨写的日记，我感到十分惊奇。最近，他告诉我，他写了一本名为《开心读〈论语〉》的书稿，展开细读，果然是一部颇有见地的书。我由衷地为他感到高兴。

作为儒家经典，《论语》对于我们中华民族的文化传承有着举足轻重的地位。然而，在现代社会中，由于文字障碍和传统文化的疏离，很多人对《论语》的理解并不深入。干辉的这本《开心读〈论语〉》，却以通俗易懂的语言，重新解读了《论语》中的智慧，让读者能够轻松领略儒家思想的精髓，正好弥补了上述缺憾。

作为一名退休老师和拥有数十年人生阅历的老人，我深知教育的根本在于培养全面发展的人才。而全面发展的人才，不仅需要扎实的专业知识，更需要高尚的道德品质和深厚的人文素养。因比，我认为，结合当代教育，深化对《论语》的解读，正是我们这个时代亟须做的重要工作之一。下面，我谈几点相关的认识：

其一，《论语》与当今教育理念的融合。《论语》中强调的"因材施教"和"有教无类"等教育理念，与当今教育中个性化教学和教育公平的原则不谋而合。当今教育可以借鉴《论语》中的这些理念，关注学生的个体差异，提供个性化的教学方案，确保每个学生都能接受适合自己的教育。同时，教育公平也是当今教育中的热门话题，是教育的核心价值之一，是与《论语》中"有教无类"的思想相呼应的，即教育不应该受到社会地位、财富等因素的影响，而应该对所有人平等开放。

其二，《论语》对教育方法的启示。《论语》中提及的"循循善诱""举一隅不以三隅反，则不复也"的"启发式"和"讨论式"教学方法，对当今教育仍有很大的启示。当今教育应更加注重启发学生的思维，引导他们去主动探索和发现问题，而不是仅仅向他们灌输知识。同时，通过讨论和辩论的方式，可以培养学生的批判性思维和沟通能力，使他们在面对新问题时能够独立思考和自主判断。

其三，《论语》在当今教育内容中的传承。《论语》中包含了丰富的道德教育和人文教育内容，如诚信、尊重、谦虚等品质的培养，以及对于礼仪、音乐等文化素养的重视等。当今教育在传授科学知识、培养专业技能的同时，更应当注重这些人文精神的培养，使学生不仅具有知识储备和专业技能，还拥有健全的人格修养和良好的道德品质。孔子所谓"志于道，据于德，依于仁，游于艺"不也正是此意吗？

其四，当今教育目标与《论语》的契合。《论语》中孔子的教育目标是培养有德行的君子，而当今教育也强调德、智、体、美、劳全面发展。因此，当今教育在设置教育目标时，可以借鉴《论语》中的思想和智慧，注重学生的全面发展，包括知识、技能、情感态度等多个方面。同时，也要关注对学生社会责任感的培养，使他们成为有担当、有格局、有责任感的公民。

其五，《论语》对家庭教育的启迪。首先，《论语》为我们提供了许多有益的启示。《论语》中强调"学而时习之，不亦说乎？"，这句话告诉我们，学习是一个持续的过程，需要不断地复习和实践。在家庭教育中，父母应该引导孩子养成及时复习和勇于实践的好习惯。其次，《论语》中提及"知之为知之，不知为不知，是知也"。这句话告诉我们要有自知之明，知道自己的局限性和不足。在家庭教育中，父母应该鼓励孩子正视自己的不足，勇于承认自己的错误，这样才能更好地成长和进步。再者，《论语》中的"己所不欲，勿施于人"也是一种重要的人生智慧。在家庭教育中，父母应该教育孩子学会换位思考，更好地理解和尊重他人。此外，《论语》中强调了"三人行，必有我师"的观点。这句话告诉我们要善于向他人学习。父母应该鼓励孩子保持开放的心态，乐于向他人请教和学习，这样才能不断进步。

总之，通过将《论语》中的智慧与现代教育实践相结合，我们可以更好地传承和发扬中华优秀传统文化，同时推动当今教育的创新与发展。

郭干辉《开心读〈论语〉》一书的出版，为我们在这几个方面提供了一些很好的启示。我相信，通过阅读这本书，我们能够更加深入地了解传统文化的魅力，提升个人修养，丰富精神世界。

《开心读〈论语〉》一书，不仅解读了《论语》的核心思想，还将其与当代生活紧密相连，让读者能够在阅读中感受到传统文化的实用价值和时代意义。这种跨越时代的解读方式，不仅有助于传统文化的传承，更能够激发读者对于传统文化的兴趣和热爱。

另外，郭干辉在书中还融入了自己多年的教学经验和人生感悟。他通过生动的生活实例和深入浅出的分析，让读者能够更直观地理解《论语》中的智慧。这种教学方式，不仅让读者在阅读中获得知识，更能够启发读者的思考，拓宽读者的视野。

我衷心希望，通过《开心读〈论语〉》一书的出版和传播，能够让更多的人了解和喜爱传统文化，提升个人的道德素养和社会责任感。同时，我也期待干辉同志在未来的学术研究中能够取得更多的成果，为我们的文化传承和学术发展做出更大的贡献。

最后，我要感谢干辉为我们呈现了这样一部精彩的作品。他的努力和付出，让我们有机会重新审视传统文化，并从中汲取智慧和力量。

《开心读〈论语〉》不仅是对《论语》的一种全新解读，更是对当代人生活和工作的一种深刻洞察。我相信，这本书必将成为许多读者的心灵指南，并引领我们共同创造一个更加美好的明天！

夏昭炎
二〇二四年四月

（夏昭炎，男，汉族，1935年10月生，中共党员，湖南科技大学退休老师，曾任湖南科技大学中文系副主任、教授，获得第七届全国道德模范、"全国助人为乐模范"、湖南省首届"最美乡贤"、第27届书博会"十大读书人物"、第二届全民阅读大会"乡村阅读推广人"等荣誉称号。）

目 录
CONTENTS

学而第一 1

为政第二 14

八佾第三 30

里仁第四 47

公冶长第五 63

雍也第六 82

述而第七 102

泰伯第八 123

子罕第九 137

乡党第十 156

先进第十一 176

颜渊第十二 196

子路第十三 212

宪问第十四 232

卫灵公第十五 261

季氏第十六..................................286
阳货第十七..................................300
微子第十八..................................317
子张第十九..................................326
尧曰第二十..................................343
参考文献....................................348
后　记......................................349

学而第一

1.1 子曰："学而时习之，不亦说（yuè）乎？有朋自远方来，不亦乐乎？人不知而不愠（yùn），不亦君子乎？"

【白话文】

孔子说："学习后及时复习，不是很愉快吗？有朋友从远方来相聚，不是很快乐吗？别人不了解我，我却不生气，不也是一个君子吗？"

【郭干辉开心陪读】

这是《论语》的开篇之语，也是孔子对学习、交友、为人之道的精练概括。这三句话，可以说涵盖了孔子思想的核心内容。

"学而时习之，不亦说乎"，孔子强调的是学习和实践的结合。这里的"学"指的是获取知识，"时习之"则是指将所学知识适时运用到实践中去。在孔子的时代，许多贵族子弟只注重社交和娱乐，而忽视了对知识的追求。孔子认为，只有将所学知识运用到实际生活中去，才能真正理解其含义，从而获得内心的满足和喜悦。

"有朋自远方来，不亦乐乎"，孔子强调的是人与人之间的交流和友谊。这里的"朋"指的是志同道合的朋友，他们从远方来到这里，与自己交流思想、分享生活。在孔子的时代，人们重视家族和阶级的利益，而忽视了个人的友情和自由。孔子认为，真正的友谊可以超越这些限制，使人们感受到真正的快乐和自由。

"人不知而不愠，不亦君子乎"，孔子强调的是个人的修养和道德品质。这里的"人不知"指的是别人不了解自己，自己却不生气、不怨恨。在孔子的时代，人们注重追求权力和地位，而忽视了个人内在的修养和品质。孔子认为，一个真正的君子应该注重自身的修养和品质，不要因为别人的误解或忽视而生气或沮丧。

这三句话不仅是我们学习《论语》的入门之语，也是我们为人处世的指导原则。

1.2　有子曰："其为人也孝弟（tì），而好犯上者，鲜矣；不好犯上而好作乱者，未之有也。君子务本，本立而道生。孝弟（tì）也者，其为仁之本与！"

【白话文】

有子说："一个人如果孝顺父母、敬爱兄长，却喜欢冒犯上级，这种情况是很少见的；不喜欢冒犯上级，却喜欢造反作乱，这种情况是从来没有过的。君子致力于根本，根本确立了，治国做人的原则也就产生了。孝顺父母、敬爱兄长，这就是实行仁道的根本啊！"

【郭干辉开心陪读】

这段话是孔子的弟子有子对孔子的思想进行的概括和阐述。有子认为，人们如果能够做到孝顺父母、敬爱兄长，那么他们就不会轻易地去冒犯上级，更不会轻易地去造反。这是因为孝悌是人的根本，是人的道德基础。只有建立了这个根本，才能产生治国做人的原则。

有子通过"孝悌"这个概念，强调了人们应该遵守的基本道德规范。他认为，只有当人们具备了"孝悌"这个基本的道德品质时，才能够建立起稳定的社会秩序和良好的人际关系。

同时，有子也强调了君子应该专注于根本的事务。这里的"本"指的是根本、基础的意思。有子认为，君子应该专注于建立根本的道德准则和规范，只有这个根本建立了，才能够产生出治国做人的原则。这也就是说，君子应该把重点放在根本性的道德建设上，而不是仅仅关注表面的现象和问题。

1.3　子曰："巧言令色，鲜矣仁！"

【白话文】

孔子说："花言巧语，装出和颜悦色的样子，这种人的仁心就很少了。"

【郭干辉开心陪读】

这是孔子对那些外表仁爱而内心不仁的人的批评。孔子认为，真正的仁爱应该是内心真实情感的流露，而不仅仅是表面的伪装。那些花言巧语、装出和颜悦色的人，往往只是为了达到自己的目的而使用手段，他们的内心并不真正充满仁爱。

在孔子的思想中，仁爱是一种内在的品质，它不是通过外在的表现来证明的。一个人如果真正具备了仁爱之心，那么他的言谈举止就会自然地表现出这种品质，而不是通过外在的表演来获得别人的认可。因此，孔子认为那些过于注重外表的人，往往缺乏真正的内在品质。同时，他也认为，一个人如果过于注重外表和形式，往往会忽略内在的修养和成长。因此，孔子提倡人们要注重内心的修养和成长，努力成为一个真正具备内在品质的人。

1.4 曾子曰："吾日三省吾身：为人谋而不忠乎？与朋友交而不信乎？传（chuán）不习乎？"

【白话文】

曾子说："我每天多次反省自己：为别人出主意做事，是否忠实？交友是否守信？老师传授的知识，是否复习了呢？"

【郭干辉开心陪读】

这是曾子对自己日常行为的一种反思和审视，他每天都会检查自己三个方面的行为：为别人出主意或做事是否忠诚、与朋友交往是否守信，以及老师传授的知识是否复习了。这种自我反省和审视的精神体现了曾子积极向上的人生态度和严谨治学的态度。

首先，"为人谋而不忠乎"是曾子对自己为别人出主意或做事的忠诚度的自我检查。在古代社会，人们注重信誉和忠诚，曾子认为一个人如果做不到忠诚，那么他就失去了做人的基本道德。因此，他每天都会反省自己在"为人谋"方面是否忠诚。

其次，"与朋友交而不信乎"是曾子对自己与朋友交往中的守信度的自我检查。曾子认为，守信是维系人际关系的基础。一个人如果做不到守信，那么他就失去了做人的基本道德。因此，他每天都会反省自己在交友方面是否守信。

最后,"传不习乎"是曾子对自己学习态度的自我检查。曾子认为一个人如果做不到认真学习,那么他就失去了做人的基本道德。因此,他每天都会反省自己在学习方面是否认真努力。

同时,这一章也告诉我们,一个人应该时刻保持自我反省和审视的态度,不断检查自己的行为和态度是否符合基本的道德标准,从而不断提高自己的道德水平和人生价值。

1.5 子曰:"道千乘(shèng)之国,敬事而信,节用而爱人,使民以时。"

【白话文】

孔子说:"治理一个拥有一千辆兵车的国家,就要严谨认真地对待国家大事,并讲究信用;还要节约用度,不奢侈浪费;并且爱护百姓,注意不在农忙时节征调百姓服役。"

【郭干辉开心陪读】

这句话是孔子对治理国家的原则和方法的阐述。孔子认为,治理一个国家需要遵循一定的原则和方法,其中最重要的是要敬事、守信、节用、爱人、使民以时。

首先,"敬事而信"是治理国家的基本要求。"敬事"指的是认真对待国家大事,不敷衍塞责,不马虎草率。"守信"则是指讲究信用,言行一致,不朝令夕改,不随意变卦。只有敬事才能赢得民心,只有守信才能得到人民的信任和拥护。

其次,"节用而爱人"是治理国家的必要条件。"节用"指的是节约用度,不奢侈浪费。"爱人"则是指爱护百姓,关注人民的生活和利益。只有节用才能使国家财政收支平衡,只有爱人才能赢得人民的拥护和支持。

最后,"使民以时"是治理国家的具体措施。农业生产是国家的根本,而农民是农业生产的主要力量。因此,在征调百姓服役时要注意不误农时,不要在农忙时节征调百姓服役。这样才能保证农业生产的正常进行,保障人民的生活。

这些原则和方法不仅适用于古代社会，也适用于现代社会的管理和发展。

1.6 子曰："弟子，入则孝，出则弟（tì），谨而信，泛爱众，而亲仁，行有余力，则以学文。"

【白话文】

孔子说："年轻人应该在家孝顺父母，出门尊敬兄长，做事严谨认真，说话有信用，广泛关爱大众，亲近有仁德的人。如果还有多余的精力，那就去学习文化知识。"

【郭干辉开心陪读】

这句话是孔子对年轻人行为规范的指导，涵盖了家庭、社交和学术三个方面。

首先，孔子强调了年轻人应该在家孝顺父母，出门尊敬兄长。这是家庭关系中的基本要求，也是一个人道德品质的基石。孝顺父母意味着对父母尊敬、关心和照顾；尊敬兄长则表示兄弟姐妹之间互相尊重、支持和帮助。

其次，孔子强调了年轻人在社交中的行为规范。要做事严谨认真、说话有信用。这意味着在做事时要认真负责、细心周到，不敷衍塞责；在说话时要诚实守信、言行一致，不虚假、不欺诈。这些品质对于建立信任、维护社会秩序和促进人际关系发展都非常重要。

再次，孔子提倡广泛关爱大众、亲近有仁德的人。"泛爱众"意味着对大众要普遍关爱，不分亲疏远近，关心他们的福祉和利益；"亲仁"则是指要亲近有仁德的人，学习他们的品德和行为，以提升自己的道德境界。

最后，孔子认为如果还有多余的精力，就可以去学习文化知识。学习文化知识可以开拓视野、丰富知识储备、提高思考和分析能力，对于个人成长和社会进步都有积极的作用。

通过遵循这些规范和要求，年轻人可以建立良好的人际关系、维护社会秩序、提升自身素质，为未来的发展打下坚实基础。

1.7 子夏曰："贤贤易色；事父母，能竭其力；事君，能致其身；与朋友交，言而有信。虽曰未学，吾必谓之学矣。"

【白话文】

子夏说："一个人能够尊重贤者而看轻女色；侍奉父母，能够竭尽全力；服侍君主，能够奉献自身；与朋友交往，能够守信用。这样的人，即使他自己说没有学习过，我也一定说他已经学习过了。"

【郭干辉开心陪读】

这段话是子夏对一个人行为规范的理解和阐述。子夏认为，一个人的道德品质和学习成果不应该仅仅停留在书本知识上，而应该注重实践和行动。

首先，子夏提及"贤贤易色"，这是对一个人内在品质的要求。贤贤是指尊重贤者，易色是指看轻女色。这意味着一个人应该尊重有才能、有品德的人，而不要被美色所迷惑。

其次，子夏提及"事父母，能竭其力"，这是对一个人家庭责任的要求。"事父母"，是指照顾父母；"能竭其力"，是指尽自己的全力去照顾父母。

再次，子夏提及"事君，能致其身"，这是对一个人社会责任的要求。"事君"是指服侍君主，"能致其身"是指能够奉献自身。这意味着一个人应该尽自己最大的努力去履行自己的社会责任，为国家和人民做出贡献。

最后，子夏提及"与朋友交，言而有信"，这是对一个人社交责任的要求。"与朋友交"是指与朋友交往，"言而有信"是指说话守信用。这意味着一个人在与朋友交往时应该恪守信用，不欺骗、不撒谎。

总之，这段话强调了尊重贤者、注重家庭责任和社会责任、恪守信用等重要品质。通过注重这些品质的培养和实践，一个人可以树立良好的道德形象，赢得他人的尊重和信任。

1.8 子曰："君子不重（zhòng）则不威，学则不固。主忠信，无友不如己者。过，则勿惮改。"

【白话文】

孔子说："君子如果不庄重，就没有威严，即使学习所得的道理也不能巩固。要以忠信为主，不要与不如自己的人交朋友。如果有了过错，就不要害怕改正。"

【郭干辉开心陪读】

这段话是孔子对君子（有德之人）的品格和行为的要求。孔子认为，一个君子应该具备庄重、忠信、择友、改过的品质。

首先，孔子强调了君子应该具备"庄重"的品格。一个君子如果不庄重，就会缺乏威严，难以令人敬畏，也无法在社交场合中获得他人的尊重。庄重可以体现出一个人的成熟和自信，从而使人更加信服于你。

其次，孔子强调了君子应该以"忠信"为主。忠信是指忠诚、信任和诚实的品质。一个君子只有忠诚于自己的信仰和原则，才能赢得他人的信任和尊重。

再次，孔子认为君子应该选择与比自己优秀的朋友交往。"无友不如己者"，意思是不要和那些与自己志不同、道不合的人交朋友。与优秀的朋友交往可以激励自己向他们学习，并不断提高自己的素质。

最后，孔子强调了君子应该具备勇于改正错误的品质。"过，则勿惮改"，意思是如果有了过错，就不要害怕改正。一个君子应该具备知错就改的勇气和决心，不断反思自己的错误并积极采取措施加以改正。只有这样才能够不断进步，成为一个更好的人。

1.9 曾子曰："慎终追远，民德归厚矣。"

【白话文】

曾子说："慎重地办理丧事，虔诚地追念先人，老百姓的品德就会趋向忠厚了。"

【郭干辉开心陪读】

这句话是曾子对道德修养的重要性的阐述。他认为，慎重地办理丧事和虔诚地追念先人，可以使老百姓的品德趋向忠厚。

在古代社会，丧事是一个家庭的大事，也是整个社会的大事。如何慎重地办理丧事，体现了一个家庭乃至整个社会的道德风尚和价值观。曾子认为，在办理丧事时，应该尽心尽力，以虔诚的态度去缅怀逝去的亲人。同时，也要注重丧礼的仪式和规矩，以体现对逝者的尊重和怀念。

除办理丧事之外，曾子还强调了追念先人的重要性。先人是指已经逝去的祖先或亲人。在古代社会，人们相信祖先的灵魂会一直存于世间，并保佑着子孙后代。因此，追念先人是一种感恩和敬仰的表现。通过这种方式，可以增强家庭和社会的凝聚力和归属感，使老百姓更加注重传承和发扬家族的优良传统和价值观。

这里的"民德归厚"是指老百姓的道德品质和社会风气会变得更加淳厚、朴实。一个社会的道德水平是衡量其文明程度的重要标志之一。因此，曾子认为，通过注重丧礼和追念先人的方式，可以促进社会的和谐与稳定，提高人们的道德水平和素质。

1.10 子禽问于子贡曰："夫子至于是邦也，必闻其政，求之与？抑与之与？"子贡曰："夫子温、良、恭、俭、让以得之。夫子之求之也，其诸异乎人之求之与？"

【白话文】

子禽问子贡："老师每到一个国家，必然听得到这个国家的政事，是他自己求来的呢？还是别人主动给他的呢？"子贡说："老师是靠温和、善良、恭敬、节俭和谦让得来的。老师获得的方法，大概与别人获得的方法不同吧？"

【郭干辉开心陪读】

这段对话是子禽与子贡关于孔子如何得知政事的讨论。子禽和子贡都是孔子的学生，他们观察和分析了孔子在访问各国时如何获得对政事的了解。

子禽的问题是关于孔子如何得知每个国家的政事。他提出了两种可能性：一种是孔子自己主动寻求信息，另一种是别人主动提供给他。这个问题的背景是，孔子在访问各国时都表现得非常了解当地的政事，好像预先就了解了一样。

子贡回答说，孔子之所以能得知政事，是因为他具备温和、善良、恭敬、节俭和谦让这五种品质。这五种品质是孔子的特点，也是他教导学生的重要价值观。通过这些品质，孔子在与各国统治者或其他人士交往时，展现出了高度的道德风范和人格魅力。

子贡进一步解释说，孔子的获取方式可能与常人不同。他并不是通过一般的渠道或方法得知政事，而是通过他的人格魅力和道德风范赢得他人的尊重和信任，从而获得这些信息。这是一种非常特殊而又有效的方式，体现了孔子作为一位伟大思想家和教育家的独特之处。

1.11 子曰："父在，观其志；父没，观其行；三年无改于父之道，可谓孝矣。"

【白话文】

孔子说："当他父亲在世的时候，观察他的志向；他父亲去世之后，观察他的行为；如果他长期没有改变父亲的规矩和原则，就可以称得上是孝顺了。"

【郭干辉开心陪读】

这句话是孔子关于孝道的重要论述。他认为，孝顺不仅是对父母的尊敬和关爱，更是一种对家庭传统和价值观的传承和延续。

首先，孔子提及"父在，观其志"，意思是当父亲在世的时候，要观察儿子的志向。这里的"志"是指儿子的思想和意愿，尤其是与家庭和家族有关的方面。儿子应该尊重和遵循父亲的规矩和原则，同时也要有自己的独立思考和选择。通过观察儿子的志向，可以看出他是否继承了家庭的传统和价值观。

其次，孔子提及"父没，观其行"。当父亲去世之后，要观察儿子的行为。这里的"行"是指儿子的行为和表现，尤其是与家庭和家族有关的方面。儿子应该继承父亲的遗志，继续保持家庭的传统和价值观，并且要有所发展和创新。通过观察儿子的行为，可以看出他是否真正做到了对家庭的传承和发展。

最后，孔子提及"三年无改于父之道"。这个"三年"是指一段时间，表示儿子在父亲去世后的一段时间内没有改变家庭的传统和价值观。这里的"道"是指家庭的传统和价值观。如果儿子能够在一段时间内不改变家庭的传统和价值观，并且能够将其发扬光大，那么他就可以被称为孝顺的儿子。

1.12 有子曰:"礼之用,和为贵。先王之道,斯为美。小大由之,有所不行(xíng)。知和而和,不以礼节之,亦不可行也。"

【白话文】

有子说:"礼的运用,以和谐为贵。古代君主的治国方法,我们最赞赏的就是这一点。大事小事,都采用和谐的办法,有时行不通。为和谐而和谐,不以礼来节制,也是不可行的。"

【郭干辉开心陪读】

这段话是孔子关于礼和和谐的重要论述。有子认为,礼是一种重要的道德规范,它的运用应该以和谐为贵。这里的"礼"是指社会礼仪、道德规范和行为准则。遵循礼,可以建立和谐的社会关系和人际关系,促进社会的稳定和繁荣。

有子进一步指出,先王之道是注重和谐的治国方法。先王们知道如何运用礼来保持社会的和谐和稳定,同时也能够恰当地运用权力来管理人民。他们的治国方法是一种平衡和协调的方式,既注重了人民的权利和利益,又维护了社会的秩序和稳定。

然而,有子也指出,仅仅追求和谐是不够的。如果只是为了和谐而和谐,不以礼来节制,那么这种和谐也是不可行的。这里的"礼"是指社会礼仪、道德规范和行为准则。通过遵循礼,可以建立合理、稳定的社会秩序和人际关系,避免出现混乱和不公正的现象。

总之,这段话是孔子关于礼和和谐的重要论述。有子认为,礼的运用应该以和谐为贵,先王之道是一种注重和谐的治国方法。然而,仅仅追求和谐是不够的,还需要通过遵循礼来建立合理、稳定的社会秩序和人际关系。只有这样才能够真正实现社会的和谐与稳定。

1.13 有子曰:"信近于义,言可复也。恭近于礼,远耻辱也。因不失其亲,亦可宗也。"

【白话文】

有子说:"讲信用要符合义,这样,说出的话才能做到。恭敬要符合礼,这样才能远离耻辱。所依靠的都是关系亲密的人,也就可靠了。"

【郭干辉开心陪读】

这段话是孔子关于人际关系的重要论述。有子认为,在处理人际关系时,应该注重信义和礼仪,这样才能建立可靠的关系,避免耻辱和不安。

首先,有子提及"信近于义,言可复也",意思是讲信用要符合义,这样,说出的话才能做到。这里的"信"是指讲信用、守承诺,"义"是指公正、合理的行为准则。有子认为,只有符合公正、合理的行为准则的信用才是可靠的,这样的承诺和话语才能够得到兑现和实现。

其次,有子提及"恭近于礼,远耻辱也",意思是恭敬要符合礼,这样才能远离耻辱。这里的"恭"是指尊敬、谦逊,"礼"是指社交礼仪和道德规范。有子认为,只有遵循社交礼仪和道德规范的恭敬才是恰当的,才能够得到他人的尊重和信任,避免因为不当的行为而遭受耻辱。

最后,有子提及"因不失其亲,亦可宗也",意思是所依靠的都是关系亲密的人,也就可靠了。这里的"因"是指依靠、依赖,"亲"是指关系亲密的人,"宗"是指可信赖、可依靠的意思。有子认为,一个人所依靠的应该是与自己关系亲密的人,这样的人才是可信赖和依靠的。

1.14 子曰:"君子食无求饱,居无求安,敏于事而慎于言,就有道而正焉,可谓好学也已。"

【白话文】

孔子说:"君子饮食不追求饱足,居住不追求安逸,做事勤勉,说话谨慎,就道义而修正自己,这可以说是好学的了。"

【郭干辉开心陪读】

这句话是孔子对于君子的品德和行为的描述。

首先,孔子提及"君子食无求饱,居无求安",意思是君子饮食不追求饱足,居住不追求安逸。这并不是说君子不应该有基本的饮食和居住需求,而是强调君子不应该沉溺于物质享受中,而是要注重自身的品德修养和精神追求。

其次,孔子提及"敏于事而慎于言",意思是做事勤勉,说话谨慎。这是君子应该具备的两种重要品质。做事勤勉是指对于自己所承担的工作会尽心尽力去完成，不推卸责任，不敷衍塞责。说话谨慎是指君子应该三思而后言，不要轻易发表言论或做出承诺，更不能信口开河、胡乱指责别人。

最后，孔子提及"就有道而正焉"，意思是就道义而修正自己。这里的"道"是指道义、正义、道德准则，"正"是指修正、端正自己的行为。君子应该时刻审视自己的行为是否符合道义和道德准则，如果发现自己有错误或不当的行为，应该及时改正并端正自己的行为。

综上，孔子认为一个真正的君子应该注重自身的品德修养和追求，而不是沉溺于物质享受中。同时，应该做事勤勉、说话谨慎，并时刻审视自己的行为是否符合道义和道德准则，有错误及时改正并端正自己的行为。

1.15 子贡曰："贫而无谄，富而无骄，何如？"子曰："可也。未若贫而乐，富而好礼者也。"子贡曰："《诗》云，'如切如磋，如琢如磨'，其斯之谓与？"子曰："赐也，始可与言《诗》已矣，告诸往而知来者。"

【白话文】

子贡说："贫穷而不去巴结讨好人，富裕而不傲慢自大，这种人怎么样？"孔子说："可以了。但还是不如虽贫穷，却乐于道，虽富裕，却谦虚好礼。"子贡说："《诗经》上说，'要像对待骨、角、象牙、玉石一样，切磋它，琢磨它，精益求精'，就是讲的这个意思吧？"孔子道："赐呀，你能从我已经讲过的话中领会到我还没有讲到的意思，举一反三，我可以同你谈论《诗经》了。"

【郭干辉开心陪读】

这段对话是孔子和子贡关于贫富、礼乐的讨论。子贡提出了一个有关贫富和礼乐的问题，询问在贫穷或富裕的情况下应该如何保持正确的态度。孔子给出了一个较为理想的答案，即贫穷时要安贫乐道，富裕时要谦虚好礼。

子贡进一步引用《诗经》中的语句来解释这种理想状态的实现需要不断精益求精、不断琢磨和提高自己的修养。孔子对子贡能够举一反三、领会自己的意思表示赞赏，认为可以与他讨论《诗经》了。

这个故事告诉我们，贫富并不是决定一个人品质的唯一因素，重要的是个人的态度和行为。无论贫富，我们都应该秉持正确的价值观和态度，不断提升自己的品质和修养。同时也要懂得举一反三，从别人的话语和行为中学习和领悟更多的道理。

1.16 子曰："不患人之不己知，患不知人也。"

【白话文】

孔子说："不担心别人不了解自己，担心的是自己不了解别人。"

【郭干辉开心陪读】

这句话是孔子关于人际交往的忠告。孔子认为，在人际交往中，不应该过分担心别人是否了解自己，而应该更加关注自己是否了解别人。也就是说，不要因为别人不了解自己而感到烦恼或沮丧，应该主动去了解别人，理解别人的想法和需求。这样才能够建立更加健康、稳定的人际关系。

孔子的这个观点强调了主动性和自我反省的重要性。在人际交往中，如果我们总是期待别人来了解自己，或者总是感到不满和抱怨，那么我们就会失去主动性和自我反省的机会。相反，如果我们能够主动去了解别人，反省自己的不足之处，那么我们就会更加成熟、自信和有魅力。

为政第二

2.1 子曰:"为政以德,譬(pì)如北辰,居其所而众星共(gǒng)之。"

【白话文】

孔子说:"用道德来治理国家,就像北极星一样,处于一定的位置,其他星辰都围绕着它。"

【郭干辉开心陪读】

这句话是孔子关于为政之道的论述。孔子认为,为政者应该以道德作为治理国家的基础,就像北极星一样,处于稳定的位置,其他星辰都围绕着它。这里的"德"是指道德、品德、德行等,是孔子所强调的治理国家的重要因素之一。

孔子用北极星的比喻来说明,一个治理国家的人应该以道德为基础,实行德治,让其他人都能够围绕着他的统治和治理生活。如果为政者能够以道德为基础,那么他的统治就会像北极星一样稳定和受到众星的拱卫。

在孔子的时代,人们认为北极星是宇宙的中心,其他星辰都围绕着它旋转。因此,孔子用北极星的比喻来说明为政者应该成为人们的中心和榜样,让其他人自然而然地围绕着他的统治和治理生活。这个思想对于我们今天的社会治理有着重要的启示意义。

2.2 子曰:"《诗》三百,一言以蔽之,曰:'思无邪。'"

【白话文】

孔子说:"《诗经》三百篇,可以用一句话来概括它,就是'思想纯正'。"

【郭干辉开心陪读】

这句话是孔子对《诗经》的评价和概括。孔子认为，《诗经》中的每一篇诗歌都是思想纯正的，没有邪念和不良思想的干扰。因此，可以用一句话来概括《诗经》，即"思无邪"。

这里的"思无邪"是指思想纯正、没有邪念、没有不良思想的干扰。孔子认为，一个人只有思想纯正才能够做出正确的决策和行为，而思想不纯正则很容易受到不良思想的干扰而做出错误的决策和行为。因此，孔子强调思想纯正的重要性，这也是他评价《诗经》的标准之一。

此外，孔子还强调了《诗经》在教育和文化传承中的重要性。他认为，《诗经》中的诗歌都是富有思想性和文化内涵的经典之作，对于人们的思想和文化修养都有着重要的影响。因此，孔子将《诗经》作为教育的重要内容之一，让弟子们学习和背诵其中的诗歌。这个思想对于我们今天的学习和文化传承也有着重要的启示意义。

2.3 子曰："道之以政，齐之以刑，民免而无耻；道之以德，齐之以礼，有耻且格。"

【白话文】

孔子说："用强权手段、法制禁令来管理百姓，使用刑法来约束他们，老百姓只为免于犯罪受惩罚，却没有了廉耻之心；用道德引导百姓，用礼制去统一百姓的言行，百姓不但懂得廉洁是非，而且能够纠正错误，从心里归服。"

【郭干辉开心陪读】

这句话是孔子关于为政之道的论述。孔子认为，为政者应该以德治国、以礼治国，而不是以法治国、以刑治国。他认为，如果为政者只是依靠强权手段和刑法来治理国家，那么百姓虽然能够免于犯罪受惩罚，但是没有了廉耻之心，不会真正从内心归服。相反，如果为政者能够以德、礼来治理国家，那么百姓就会懂得廉洁是非，从内心归服，形成良好的社会风气。

这里的"道之以政"和"齐之以刑"是指以强权手段和刑法来治理国家，"民免而无耻"是指百姓虽然能够免于犯罪受惩罚，但是没有了廉耻之心。而

"道之以德"和"齐之以礼"是指以德、礼来治理国家，"有耻且格"是指百姓不但懂得廉洁是非，而且从内心归服。

孔子的这个思想强调了道德和礼制的重要性，认为只有以德治国、以礼治国，才能够真正实现国家的长治久安。相反，如果为政者只是依靠强权手段和刑法来治理国家，那么就会导致百姓失去廉耻之心，不会真正从内心归服。

2.4　子曰："吾十有（yòu）五而志于学，三十而立，四十而不惑，五十而知天命，六十而耳顺，七十而从心所欲，不逾矩。"

【白话文】

孔子说："我十五岁立志学习，三十岁言行合于礼，四十岁能明白事理不迷惑，五十岁懂得了天命，六十岁一听到别人说的话，就能辨明是非真假，七十岁能随心所欲，想怎么做就怎么做，但不会越过规矩。"

【郭干辉开心陪读】

这句话是孔子自述他学习和成长的历程。他从十五岁开始立志学习，经过不同阶段的积累和成长，在七十岁时达到了随心所欲而不逾矩的境界。

孔子在不同的年龄段经历了不同的成长和变化，但他始终坚持学习和实践，不断探索和领悟人生。他通过立志、学习、实践和领悟，逐渐掌握了人生的规律和智慧，成了一位伟大的思想家和教育家。

在孔子的成长历程中，我们可以看到他的学习过程是持续不断的，他的成就也是经过不断积累和提升的。他的学习和成长历程告诉我们，只有坚持不懈地学习和实践，才能不断提升自己的能力和智慧，实现自我超越和人生价值。

2.5　孟懿子问孝，子曰："无违。"樊迟御，子告之曰："孟孙问孝于我，我对曰'无违'。"樊迟曰："何谓也？"子曰："生，事之以礼；死，葬之以礼，祭之以礼。"

【白话文】

孟懿子问什么是孝，孔子说："孝就是不要违背礼。"后来樊迟给孔子驾车，孔子告诉他："孟孙问我什么是孝，我回答他说'孝就是不要违背礼'。"

樊迟问:"这是什么意思?"孔子说:"父母在世时,我们要以礼侍奉他们;父母去世后,我们要以礼安葬他们,并且要以礼祭祀他们。"

【郭干辉开心陪读】

这段话是孔子关于孝道的论述。在孔子看来,孝道是道德的核心内容之一,是人与人之间最基本的亲情关系的体现。而孝道的核心就是不要违背礼,即要以礼来侍奉父母,不违背礼的规定。

这里的"无违"是指不要违背礼,而不是不要违背自己的意愿。孔子认为,孝道不仅是照顾父母的生活,更是要尊重父母的意愿和精神,以礼来侍奉他们,让他们感受到自己的尊重和关爱。

"生,事之以礼;死,葬之以礼,祭之以礼"是孔子对于孝道的具体要求,也是他认为的真正做到孝道的表现。

总之,他强调了孝道的重要性,并提出了"无违"的要求。同时,他还具体阐述了如何做到"无违",即要以礼来侍奉父母,不违背礼的规定。这个思想对于我们今天的家庭关系和社会伦理也有着重要的启示意义。

2.6 孟武伯问孝。子曰:"父母唯其疾之忧。"

【白话文】

孟武伯问什么是孝。孔子说:"只让父母担忧子女的疾病。"

【郭干辉开心陪读】

这句话是孔子关于孝的回答。在孔子看来,孝是道德的核心内容之一,是子女与父母的最基本的亲情关系的体现。孝的核心就是不让父母担忧,其中最让父母担忧的就是子女的疾病。因此,孔子认为子女应该注意身体健康,不要让父母为自己担忧。

此外,孔子还强调了子女应该尊重父母、关心父母,不违背父母的意愿和精神,这也是孝道的表现。

总之,孔子的这句话强调了子女不应该让父母担忧,而应该注意自己的身体健康,尊重父母、关心父母。

2.7 子游问孝。子曰:"今之孝者,是谓能养。至于犬马,皆能有养;不敬,何以别乎?"

【白话文】

子游问什么是孝。孔子说:"当今许多人认为的孝,就是能够赡养父母便足够了。然而,就是犬马,也都能得到饲养。假如没有对父母的一片敬爱之心,那么赡养父母与饲养犬马又有什么区别呢?"

【郭干辉开心陪读】

这段话是孔子关于孝的另一个回答。在孔子看来,孝不仅是赡养父母,更是对父母的一种敬爱和尊重。如果只是将父母视为需要照顾的对象,而不是怀有敬爱之心,那么这样的行为与饲养犬马没有什么区别。

在孔子的时代,许多人认为只要能够满足父母基本的生活需求,就算是孝顺了。但是,孔子认为这样做是远远不够的,真正的孝顺应该是尊敬父母,对父母保持敬爱之心。因此,他强调子女应该用心对待父母,以敬爱之心来赡养他们,这样才能真正体现孝道的意义。

这个思想对于我们今天的家庭关系和社会伦理也有着重要的启示意义。

2.8 子夏问孝。子曰:"色难。有事,弟子服其劳;有酒食,先生馔(zhuàn),曾是以为孝乎?"

【白话文】

子夏问什么是孝。孔子说:"子女在父母面前总是和颜悦色最难。有了事情,年轻人替他们效劳;有了酒食,让年长的人先吃,难道这就是孝吗?"

【郭干辉开心陪读】

这段话是孔子关于孝的另一个回答。在孔子看来,孝不仅是照顾父母的生活,更是对父母的一种敬爱和尊重。真正的孝顺应该是发自内心的,表现在子女对父母的和颜悦色和敬爱之心上。

在孔子的时代,年轻人普遍认为只要能够满足父母的生活需求,就算是孝顺了。但是,孔子认为这样做还远远不够,真正的孝顺应该是子女对父母保持敬爱之心。因此,他强调子女应该用心对待父母,以和颜悦色的态度来表达对父母的敬爱和尊重。

孔子的这一思想对于我们今天的家庭关系和社会伦理也有着重要的启示意义。

2.9 子曰："吾与回言终日，不违，如愚。退而省其私，亦足以发，回也不愚。"

【白话文】

孔子说："我与颜回谈论一整天，他从不提反对意见和疑问，像个蠢笨的人。等他回去后，我观察他私下的言行，却能发挥我所讲的内容，可见颜回他并不愚笨呀！"

【郭干辉开心陪读】

这段话是孔子对颜回的评价。在孔子看来，颜回是一个非常老实、忠厚的学生，他不会提出反对意见或者疑问，也不会在背后说别人的坏话。但是，这并不意味着颜回很愚蠢。相反，从他对孔子言论的理解和发挥中可以看出，颜回是非常聪明和有智慧的。

在孔子的时代，学生们常常会向老师提出疑问或者不同的看法，这是很普遍的学习方式。但是，颜回很少这样做，他总是默默地听讲，不轻易发表自己的看法。因此，孔子有时候会感叹颜回的"愚笨"，实际上这只是颜回性格比较内向、沉静的表现。

孔子赞扬了颜回的忠厚和认真学习的态度，同时也肯定了他的聪明和智慧。

2.10 子曰："视其所以，观其所由，察其所安，人焉廋（sōu）哉？人焉廋哉？"

【白话文】

孔子说："看一个人的所作所为，考察他的过去，观察他的现在，审察他所安身立命之处，一个人怎么能隐藏得了呢？一个人怎么能隐藏得了呢？"

【郭干辉开心陪读】

这句话孔子谈论了如何了解他人。在孔子看来，要了解一个人，需要从多个方面进行观察和考察。

首先，要了解他过去的经历和行为，从中可以看出他的品行和性格。

其次，要观察他现在的表现和行为，这可以反映出他的思想状态和价值观念。

最后，要审察他所安身立命之处，即他的生活目标和人生追求，这可以揭示他的内心世界和人生价值取向。

通过这些方面的观察和了解，一个人是难以隐藏自己的真实面貌的。

孔子强调了从多个方面进行观察和了解的重要性，并指出通过这些方法可以揭示一个人的真实面貌。这个思想对于我们今天的人际交往和社会管理也有着重要的启示意义。

2.11 子曰："温故而知新，可以为师矣。"

【白话文】

孔子说："回顾过去的知识，学习现在的知识，能够融会贯通，能够从中获得新的认识和体会，这样就可以成为老师了。"

【郭干辉开心陪读】

这句话是孔子对于成为老师的条件和要求的论述。在孔子看来，成为老师的条件不仅是掌握一定的知识，还需要对所学知识进行深入的思考和领悟，从而获得新的认识和体会。

"温故而知新"中的"故"指的是过去所学的知识，"新"则指的是通过思考和领悟获得的新认识和体会。回顾过去的知识，学习现在的知识，并且能够将两者融会贯通，从中获得新的认识和体会，这样就可以成为老师了。

这个思想对于我们今天的学习和教育也有着重要的启示意义。

2.12 子曰："君子不器。"

【白话文】

孔子说："君子不能像器皿一样只有一种用途。"

【郭干辉开心陪读】

这句话是孔子对于君子的定义和要求。在孔子看来，君子不应该只具有一种才能或用途，而是应该具备多种才能和用途，能够适应不同的环境和情况。

"不器"这个词的含义不是指君子没有用处,而是指君子不应该像器皿一样只有一种用途。君子应该具备多种才能和用途,能够胜任各种职责和任务,同时也要具备领导才能和道德品质,能够影响和带领他人。

这个思想对于我们今天的人才培养和社会发展也有着重要的启示意义。

2.13 子贡问君子。子曰:"先行其言而后从之。"

【白话文】

子贡问怎样做一个君子。孔子说:"对于你要说的话,先实行了,再说出来。"

【郭干辉开心陪读】

这句话是孔子对于君子的定义和要求的进一步解释。在孔子看来,一个真正的君子应该先做再说,而不是先说后做。

"先行其言而后从之"的含义是要人们在说话之前,先要考虑和实行自己所要说的话,然后再把它说出来。这样做可以避免言而无行、言过其实或言而无信等问题,使自己言行一致,成为一个有信用、有担当的人。

这个思想对于我们今天的社会发展和个人成长也有着重要的启示意义。

2.14 子曰:"君子周而不比(bì),小人比而不周。"

【白话文】

孔子说:"君子是团结,而不是勾结;小人是勾结,而不是团结。"

【郭干辉开心陪读】

这句话是孔子对于君子和小人的区别和特点的进一步阐述。在孔子看来,君子应该具备高尚的道德品质和行为规范,能够以道义为准则,以忠诚为前提,与他人建立互相尊重、互相关心、互相帮助的关系。而小人则不同,他们只关注自己的利益,以私利为重,往往互相勾结、排斥异己、不讲道义。

"周"的含义是指君子的团结和包容,他们能够与他人和睦相处,不会因为个人利益而排斥和攻击他人。而"比"则是指小人的勾结和心胸褊狭,他们只关注自己的利益,不顾道义和公正,往往互相勾结、排斥异己、不讲道义。

这个思想对于我们今天的社会发展和个人成长也有着重要的启示意义。

2.15 子曰:"学而不思则罔,思而不学则殆。"

【白话文】

孔子说:"只是学习却不思考,就会感到迷茫而无所适从;只是思考而不学习,就会疑惑而无所得。"

【郭干辉开心陪读】

这句话是孔子对于学习方法与思考的见解。他强调了学与思的相互关系。对他来说,学与思是相互依存,相互促进的。

首先,孔子强调了学习的重要性。他认为,无论何时何地,人们都应该不断学习。但是,如果只是盲目地学习,而没有进行思考和理解,那么学到的知识就可能无法真正消化和吸收。这种情况就像是在脑中塞满了各种杂乱无章的信息,而没有进行整理和消化,这样的学习效果是可想而知的。

其次,孔子也强调了思考的重要性。他指出,如果只是思考而不学习,就会产生疑惑,因为缺乏足够的知识和信息来进行深入的思考和理解。这种情况下,疑惑和困扰就会不断产生,因为思考没有足够的知识基础来支撑。

因此,孔子主张学与思并重,既要学习新的知识,也要对所学的知识进行深入的思考和理解。只有这样,才能真正掌握知识,并将其转化为自己的智慧和能力。

此外,这句话也提醒我们要避免两种倾向:一种是只学不思,一种是只思不学。因此,我们要在学习中思考,在思考中学习,这样才能真正地掌握知识,提高自己的智慧和能力。

2.16 子曰:"攻乎异端,斯害也已!"

【白话文】

孔子说:"攻击那些不同于自己的异端邪说,这也是有害的啊!"

【郭干辉开心陪读】

这句话是孔子对于对待异端邪说的态度和看法。他明确地指出,攻击异端邪说只会带来祸害,正确的做法应该是避免攻击,保持自己的中立态度。

在孔子的时代,各种思想流派层出不穷,其中也包括了各种异端邪说。这些异端邪说往往与正统的思想有所不同,甚至有可能是对正统思想的挑战和否定。因此,一些人可能会采取攻击的态度,试图消除这些异端邪说。然而,孔子认为这种做法是有害的。

首先,攻击异端邪说只会引起更多的争论和纷争。这可能会导致社会的不和谐和分裂,破坏社会的稳定和秩序。

其次,攻击异端邪说并不能真正解决问题。相反,它只会让人们更加坚持自己的观点和立场,更加难以达成共识。

因此,孔子主张对待异端邪说的正确态度应该是保持中立和宽容。人们应该尊重不同的思想和观点,允许它们存在和发展。同时,人们也应该通过自己的努力来传播正确的思想和价值观,以影响和引导社会的发展方向。只有这样,才能真正地避免祸害,促进社会的和谐与发展。

2.17 子曰:"由,诲女(rǔ)知之乎!知之为知之,不知为不知,是知(zhì)也。"

【白话文】

孔子说:"由,教给你对待知与不知的态度吧!知道就是知道,不知道就是不知道,这才是聪明智慧。"

【郭干辉开心陪读】

这一段是孔子对待知识和学习的态度和看法。他强调对待知识应诚实和谦虚,以及具有不断追求学习的精神。

首先,孔子指出,人们应该明确自己的知识边界和局限性,承认自己不知道的事情。这不仅是一种诚实的态度,更是一种对待知识的谦虚和敬畏。只有承认自己的无知,才能更好地学习和进步。

其次,孔子强调了知道就是知道,不知道就是不知道的重要性。这意味着人们应该对自己所知道的知识保持清醒的认识,不夸大自己的知识储备,也不对自己不确定的事情轻易下结论。这种态度不仅是一种对自己负责的表现,也是一种对待知识的科学态度。

最后,孔子认为这种对待知识的诚实和谦虚的态度是一种聪明智慧的表现。只有真正认识到自己的无知，才能激发不断追求学习的动力，从而不断扩展自己的知识边界和提升自己的能力。只有这样，才能真正地成为一位有智慧和有能力的人。

2.18 子张学干禄。子曰："多闻阙疑，慎言其余，则寡尤；多见阙殆，慎行其余，则寡悔。言寡尤，行寡悔，禄在其中矣。"

【白话文】

子张向孔子请教如何求得官职和俸禄。孔子说："多听别人说话，把不明白的地方暂时保留，谨慎地说出那些有把握的部分，就会减少犯错误；多观察别人行事，把没把握的部分暂时保留，谨慎地实行那些有把握的部分，就会减少后悔。说话少犯错误，做事少后悔，自然就有官职和俸禄了。"

【郭干辉开心陪读】

这一段是孔子对于如何求得官职和俸禄的指导原则。他提出了两个重要的建议：多听多观察，谨言慎行。

首先，孔子强调了多听多观察的重要性。子张想要谋求官职和俸禄，就需要了解社会和政治的情况。而了解这些情况的最佳途径就是多听别人的言论，多观察别人的行事。通过这种方式，子张可以更好地了解社会和政治的规则、人情世故，以及人们的心理状态和需求。这些信息对于他未来的决策和行动将起到重要的指导作用。

其次，孔子强调了谨言慎行的原则。在多听多观察的基础上，子张需要谨慎地表达自己的观点和做出行动。言行的谨慎意味着子张需要对自己的言论和行为进行深入的思考和反思，确保自己的表达和行为符合道德和智慧的标准。同时，也意味着子张需要对自己的能力和局限性有清晰的认识，不盲目追求成功和成就，而是注重实际效果和长远利益。

结合多听多观察和谨言慎行这两个原则，子张可以减少犯错误和后悔的可能性。说话少犯错误意味着子张能够避免因为言语不当而引起他人的不满或者误解；做事少后悔意味着子张能够理性地评估自己的决策和行动，及时调整或者终止那些可能导致不良后果的行为。这些特点都是一位成功的领导者或者官员必须具备的素质。

此外，孔子也指出，如果子张能够坚持这两个原则，自然就会有官职和俸禄。

这一指导原则不仅对于子张的个人发展有重要意义，而且对于所有想要在职业生涯中取得成功的人具有重要的启示作用。

2.19　哀公问曰："何为则民服？"孔子对曰："举直错诸枉，则民服；举枉错诸直，则民不服。"

【白话文】

鲁哀公问："怎样才能让老百姓服从呢？"孔子回答说："把正直的人提拔到不正直的人之上，老百姓就会服从；把不正直的人提拔到正直的人之上，老百姓就不会服从。"

【郭干辉开心陪读】

这一段是关于领导和管理的原则。孔子认为，一个领导者要管理好一个国家或组织，必须注重选拔人才和任用贤能。

在选拔人才时，要注重选拔那些正直、有道德、有才能的人，并且要将他们放在重要的位置上，让他们发挥出自己的优势和才能。这样，老百姓就会感到被尊重和信任，从而产生归属感和忠诚，愿意服从领导者的管理。

相反，如果一个领导者选拔的人才不正直、没有道德、没有才能，并且将他们放在重要的位置上，就会让老百姓感到被轻视和欺骗，从而产生不满和反抗情绪，不愿意服从领导者的管理。

因此，一个领导者必须注重选拔人才的原则，才能让老百姓真正地服从自己的管理。

此外，孔子还强调了任人唯贤、唯才是举的重要性。他认为，一个领导者在选拔人才时，不能只看背景和关系，而应该注重个人的才能和能力。只有这样，才能真正地选拔出优秀的人才，让组织得到更好的发展和管理。

2.20 季康子问:"使民敬、忠以劝,如之何?"子曰:"临之以庄,则敬;孝慈,则忠;举善而教不能,则劝。"

【白话文】

季康子问道:"要使老百姓恭敬、尽忠并互相勉励,应该怎么做呢?"孔子说:"如果你用庄重的态度对待他们,他们就会恭敬;如果你能孝顺父母、慈爱百姓,他们就会尽忠;如果你能提拔好人并教导能力不足的人,他们就会互相勉励。"

【郭干辉开心陪读】

这一段是关于如何治理国家和提高民众素质的讨论。季康子是鲁国的权臣,他向孔子询问如何使老百姓恭敬、尽忠并互相勉励。孔子的回答是,要实现这些目标,领导者需要具备庄重、孝慈、举善而教不能的品质和行为。

首先,孔子认为,一个领导者要使老百姓恭敬,必须以庄重的态度对待他们。这种庄重的态度不仅是一种礼仪和规矩的体现,更是一种尊重和信任的体现。当领导者能够以庄重的态度对待老百姓时,老百姓就会感到被尊重和信任,从而产生对领导者的敬意和忠诚。

其次,孔子认为,一个领导者要使老百姓尽忠,必须具备孝顺父母、慈爱百姓的品质。这种孝慈的品质是一种道德和情感的体现,能够让老百姓感受到领导者的关爱和关怀,从而对领导者信任和忠诚。

最后,孔子认为,一个领导者要使老百姓互相勉励,必须提拔好人并教导能力不足的人。这种举善而教不能的行为是一种公正和关怀的体现,能够让有能力的人得到应有的赏识和奖励,同时也能让能力不足的人得到应有的帮助和支持,从而激发整个社会的积极性和创造力。

2.21 或谓孔子曰:"子奚不为政?"子曰:"《书》云:'孝乎惟孝,友于兄弟,施于有政。'是亦为政,奚其为为政?"

【白话文】

有人问孔子:"你为什么不从政?"孔子说:"《尚书》上说:'孝就是孝敬

父母，友爱兄弟，把这种孝悌的风气推广延伸到政治生活之中。'这也就是从政啊，又何必去直接从事政治呢？"

【郭干辉开心陪读】

这段话是《论语》中孔子与其弟子的一段对话，反映了孔子对于孝悌和从政的理解和价值观。

有人问孔子为何不从政，这可能反映了当时社会上对于孔子的看法和期待。孔子回答说，《尚书》上说："孝乎惟孝，友于兄弟，施于有政。"这句话的意思是，孝顺父母、友爱兄弟，并将这种风气推广到政治生活中，也是一种从政。

在孔子看来，孝悌是做人最基本的道理，也是人与人之间最基本的情感纽带。只有在家中孝顺父母、友爱兄弟，才能将这种风气推广到社会政治生活中，实现"修身、齐家、治国、平天下"的理想。因此，孝悌不仅是个人品德的体现，也是社会和谐的基石。

同时，孔子也认为从政不仅是做官，而且要为人民服务，以实现社会的和谐稳定和人民的福祉为目标。因此，他强调个人的品德修养和社会责任感，认为每个人都应该尽力为社会做出贡献。

综上所述，这段话反映了孔子对于孝悌和从政的理解和价值观。它告诉我们，孝悌是做人最基本的道理，是从政的基础和前提；从政则是将这种道理应用到社会政治生活中，为人民服务，实现社会的和谐稳定和人民的福祉。同时，它也提醒我们，每个人都应该尽力为社会做出贡献，为实现社会的和谐稳定和人民的福祉而努力奋斗。

2.22 子曰："人而无信，不知其可也。大车无輗（ní），小车无軏（yuè），其何以行之哉？"

【白话文】

孔子说："一个人没有信用，不知道他怎么可以立身处世。就像大车没有輗，小车没有軏，它靠什么行走呢？"

【郭干辉开心陪读】

这一段是关于诚信的重要性。孔子认为，一个人的信用是其立身处世的基础。如果一个人没有信用，那么他在这个社会中就无法立足，更无法取得他人的信任和尊重。

这里，孔子用大车和小车作为比喻，强调了诚信对于一个人的重要性。大车指的是牛车，小车指的是马车。輗和軏是车辕和车辕前横木相接的关键。如果没有輗和軏，车子就无法行走。同样，如果一个人没有信用，就像车子没有輗和軏一样，无法在社会上立足。

在现代社会中，诚信同样是非常重要的品质。一个人如果没有信用，就很难在社会上立足，更无法取得他人的信任和尊重。在商业、政治、文化等各个领域，诚信都是必不可少的品质。只有具备诚信的人，才能赢得他人的信任和尊重，才能在这个社会中取得成功。

2.23 子张问："十世可知也？"子曰："殷因于夏礼，所损益，可知也；周因于殷礼，所损益，可知也。其或继周者，虽百世，可知也。"

【白话文】

子张问："今后十世的礼仪制度可以预知吗？"孔子回答说："商朝沿袭了夏朝的礼仪制度，其中减少和增加的内容是可以知道的；周朝沿袭了商朝的礼仪制度，其中减少和增加的内容也是可以知道的。将来有继承周朝的，就是一百世以后的情况，也是可以预先知道的。"

【郭干辉开心陪读】

这一段是关于历史演变和礼仪制度的变化。子张问孔子，能否预知未来十世的礼仪制度。孔子回答说，可以通过历史演变的规律来推测未来礼仪制度的变化。

首先，孔子提及商朝沿袭了夏朝的礼仪制度，但是有所减少和增加，这是历史演变的一种规律。同样地，周朝也沿袭了商朝的礼仪制度，但也有所减少和增加。这种规律表明，历史的演变是一个不断继承和发展前代文明的过程。

其次，孔子认为，未来继承周朝的礼仪制度，即使是一百世以后的情况，也是可以预知的。这是因为历史的演变有其内在规律和必然性，只要掌握了这些规律和必然性，就可以预测未来的发展趋势。

在孔子的思想中，历史演变的规律是由"道"所决定的。这个"道"是指一种普遍的、不变的真理和原则，它是历史演变的基础和内在动力。只要掌握了"道"，就可以理解历史演变的规律，从而预测未来的发展趋势。

2.24 子曰："非其鬼而祭之，谄也；见义不为，无勇也。"

【白话文】

孔子说："祭祀不该祭祀的鬼神，是谄媚；遇见正义的事情却不去做，是缺乏勇气。"

【郭干辉开心陪读】

在这句话中，孔子强调了两个方面：一是要祭祀该祭祀的鬼神，二是要有勇气去实践正义。

首先，孔子认为祭祀鬼神应该是出于敬畏和尊重，而不是出于谄媚。如果一个人祭祀不该祭祀的鬼神，那么这种行为就是谄媚，是出于对权势、利益或其他不正当目的的考虑。这种行为不仅没有意义，而且可能会引起其他人的反感和鄙视。

其次，孔子强调了见义不为是无勇。这意味着一个人在面对正义的事情时，应该有勇气去实践它。这种勇气不仅是一种道德品质，也是一个人在社交和公共事务中应该具备的能力。如果一个人遇见正义的事情却不去做，那么这种行为就是缺乏勇气，也是不道德的。

八佾第三

3.1　孔子谓季氏："八佾（yì）舞于庭，是可忍也，孰不可忍也？"

【白话文】

孔子谈论到季氏时说："他在自家庭院里竟敢欣赏只有天子才能欣赏的八佾舞蹈，这样的事情都忍心做出来，那么还有什么事情是不忍心做出来的呢？"

【郭干辉开心陪读】

在古代，不同等级的人在祭祀时可以欣赏的舞蹈是有严格规定的。根据礼制，天子和诸侯才能欣赏八佾舞蹈，而大夫不能。季氏作为一个大夫，在自家庭院里欣赏八佾舞蹈，这是越级的行为，因此孔子对此表示强烈的反对。

这句话反映了孔子的礼制观念和对于违反礼制的行为的反对。同时，也可以看出孔子对于权力的监督和约束，对于统治者的要求和规范。

在孔子看来，一个统治者必须遵守礼制，才能得到民众的尊重和支持。如果统治者违反礼制，那么他的行为就不可忍，也会失去民众的支持。因此，孔子认为季氏的行为是不可忍的，也是不道德的。

3.2　三家者以《雍》彻，子曰："'相维辟公，天子穆穆'，奚取于三家之堂？"

【白话文】

孟孙氏、叔孙氏、季孙氏三家在祭祖完毕时演奏《雍》这首诗歌。孔子说："'相维辟公，天子穆穆'，这样的诗词在三家祭庙的堂上怎么可以取用呢？"

【郭干辉开心陪读】

这句话反映了孔子对于礼制的重视，以及对于违礼行为的批评。在古代，不同等级的人在祭祀、宴飨等场合使用的音乐和礼仪都是有限制的。《雍》这首诗歌是天子祭祀祖先时演奏的乐曲，而三家作为大夫，在自己的家中演奏这首乐曲，这是越级的行为，不符合礼制的规定。因此，孔子对于三家的行为提出了批评。

这句话也反映了孔子的政治观念和对于权力的监督与约束。在孔子看来，一个统治者必须遵守礼制，才能得到民众的尊重和支持。如果统治者违反礼制，那么他的行为就是不道德的，也会失去民众的支持。

同时，这句话也体现了孔子的音乐审美观。他认为《雍》这首诗歌具有庄重、肃穆的特点，适合用于天子祭祀祖先的场合。这也说明孔子对于音乐的社会功能和作用有深刻的认识和理解。

3.3　子曰："人而不仁，如礼何？人而不仁，如乐（yuè）何？"

【白话文】

孔子说："一个人如果没有仁德，那他怎么能正确地运用礼呢？一个人如果没有仁德，那他怎么能正确地运用乐呢？"

【郭干辉开心陪读】

这句话是孔子对于人的道德修养和礼乐运用的关系的探讨。在孔子看来，仁是道德的核心，是人性的根本。如果一个人没有仁德，那么他就不具备真正的道德品质，也就无法正确地运用礼乐。

礼和乐都是文化的重要组成部分，也是人类社会生活的重要方面。礼是人际交往的规范，是人们在社会生活中的行为准则和道德规范。乐是人类情感的表现，是人们对于美好事物的追求和表达。然而，如果一个人没有仁德，那么他的行为就不符合道德规范，也就无法正确地运用礼。同样，如果一个人没有仁德，那么他就无法真正体验到乐的美妙和深刻，也就无法正确地运用乐。

因此，孔子强调人的道德修养的重要性。他认为一个人只有具备了仁德，才能正确地运用礼乐，才能真正体验到乐的美妙和深刻。同时，孔子也强调了礼乐在社会生活中的重要作用,认为礼乐可以促进人际关系的和谐和社会的稳定。

3.4　林放问礼之本,子曰:"大哉问!礼,与其奢也,宁俭;丧,与其易也,宁戚。"

【白话文】

林放问什么是礼的根本,孔子回答说:"你问的问题意义重大!就礼来说,与其奢侈,不如节俭;就丧礼来说,与其仪式上做得周全,不如内心真正悲伤。"

【郭干辉开心陪读】

在这段对话中,林放询问的是礼的本质,孔子的回答可以看作对礼仪的核心价值的阐述。

首先,孔子强调了礼的重要性,认为林放问的问题意义重大。这表明孔子对于礼有着深刻的认识和理解。

其次,孔子指出,就一般的礼仪而言,与其追求奢侈和排场,不如保持节俭和朴素。这表明孔子主张在生活中保持一种节俭和朴素的态度,而不是追求奢华和浪费。

最后,孔子指出,在丧礼中,与其在仪式上做得周全和完美,不如内心真正悲伤和哀悼。这表明孔子认为在丧礼中,表达内心的真实情感比形式上的仪式更加重要。这也是符合孔子的道德观念的,他认为真正的道德情感是内在的,而不是外在的。

3.5　子曰:"夷狄之有君,不如诸夏之亡(wú)也。"

【白话文】

孔子说:"那些不开化的地方有君主,还不如中原没有君主的地区讲礼节。"

【郭干辉开心陪读】

这句话是孔子对于礼乐文化和地域差异的评论。在古代,中原地区是中国的文化中心,也是礼仪制度的发源地。而边远地区则相对落后,缺乏中原地区的文化修养和礼仪传统。

孔子的意思是，虽然边远地区有君主统治，但是他们的文化水平和礼仪习俗不如中原地区。在孔子看来，礼乐文化是社会秩序和道德规范的基础，缺乏礼乐文化会导致社会混乱和道德沦丧。因此，他强调了中原地区礼仪文化的重要性，认为这是其他地区所无法比拟的。

这句话也反映了孔子对于地域差异的认识和对于中原文化的自豪感。

3.6　季氏旅于泰山。子谓冉有曰："女（rǔ）弗能救与？"对曰："不能。"子曰："呜呼！曾谓泰山不如林放乎？"

【白话文】

季氏要去泰山祭祀。孔子对冉有说："你不能劝阻他吗？"冉有回答："不能。"孔子说："唉！难道说泰山神还不如林放知礼吗？"

【郭干辉开心陪读】

这段话是关于古代中国的宗教和礼仪制度的。在古代，祭祀泰山是诸侯国之间非常重要的事情，也是对泰山神的尊敬和崇拜。但是，泰山祭祀也是非常耗费财力和人力的活动，因此孔子对于这种浪费的行为表示不满。

首先，孔子问冉有能否劝阻季氏去泰山祭祀，冉有回答不能。这表明冉有也不同意季氏的做法，但他没有足够的勇气或影响力去阻止。

其次，孔子叹了一口气，说："难道说泰山神还不如林放知礼吗？"这句话的意思是，难道泰山神会接受季氏这种不合礼仪的祭祀吗？孔子在这里用林放进行比较，是因为林放是一个知礼的人，他懂得礼仪的重要性，而泰山神被认为是一个知礼的神灵。如果泰山神接受季氏这种不合礼仪的祭祀，那就说明泰山神不如林放知礼。

这段话反映了孔子对于礼仪制度的重视和维护，他认为礼仪制度是社会秩序和道德规范的基础。同时，也反映了孔子对于浪费行为的反对和对于节俭的推崇。

3.7 子曰:"君子无所争,必也射乎!揖让而升,下而饮。其争也君子。"

【白话文】

孔子说:"君子没有什么可以与人相争的事情。如果有的话,那一定是比赛射箭了。比赛前,君子互相揖礼谦让后登堂比赛,比赛完毕又相互敬酒。这样的竞争是很有君子风度的。"

【郭干辉开心陪读】

这句话是孔子对于君子之争的阐述。在孔子看来,君子应该具备高尚的品德和修养,不应该为了一些琐碎的事情而与人相争。但是,如果是在一些重要的场合或者必须竞争的场合,君子应该以什么方式去争呢?

孔子认为,君子应该以射箭这样的事情为例,在比赛前互相行礼谦让,然后登堂比赛。比赛中不以胜利为目的,而是注重表现自己的品德和技艺。比赛完毕,又相互敬酒,表示彼此之间的敬意和友谊。这样的竞争是有君子风度的,是符合道德规范的。

这句话也反映了孔子对于礼的重视和对于谦让、敬意的推崇。他认为,在竞争中也应该保持谦让、敬意,而不是为了胜利不择手段。同时,他也强调了君子品德和修养的重要性,认为这是在竞争中保持君子风度的关键。

3.8 子夏问曰:"'巧笑倩兮,美目盼兮,素以为绚兮'。何谓也?"子曰:"绘事后素。"曰:"礼后乎?"子曰:"起予者商也,始可与言《诗》已矣。"

【白话文】

子夏问孔子:"'甜美的笑容,酒窝笑得真美啊。黑白分明的眼睛,左顾右盼多么秀美啊。以本色为美,以纯洁为绚丽'。这是什么意思呢?"孔子回答说:"绘画先有白色的底子,再上颜色。"子夏又问:"那么礼在后面吗?"孔子说:"卜商啊,你真是能够发挥我的思想,现在可以开始和你谈论《诗经》了。"

【郭干辉开心陪读】

在这段对话中，子夏向孔子请教关于《诗经》中诗句"巧笑倩兮，美目盼兮，素以为绚兮"的理解。孔子解释说，这句话是在描述一个女子笑容甜美，眼睛黑白分明，显得非常秀美，而"素以为绚兮"是说在绘画中，先有白色的底子，再上颜色。

子夏听了孔子的解释后，立刻联想到礼制的问题，认为礼也是在后面产生的。这种思考方式得到了孔子的肯定和赞扬，他说子夏能够发挥他的思想，并表示可以开始与子夏谈论《诗经》了。

这段对话反映了孔子对于礼制和诗歌的理解和态度。他认为礼是在绘画之后产生的，这种观点表明他并不认为礼是绘画的基础或前提，而是将其视为在绘画之后产生的一种文化现象。此外，孔子对于子夏的思考方式和领悟能力表示赞赏和肯定，说明他重视学生的思考和发挥，鼓励学生有自己的见解和思想。

3.9 子曰："夏礼，吾能言之，杞不足征也；殷礼，吾能言之，宋不足征也。文献不足故也。足，则吾能征之矣。"

【白话文】

孔子说："夏朝的礼仪制度，我可以说一说，但是杞国不足以证明我的话；殷朝的礼仪制度，我能说一说，但宋国不足以证明我的话。这都是文献不足的缘故啊。如果足够的话，我就能加以证明了。"

【郭干辉开心陪读】

这一段反映了孔子对夏、商二代政治、文化典章制度沿袭与发展的历史观。夏、商两代的文化在孔子之前的春秋时期已经散失不存了，孔子能够讲述的只是从文献中获得的二代的礼乐制度。但是，就是这些有限的文献也由于时代过于久远而残缺不全，所以孔子说自己无法证明夏、商的礼仪制度。如果文献足够的话，他就能加以证明了。

这是孔子严谨治学精神的表现。他虽然对夏、商的文化典章制度有深入的研究和了解，却始终没有轻易地下结论，而是采取谨慎的态度。这体现了"知之为知之，不知为不知"的实事求是的态度。同时，也说明夏、商二代的文化典章制度在孔子时代确实已经难以考察了,因此需要谨慎对待。

3.10 子曰:"禘(dì)自既灌而往者,吾不欲观之矣。"

【白话文】

孔子说:"禘礼的仪式,从第一次献酒以后,我就不想再看下去了。"

【郭干辉开心陪读】

禘礼是古代一种极为隆重、复杂的祭祀祖先的礼仪。在祭祀开始时,要陈列献祭的牺牲;然后诸侯穿着朝服,依照规定依次进行献酒、献币、献牲等仪节。

按规定,禘礼一开始先由国君献酒,接着依次为卿大夫、士、平民等祭祀者献酒。

国君作为最高统治者,他的献酒是表示对祖先的虔诚和尊敬,然后才是卿大夫、士、平民等祭祀者献酒。

但是,孔子认为这种禘礼太过烦琐且形式主义了。他并不是反对祭祀,而是反对形式主义。

在孔子看来,如果一味地追求仪式的繁复和形式的完美,而忽视了祭祀的本质意义,那么这种祭祀就失去了应有的价值。

3.11 或问禘之说。子曰:"不知也。知其说者之于天下也,其如示诸斯乎!"指其掌。

【白话文】

有人问关于禘礼的说法。孔子说:"不知道。知道这种礼仪的人对治理天下,可能像把东西放在这里一样容易吧!"一面说一面指着他的手掌。

【郭干辉开心陪读】

这段话表现了孔子对禘礼的看法和态度。孔子对于这种古代的祭祀礼仪并不是很熟悉,因为他生在春秋末期,而禘礼是古代的一种极为隆重、复杂的祭祀祖先的礼仪,因此在当时已经有些过时了。

但是,孔子认为,如果有人能够真正懂得禘礼的含义和价值,那么他治理天下可能就像把东西放在这里一样容易。这是因为在孔子看来,禘礼所体现的是一种敬畏祖先、尊重传统、谦逊有礼的态度,而这些态度是治理天下所必需的。

同时,从这段话中也可以看出孔子对于当时社会上一些人过分追求仪式和形式而忽视了本质意义的不满和反对。

他指出,如果只是追求形式的完美而忽视了本质意义,那么这种行为是没有价值的。相反,如果能够真正理解禘礼的本质意义并加以实践,那么治理天下的事就会变得容易许多。

因此,孔子一面说一面指着他的手掌,表示他对于真正懂得禘礼的人的敬意和赞赏。

3.12 祭如在,祭神如神在。子曰:"吾不与(yù)祭,如不祭。"

【白话文】

祭祀祖先就像祖先真的在面前,祭祀神就像神真的在面前。孔子说:"我如果不亲自参加祭祀,那就和没有举行祭祀一样。"

【郭干辉开心陪读】

这段话表现了孔子对于祭祀的态度和看法。孔子认为,祭祀祖先和神灵是一种表达敬意和感激之情的方式,也是一种传承文化、强化社会秩序的手段。因此,他主张要认真对待祭祀,亲自参加祭祀,以示对祖先和神灵的尊重和感激之情。

"祭如在,祭神如神在"这句话是孔子对于祭祀的基本原则的表述。在祭祀时,应该用心去想象祖先或神灵真的在面前,以虔诚的态度向他们表达敬意和感激之情。这种态度不仅是对祖先和神灵的尊重,更是对生命和文化的尊重。

"吾不与祭,如不祭"这句话是孔子对于不亲自参加祭祀的看法。他认为,如果一个人不亲自参加祭祀,那就无法真正表达对祖先和神灵的敬意和感激之情,就像没有举行祭祀一样。因此,他主张人们应该积极参与祭祀活动,以示对祖先和神灵的尊重和感激之情。

3.13 王孙贾问曰:"'与其媚于奥,宁媚于灶',何谓也?"子曰:"不然,获罪于天,无所祷也。"

【白话文】

王孙贾问道:"'与其巴结奉承奥神,不如巴结奉承灶神',说的是什么意思?"孔子说:"不是这样的,如果得罪了上天,到什么地方去祷告求情也是无用的。"

【郭干辉开心陪读】

王孙贾是卫国的大夫,他问孔子的"与其媚于奥,宁媚于灶"是一句当时的俗语,意思是与其巴结奉承地位高的人,不如巴结奉承有权有势的人。王孙贾想借此试探孔子,看看他是怎样看待奥神和灶神的。

而孔子则认为,一个人如果得罪了上天,那么无论他怎样祷告求情都是无用的。换句话说,一个人应该做的是通过行善积德来赢得上天的信任和保佑,而不是通过巴结奉承来获得权势和地位。

孔子的回答体现了他的价值观和信仰。他认为,一个人应该注重自身的品德修养和行为实践,而不是通过巴结奉承来获得权势和地位。

同时,他也强调了天命的重要性,认为一个人如果得罪了上天,那么无论他怎样努力都是无用的。

3.14 子曰:"周监于二代,郁郁乎文哉!吾从周。"

【白话文】

孔子说:"周朝的礼仪制度是以夏、商两代为依据,在它的基础上又进行了文饰。我遵从周朝的礼仪制度。"

【郭干辉开心陪读】

这段话表现了孔子对于周朝礼仪制度的看法和态度。孔子认为,周朝的礼仪制度是在夏、商两代礼仪制度的基础上发展而来的,它不仅继承了夏、商两代的优秀传统,而且在文饰方面进行了创新和发展。

因此,孔子认为周朝的礼仪制度非常丰富多彩、精美细腻,是一个非常值得遵从和学习的典范。

同时，这段话也表现了孔子的历史观和价值观。孔子认为，一个社会的文化和制度是由历史积淀而成的，它需要不断地进行创新和发展。而周朝的礼仪制度就是在夏、商两代的基础上进行创新和发展的结果，因此它具有很高的价值和意义。

孔子也认为，人们应该尊重历史传统和文化积淀，从中汲取经验和智慧，同时也应该积极推动文化和制度的创新和发展。

3.15　子入太庙，每事问。或曰："孰谓鄹（zōu）人之子知礼乎？入太庙，每事问。"子闻之，曰："是礼也。"

【白话文】

孔子进入太庙，每遇到一件事都要问。有人问："谁说鄹这个地方的人懂礼呢？他进入太庙，每件事都要问。"孔子听到此话，说："这就是礼呀！"

【郭干辉开心陪读】

这段话表现了孔子对于礼的重视和认真态度。孔子进入太庙，每遇到一件事都要询问，这种行为体现了他的谦虚和谨慎，说明他对于礼仪制度并不是一知半解，而是认真地进行学习和实践。有人因此而质疑他是否真的懂礼，但孔子认为这种每事都问的态度正是对于礼的尊重和遵从。

同时，这段话也反映了孔子对于礼的理解和认识。在孔子的思想中，礼是一种道德规范和行为准则，它涉及人们日常生活中的各个方面，包括祭祀、朝拜、交往等。礼的核心在于尊重和谦逊，它要求人们以一种谦虚、谨慎、恭敬的态度来对待自己和他人，以实现社会和谐。

因此，孔子认为，每事都问的行为正是对于礼的践行和体现。

3.16　子曰："射不主皮，为力不同科，古之道也。"

【白话文】

孔子说："射箭，不在于穿透靶子，因为人的力气有大有小。这是古人的道理呀。"

【郭干辉开心陪读】

这段话是孔子对于射箭这一行为的看法。他认为，射箭不在于穿透靶子，因为每个人的力气大小不同，所以无法用一个统一的标准来衡量射箭的技巧。这种看法体现了孔子对于人的个性和差异的尊重和理解。同时，他也认为这是古人的道理，说明这种观念在古代就已经存在了。

同样的道理也可以应用到其他方面，比如，学习、工作等。

3.17 子贡欲去告朔之饩（xì）羊，子曰："赐也！尔爱其羊，我爱其礼。"

【白话文】

子贡提出去掉每月初一告祭祖庙用的活羊。孔子说："赐，你爱惜那只羊，我却爱惜那种礼。"

【郭干辉开心陪读】

这段话是孔子对于礼的重视和保护的表现。告朔是古代的一种礼制，每月初一，诸侯必须派使者到京城朝见天子，向其报告本月的朔日是哪一天，然后由天子传告给各诸侯。诸侯得到这个信息后，再向祖庙呈献牺牲等。这个礼制在当时是非常重要的，但是现在逐渐被人们所忽视。

子贡提出去掉这个礼制中的牺牲，认为这样能够节省开支，但是孔子认为这样做是错误的。因为礼制不仅是一种形式，更是一种精神的体现。如果去掉这个牺牲，虽然能够节省开支，但是失去了这个礼制的意义和价值。

在孔子的思想中，礼是一种道德规范和行为准则，它涉及人们日常生活中的各个方面，包括祭祀、朝拜、交往等。礼的核心在于尊重和谦逊，它要求人们以一种谦虚、谨慎、恭敬的态度来对待自己和他人，以实现社会和谐、维护好社会秩序。

3.18 子曰："事君尽礼，人以为谄也。"

【白话文】

孔子说："我按照周礼的规定去侍奉君主，别人却认为这是在讨好君主。"

【郭干辉开心陪读】

这段话反映了孔子对于周礼的坚持以及对于当时社会风气的担忧。在孔子所处的时代，周礼已经逐渐被人们所淡忘，而一些人对于遵守礼制的人往往持有怀疑和攻击的态度。因此，孔子在坚守周礼的同时，也面临着被人误解和攻击的困境。

在孔子的思想中，周礼是一种道德规范和行为准则，它涉及人们日常生活中的各个方面，包括君臣之间的相处之道。孔子认为，作为一个臣子，应该尽心尽力地侍奉君主，遵循周礼的规定，但是这种行为往往会被一些人误解为在讨好君主。这种误解和攻击的存在，说明了当时社会风气的衰落和人们对于道德规范的淡漠。

对于孔子的遭遇，我们可以看出他对于周礼的坚守和对于道德规范的追求。他希望人们能够重新认识到周礼的价值和意义，并且通过遵守礼制来促进社会的和谐与维护社会的秩序。但是，这种追求并不容易实现，需要付出很大的努力和代价。

3.19 定公问："君使臣，臣事君，如之何？"孔子对曰："君使臣以礼，臣事君以忠。"

【白话文】

鲁定公问孔子："君主差使臣子，臣子侍奉君主，各自应该怎么做？"孔子回答说："君主应该按照礼的规定差使臣子，臣子应该以忠诚来侍奉君主。"

【郭干辉开心陪读】

这段话是孔子对于君臣关系的一种看法和回答。在孔子看来，君臣之间应该建立一种基于礼和忠的基础上的关系。君主要按照礼的规定来差使臣子，也就是说要遵循道德规范和行为准则，不超越礼的规定，不滥用权力。而臣子则应该以忠诚来侍奉君主，也就是说要尽心尽力地为君主服务，不违背君主的意愿，不背叛君主。

在孔子的思想中，君臣关系是一种基于道德规范和行为准则的相互依存、相互尊重的关系。君主和臣子各自有着自己的职责和义务，只有遵循礼和忠的原则，才能建立一种和谐、稳定的社会关系。同时，孔子也强调了臣子的忠诚和尽心尽力为君主服务的态度，认为这是君臣关系中不可或缺的因素。

3.20 子曰:"《关雎》,乐而不淫,哀而不伤。"

【白话文】

孔子说:"《关雎》这首诗,快乐却不是没有节制,悲哀却不至于过于悲伤。"

【郭干辉开心陪读】

《关雎》是《诗经》中的一首诗,描述了一个男子对于女子的爱慕和追求。孔子对这首诗的评价是"乐而不淫,哀而不伤",也就是说,这首诗所表达的情感是快乐和悲哀的,但是都不过于强烈,保持了适当的节制。

在孔子的评价中,"乐而不淫"意味着快乐要有节制,不能过于放纵和沉迷。他认为,人们应该追求快乐,但是要在道德和伦理的范围内,不要违背道德准则和损害他人的利益。同时,"哀而不伤"也意味着悲哀要有节制,不要过于沉溺和放纵自己的情感。人们面对悲伤和痛苦时,要学会控制自己的情绪,不要让悲伤影响到自己的身心健康和日常生活。

孔子的这种评价体现了他对于情感控制的重视。他认为,情感是人类与生俱来的一部分,人们应该学会控制自己的情感,不要让情感左右自己的行为和决策。同时,他也强调了情感表达的重要性,认为人们应该表达自己的情感,但是要在适当的场合,使用适当的方式进行,不要伤害他人和社会。

3.21 哀公问社于宰我,宰我对曰:"夏后氏以松,殷人以柏,周人以栗,曰使民战栗。"子闻之,曰:"成事不说,遂事不谏,既往不咎。"

【白话文】

鲁哀公问宰我,做土地神的神位应该用什么木材,宰我回答:"夏朝用松树,商朝用柏树,周朝用栗子树。用栗子树的意思是,使老百姓战战栗栗。"孔子听到后说:"已经做成的事就不要再解释了,已经完成的事就不要再挽救了,已经过去的事就不要再追究了。"

【郭干辉开心陪读】

这段话涉及两个部分,一是宰我回答鲁哀公的问题,二是孔子对于宰我回答的评价。

首先,宰我回答鲁哀公关于土地神的神位应该用什么木材的问题时,提起夏、商、周三个朝代的不同选择,并解释了周朝用栗子树的意思是使老百姓战战栗栗。这个解释可能是在影射周朝的礼仪制度过于严苛，导致老百姓感到害怕和敬畏。

其次，孔子听到宰我的回答后，进行了评价。他说："成事不说，遂事不谏，既往不咎。"意思是已经做成的事就不要再解释了，已经完成的事就不要再挽救了，已经过去的事就不要再追究了。这个评价是在批评宰我对于周朝礼仪制度过于苛责和议论，孔子认为这种行为是没有意义的。

在孔子的思想中，他强调要尊重传统和遵守礼仪制度，不要过于苛责和议论过去的事情。他认为，过去的事情已经过去了，无法改变，应该把注意力放在现在和未来的事情上。同时，他也强调要注重和谐、宽容和包容，不要因为自己的偏见和执念而影响到人际关系和社会和谐。

3.22 子曰："管仲之器小哉！"或曰："管仲俭乎？"曰："管氏有三归，官事不摄，焉得俭？""然则管仲知礼乎？"曰："邦君树塞门，管氏亦树塞门；邦君为两君之好，有反坫（diàn），管氏亦有反坫，管氏而知礼，孰不知礼？"

【白话文】

孔子说："管仲的器量太小了！"有人问："管仲节俭吗？"孔子说："管仲有三处豪华的房屋，他家里的管事也是一人一职而不兼任，怎么谈得上节俭呢？""那么管仲懂得礼吗？"孔子回答说："国君在大门口设立了一个照壁，管仲在大门口也设立了一个照壁。国君为了接待别国君主，在堂上有放置酒杯、食物的设备，管仲也有这样的设备。如果管仲懂得礼，那么还有谁不懂得礼呢？"

【郭千辉开心陪读】

在这段话中，孔子对管仲的评价是双重的。一方面，孔子认为管仲的器量小，也就是认为管仲为人不够大度，缺乏包容和宽恕的心态。另一方面，孔子认为管仲的行为不符合礼的规定。

在孔子的思想中，礼是一种道德规范和行为准则，人们应该遵守礼的规定，表现为行为举止、言辞和思想都要符合道德标准。管仲作为一位大臣，应该以身作则，遵守礼的规定。然而，管仲的行为与礼的规定相悖。他有三处豪华的房屋，家里的管事也是一人一职而不兼任，这不符合节俭的原则。

此外,他在家中设立了与国君一样的设备,这也不符合礼的规定。

因此,孔子认为管仲不懂得礼。如果像管仲这样的大臣都懂得礼,那么其他人都应该懂得礼。孔子的这个评价表明了他对于大臣的行为和道德标准的要求,也体现了他的政治思想和道德观念。

3.23 子语(yù)鲁大(tài)师乐,曰:"乐其可知也。始作,翕如也;从(zòng)之,纯如也,皦(jiǎo)如也,绎(yì)如也,以成。"

【白话文】

孔子和鲁国的乐师谈及音乐,说:"音乐是可以了解的。开始演奏时,各种乐器合奏,声音洪亮优美;继续演奏下去,悠扬悦耳,节奏分明,如流水般绵延不断,最后演奏完成。"

【郭干辉开心陪读】

这段话是孔子对于音乐的评价和看法。他认为音乐是可以理解和掌握的,通过对于音乐演奏的观察和感受,可以了解音乐的基本要素和特点。

在孔子的评价中,他强调了音乐演奏的协调性和节奏感。开始演奏时,各种乐器能够合奏出优美洪亮的声音,这表明演奏者之间配合默契,能够达到和谐的效果。随着演奏的进行,音乐变得越来越纯正、清晰,节奏分明,不断延续下去,最终完成整个作品。

孔子的评价也暗示了他对于音乐教育的重视。他认为,观察和学习音乐演奏,人们可以掌握音乐的基本知识和技能,同时也可以培养自己的审美能力和文化素养。

因此,他提倡人们要学习音乐,掌握音乐的基本要素和特点,以提高自己的文化水平和综合素质。

3.24 仪封人请见,曰:"君子之至于斯也,吾未尝不得见也。"从者见之。出曰:"二三子何患于丧乎?天下之无道也久矣,天将以夫子为木铎(duó)。"

【白话文】

仪地的一个官员请求会见孔子,他说:"有道德修养的人到这里来,我从来没有不求见的。"孔子的随行人员引他去见了孔子。他出来后说："你们这些人何必忧虑儒家的衰落呢？天下无道已经很久了，上天将以孔子为木铎（传令用的铜器，比喻宣扬教化的人）。"

【郭干辉开心陪读】

这段话是描述仪地的一个官员对孔子的敬仰和对于儒家思想的评价。

首先，仪地的这个官员表达了他对于孔子的崇敬之情。他认为孔子是一位有道德修养的人，因此他来求见孔子。这表明仪封人对孔子的敬仰和尊重，他认为孔子是一个值得学习和效仿的榜样。

其次，在会见孔子后，他对孔子的随行人员说："二三子何患于丧乎？天下之无道也久矣，天将以夫子为木铎。"这表明他对孔子的儒家思想有着深刻的理解和评价。他认为孔子的儒家思想是拯救社会混乱的良方，孔子是宣扬教化的重要人物。

在仪地的这个官员的评价中，我们可以看出他对儒家思想的肯定和推崇。他认为孔子的儒家思想是有价值的，可以帮助人们提高道德修养，建立和谐的社会秩序。同时，他也暗示了对于当时社会混乱的不满和对于孔子的期望。

3.25 子谓《韶》："尽美矣，又尽善也。"谓《武》："尽美矣，未尽善也。"

【白话文】

孔子评价《韶》，说："乐曲很美，内容也非常好。"评价《武》，说："乐曲很美，但内容差一些。"

【郭干辉开心陪读】

在这段话中，孔子对两首古代乐曲《韶》和《武》做出了评价。他对于《韶》的评价是"尽美矣，又尽善也"，意思是这首乐曲非常美，同时内容也非常好。而对于《武》的评价是"尽美矣，未尽善也"，意思是这首乐曲很美，但是内容有所欠缺。

孔子的评价反映了他对于音乐艺术的看法。他认为音乐不仅是声音的组合，更是文化和精神的体现。因此，在评价音乐时，他不仅关注音乐的形式和技巧，更注重音乐所表达的内容和意义。

在评价《韶》时，孔子认为这首乐曲不仅形式优美，更能够表达出一种和谐、包容、仁爱的文化精神。这种精神与孔子推崇的"仁爱""礼乐"等思想相符，因此孔子给予了很高的评价。

而在评价《武》时，孔子认为这首乐曲虽然形式优美，但是在表达内容方面有所不足。他认为这首乐曲可能过于强调武力和战争，缺乏一种包容和平和的精神。这种精神与孔子推崇的"仁爱""和平"等思想不太相符，因此孔子认为它在内容上存在一些缺陷。

总之，这段话反映了孔子对于音乐艺术的高标准和严要求。他强调音乐不仅是艺术的表现形式，更是文化精神的体现。同时，他也提醒我们在欣赏音乐时，应该关注音乐所表达的内容和意义，而不仅是关注音乐的形式和技巧。

3.26　子曰："居上不宽，为礼不敬，临丧不哀，吾何以观之哉？"

【白话文】

孔子说："居于统治地位者，不宽宏大量，行礼的时候不恭敬严肃，参加丧礼时不感到悲伤哀痛，这种样子我怎么看得下去呢？"

【郭干辉开心陪读】

这段话是孔子对于人们的道德修养和行为规范的评论。他提出了三个方面的观察和评价标准，即居于统治地位者的宽容、行礼时的恭敬严肃以及参加丧礼时的悲伤哀痛。

首先，孔子强调了居于统治地位者应该具备宽容的品质。他认为，一个好的领导者应该心胸宽广，能够包容不同的意见和思想，而不是过于狭隘、偏执己见。只有具备宽容的品质，才能够赢得人民的信任和支持。

其次，孔子强调了行礼时的恭敬严肃。他认为，礼仪是一种规范和准则，是人们为人处世的基本准则之一。在行礼时，人们应该保持恭敬严肃的态度，尊重礼仪的庄重性和严肃性，从而树立起自己的威严和尊严。

最后，孔子强调参加丧礼时应悲伤哀痛。他认为，丧礼是一种表达对逝者的怀念和敬意的仪式，也是人们对于生命的敬畏和对于逝者的尊重的表现。

里仁第四

4.1 子曰:"里仁为美,择不处仁,焉得知(zhì)?"

【白话文】孔子说:"和有仁德的人住在一起,才是好的。如果你选择的住处没有有仁德的人,你怎么能知道是非对错呢?"

【郭干辉开心陪读】

这句话是关于我们应该如何选择住所和环境,以利于我们个人的道德成长。孔子强调我们的行为和价值观受到周围环境的影响。

首先,孔子用"里仁为美"这个说法,强调与有仁德的人为邻,居住在这样的人群中,是我们应当追求的美好生活。这里的"里"是居住的意思,"仁"代表的是一种道德标准,表示我们选择的生活环境应具有良好的道德风尚。

其次,孔子用"择不处仁"这个说法,指出如果我们选择的住处没有有仁德的人,那么我们就不可能了解什么是正确的行为和价值观。"焉得知?"这个问句是用来强调如果我们的行为和价值观无法判断是非对错,那么我们的智慧又在哪里呢?

所以,这句话是孔子对于我们应该选择一个具有良好道德风气的社区或环境的建议。他认为,我们的行为和价值观会受到周围环境的影响,因此我们应该尽量选择一个有良好道德风气的环境来生活,这样才能有助于我们的道德成长和智慧的提升。

4.2 子曰:"不仁者不可以久处约,不可以长处乐。仁者安仁,知(zhì)者利仁。"

【白话文】

孔子说:"不仁的人不可能长期保持俭朴,也不能够长久地享受快乐。有仁德的人安于仁，聪明的人从仁中获利。"

【郭干辉开心陪读】

这段话是孔子对于仁德与行为、俭朴与快乐之间关系的探讨。他指出，不仁的人无法长期保持俭朴，也不能够长久地享受快乐。而仁者能够在任何情况下都保持仁德之心，智者则能够从仁德中获得利益。

首先，孔子用"不仁者不可以久处约"的说法，强调了不仁的人无法长期保持俭朴。这里的"约"指的是俭朴的生活方式，"久处约"表示能够长期保持俭朴。然而，对不仁的人来说，他们往往追求的是短暂的快乐和满足，而不是长期的稳定和价值。因此，他们很难长期保持俭朴的生活方式。

其次，孔子用"不可以长处乐"的说法，进一步强调了不仁的人也不能长久地享受快乐。这里的"乐"指的是物质的享受和满足，"长处乐"则表示能够长久地享受快乐。然而，对不仁的人来说，他们往往只关注自己的欲望和眼前的好处，而忽略了长期的利益和对他人的责任。因此，他们也很难长久地享受快乐。

最后，孔子用"仁者安仁，知者利仁"的说法，表达了有仁德的人和聪明的人对于仁的不同态度和追求。这里的"安仁"表示有仁德的人能够在任何情况下都保持仁德之心，"利仁"则表示聪明的人能够从仁德中获得利益。

4.3 子曰："唯仁者能好人，能恶人。"

【白话文】

孔子说："只有有仁德的人才能真正地喜爱人，或者厌恶人。"

【郭干辉开心陪读】

首先，孔子用"唯仁者能好人"的说法，强调了只有具备仁德的人才能真正地喜爱别人。这里的"好人"表示对人的喜爱和尊重，"唯仁者"则表示只有具备仁德的人。在孔子的思想中，仁是一种无私的、包容的、内在的品质，只有具备这种品质的人才能从心底真正地喜爱别人，而不是出于个人利益或者是虚伪的表面行为。

其次，孔子用"能恶人"的说法，进一步强调了只有具备仁德的人才能真正地厌恶别人。这里的"恶人"表示对别人的憎恶和排斥,"唯仁者"则仍然表示只有具备仁德的人。与"好人"一样,只有具备仁德的人才能从心底真正地厌恶别人,而不是出于个人偏见或者表面的情绪。

综上,这句话是关于孔子对于仁德与喜爱、厌恶之间关系的探讨。他强调只有具备仁德的人才能真正地喜爱或者厌恶别人,而不是出于个人利益或者是虚伪的表面行为。这种思想体现了孔子对于真正的道德行为的追求和推崇。

4.4　子曰:"苟志于仁矣,无恶也。"

【白话文】

孔子说:"如果一个人立志追求仁德,他就不会有邪恶的行为。"

【郭干辉开心陪读】

首先,孔子用"苟志于仁矣"的说法,强调了追求仁德的重要性。这里的"苟"表示如果,"志"表示立志,"仁"则表示一种道德标准。也就是说,如果一个人真的想要追求道德上的完美和满足,那么他就应该立志于追求仁德。

其次,孔子用"无恶也"的说法,进一步强调了追求仁德的益处。这里"无恶"表示没有邪恶行为,"也"则表示强调语气。也就是说,如果一个人真的立志追求仁德,那么他就会避免做出邪恶的行为,从而获得道德上的提升和满足。

综上所述,这句话是关于孔子对于追求仁德的强调。这种思想体现了孔子对于道德行为的推崇和追求。

4.5　子曰:"富与贵,是人之所欲也;不以其道得之,不处也。贫与贱,是人之所恶也;不以其道得之,不去也。君子去仁,恶乎成名?君子无终食之间违仁,造次必于是,颠沛必于是。"

【白话文】

孔子说:"富贵和显贵,这是人们所向往的;如果不能通过正当的方法获得它，君子是不会接纳的。贫穷和低贱，这是人们所厌恶的；如果不能通过正当的方法摆脱它，君子是不会急于摆脱的。君子如果离开了仁德，又怎么能成就他的名声呢？君子不会有片刻的时间背离仁德，即使在仓促急迫的时候也必定会照着仁义去做事，即使在颠沛流离的时候也必定会照着仁义去做事。"

【郭干辉开心陪读】

首先，孔子用"富与贵，是人之所欲也；不以其道得之，不处也"，说明了人们对于富贵的向往和追求。然而，他也强调了如果不能通过正当的方法获得富贵，君子是不会接纳的。这里的"道"指的是正当的方法，包括道德和法律等准则。

其次，孔子用"贫与贱，是人之所恶也；不以其道得之，不去也"，说明了人们对于贫贱的厌恶和逃避。然而，他也强调了如果不能通过正当的方法摆脱贫贱，君子是不会急于摆脱的。这里的"道"同样指的是正当的方法。

再次，孔子用"君子去仁，恶乎成名？"，强调君子离开仁德就不再是君子，也就失去了君子的名声。这里的"去仁"表示离开仁德，"恶乎"表示怎么能。也就是说，君子如果失去了仁德，就不再符合君子的定义和标准。

最后，孔子用"君子无终食之间违仁，造次必于是，颠沛必于是"，强调君子在任何情况下都会坚守仁德的原则。这里的"无终食之间违仁"表示没有一餐的时间背离仁德，"造次必于是"和"颠沛必于是"则表示在仓促急迫和颠沛流离的时候都会坚守仁德的原则。

综上所述，这段话是孔子对于君子在面对富贵和贫贱时的态度和对于仁德的坚守的看法。他强调君子不会通过不正当的方法去获得富贵或者摆脱贫贱，而会坚守仁德的原则。这种思想体现了孔子对于道德行为的推崇和追求。

4.6 子曰："我未见好仁者，恶不仁者。好仁者，无以尚之；恶不仁者，其为仁矣，不使不仁者加乎其身。有能一日用其力于仁矣乎？我未见力不足者。盖有之矣，我未之见也。"

【白话文】

孔子说："我没有见过喜好仁德的人和厌恶不仁德的人。喜好仁德的人，那是再好不过了；厌恶不仁德的人，他行仁德的时候，不让不仁德的人影响自己。有人能在某一天发挥自己的力量为仁德做出贡献吗？我没有见过力量不够行仁德之事的人。大概有这样的人存在，但我没有见过。"

【郭干辉开心陪读】

这段话是孔子对于人们追求仁德的看法。他指出，真正追求仁德的人是很少的，因为人们往往受到不仁德的影响，难以保持正确的道德行为。

首先，孔子用"我未见好仁者，恶不仁者"，表达了他对于人们追求仁德的看法。这里的"好仁者"表示喜欢、追求仁德的人，"恶不仁者"表示厌恶、不喜欢不仁德的人。然而，在孔子的时代，真正追求仁德的人并不多见。

其次，孔子用"好仁者，无以尚之"，强调了真正追求仁德的人是无可比拟的。这里的"无以尚之"表示没有比他更好的了，也就是说真正追求仁德的人是非常优秀的。

再次，孔子用"恶不仁者，其为仁矣，不使不仁者加乎其身"，解释了厌恶不仁德的人为何能够行仁德之事。这里的"其为仁矣"表示他能够行仁德之事，"不使不仁者加乎其身"表示他不会让不仁德的事物影响自己。也就是说，只有对于不仁德的事物有所认识和反感，才能够保持正确的道德行为。

最后，孔子用"有能一日用其力于仁矣乎？我未见力不足者"，强调人们应该尽力为仁德做出贡献。这里的"一日用其力于仁"表示在某一天尽力为仁德做出贡献，"力不足者"表示没有人是力量不够的。也就是说，只要人们愿意尽力为仁德做出贡献，就能够获得成功。

4.7 子曰："人之过也，各于其党。观过，斯知仁矣。"

【白话文】

孔子说："人们所犯的错误，各有不同。观察一个人所犯的错误，就可以知道他是哪一类人了。"

【郭干辉开心陪读】

在这段话中，孔子提出了一种通过观察人们所犯的错误来判断其品德和行为习惯的方法。他认为，人们的错误是由其性格和行为习惯决定的，而这些错误又可以根据其表现形式和性质分为不同的类型。因此，通过观察一个人所犯的错误，就可以大致了解这个人的性格、行为习惯以及道德水平。

这种观察和判断方法有一定的实践意义。例如，在选拔人才时，我们可以对其过去的言谈举止和所犯错误进行观察和分析，来预测其未来的行为表现和道德水平。

此外，在日常生活中，我们也可以通过观察身边人的错误表现，来了解其性格、行为习惯和道德观念，从而更好地与他们相处并帮助他们改正错误。

需要注意的是，这种观察和判断方法并不是绝对准确的，因为人们的错误行为往往受到多种因素的影响，包括环境、教育、家庭等。

4.8　子曰："朝闻道，夕死可矣。"

【白话文】

孔子说："如果早上能够领悟到真理，那么晚上死去也是值得的。"

【郭干辉开心陪读】

在这句话中，孔子强调了对于真理的追求和领悟的重要性，认为这是人生中最有意义的事情之一。他指出，如果一个人能够在早上领悟到真理，那么他即使在晚上死去，也会感到自己的人生是有价值的。

这种对于真理的追求和领悟，不仅是个人的追求，也是社会的责任。在孔子的时代，社会动荡不安，人们面临着很多困难和挑战。因此，孔子认为，每个人都应该积极地探索真理，去发现它的意义和价值，并通过自己的实践和传播，使更多的人受益。

此外，这句话也表达了孔子对于生命的珍视和对于死亡的淡然。他认为，人生是短暂的，我们应该珍惜每一个时刻，不断地追求进步和完善自己。同时，我们也应该正确看待死亡，把它看作生命旅程的一部分，用追求真理的方式来充实自己的人生。

总之，这句话表达了孔子对于真理、生命和死亡的态度和追求，鼓励人们在短暂的人生中不断探索、领悟和实践真理，以实现自己的人生价值，履行社会责任。

4.9 子曰:"士志于道,而耻恶衣恶食者,未足与议也。"

【白话文】

孔子说:"一个读书人如果立志追求真理,却以粗陋的衣服和食物为耻,这样的人不值得与他谈论。"

【郭干辉开心陪读】

在这句话中,孔子强调了追求真理的重要性,认为一个读书人应该把追求真理作为自己的首要任务,而不是过分关注物质生活的享受。他指出,如果一个人过于在意自己的穿着和饮食等物质生活,那么他就会失去追求真理的动力和决心,这样的人不值得与之为伍。

孔子的这种思想,是基于他对人生和社会的深刻认识和理解。他认为,一个人如果想要在人生和社会中做出有意义的成绩,就必须有追求真理的决心和勇气,不断地去探索和发现真理。如果一个人只关注物质生活的享受,那么他就失去了真正的追求和目标,无法实现自己的人生价值。

4.10 子曰:"君子之于天下也,无适也,无莫也,义之与比(bì)。"

【白话文】

孔子说:"君子对于天下的事情,没有固定的厚薄亲疏,只按照义去做。"

【郭干辉开心陪读】

在这句话中,孔子强调了君子在处理天下事情时应该持有的态度和原则。他指出,君子不应该有固定的偏爱或疏远,不应该因为个人情感或偏见而影响对事情的判断和处理,应该以"义"为准则,根据事情本身的是非曲直来做出决策。

"无适也,无莫也"意思是没有固定的厚薄亲疏,"适"和"莫"在这里是偏爱和疏远的意思。"义之与比"意思是与义相称,按照义的要求去做。

孔子的这种思想,强调了公正、公平、正义的原则,要求君子在处理天下事情时,要以事情本身的道德和价值为依据,而不是以个人情感或偏见为依据。只有这样,才能够做出正确的决策,实现公正、公平、正义的目标。

4.11　子曰:"君子怀德,小人怀土;君子怀刑,小人怀惠。"

【白话文】

孔子说:"君子关心的是道德,小人关心的是乡土;君子关心的是法律,小人关心的是实惠。"

【郭干辉开心陪读】

在这句话中,孔子对君子和小人进行了对比和区分。他认为,君子关注的是道德和法律,关心的是自己的行为是否符合道德和法律的标准;而小人关注的是乡土和实惠,关心的是自己的利益和安逸。

"君子怀德"意味着君子应该注重道德修养,追求人格的完美和道德的完善。"小人怀土"则意味着小人只关心自己的安逸和舒适,只追求物质上的享受和利益。"君子怀刑"意思是君子应该遵守法律,不要违反法律的规定。"小人怀惠"则是指小人只关心自己的实惠和好处,不顾及道德和法律的规定。

孔子的这种思想,强调了道德、法律的重要性,认为人们应该遵守法律、注重道德修养。同时,他也批评了那些只关心自己利益而不顾及道德和法律的人,认为这样的人缺乏长远的眼光和博大的胸怀。

4.12　子曰:"放(fǎng)于利而行,多怨。"

【白话文】

孔子说:"依据利益而行动,会招致很多怨恨。"

【郭干辉开心陪读】

在这句话中,孔子批评了那些只注重利益而行动的人,认为这样的人会给自己带来很多怨恨。他认为,人们不应该只注重利益而行动,而应该依据道德和正义的标准来行事,否则会给自己和他人带来很多麻烦和矛盾。

"放于利而行"意思是依据利益而行动,"多怨"意思是招致很多怨恨。孔子认为,如果一个人只注重自己的利益而不顾及他人的感受和利益,就会引起他人的不满和反感,最终导致怨恨的产生。

孔子的这种思想,强调了道德和正义的重要性,认为人们应该依据道德和正义的标准来行事,不要只注重利益而行动。只有这样,才能够建立良好的人际关系和社会秩序,促进社会的和谐与发展。

此外，这句话也反映了孔子对于功利主义的批判。他认为，功利主义只注重结果和利益，而不顾及手段和过程是否合理和道德，这样的行为会给自己和他人带来很多问题和矛盾。因此，人们应该注重道德和正义的标准，不要只追求利益而行动。

4.13 子曰："能以礼让为国乎？何有？不能以礼让为国，如礼何？"

【白话文】

孔子说："能够用礼让原则来治理国家吗？这有什么困难呢？如果不能用礼让原则来治理国家，怎么能实行礼制呢？"

【郭干辉开心陪读】

在这段话中，孔子强调了礼让原则在治理国家中的重要性。他认为，一个国家的治理应该基于礼让原则，人们应该通过互相尊重和礼让来处理彼此之间的关系，以达到国家的和谐与稳定。如果不能以礼让原则来治理国家，那么国家的秩序和稳定就会受到影响，无法实行有效的治理。

"能以礼让为国乎？何有？"意思是能够用礼让原则来治理国家吗？这有什么困难呢？"不能以礼让为国，如礼何？"意思是如果不能用礼让原则来治理国家，怎么能实行礼制呢？

孔子的这种思想，强调了礼让原则在治理国家中的重要性，认为人们应该通过互相尊重和礼让来处理彼此之间的关系，以达到国家的和谐与稳定。同时，他也批评了那些只追求权力和利益而忽视礼让原则的行为，认为这样的行为会破坏国家的秩序和稳定。

此外，这句话也反映了孔子对于传统文化的重视。他认为，传统文化中的礼让原则是治理国家的重要基石，只有遵循这些原则才能够实现国家的长治久安。因此，他强调了人们应该尊重传统文化，遵循礼让原则来治理国家。

4.14 子曰："不患无位，患所以立；不患莫己知，求为可知也。"

【白话文】

孔子说："不要担心没有职位，而要担心没有立身的本领；不要担心没有人了解自己，而要追求可以让他人了解自己的本领。"

【郭干辉开心陪读】

在这句话中，孔子强调人们应该关注自己的能力和本领，而不是过分担心自己的地位和名声。他认为，一个人如果没有真正的本领和才能，即使拥有再高的职位和名声也没有意义。因此，人们应该注重自己的内在修养和能力的提升，以成为真正有价值和值得他人了解的人。

"不患无位"意思是不要担心没有职位，"患所以立"意思是担心没有立身的本领。"不患莫己知"意思是不要担心没有人了解自己，"求为可知也"意思是追求可以让他人了解自己的本领。

4.15 子曰："参乎！吾道一以贯之。"曾子曰："唯。"子出，门人问曰："何谓也？"曾子曰："夫子之道，忠恕而已矣。"

【白话文】

孔子说："曾参啊！我的学说可以用一个根本的原则贯通起来。"曾子说："是的。"孔子走出去后，其他学生问曾子："这是什么意思？"曾子说："先生的学说，就是忠恕罢了。"

【郭干辉开心陪读】

在这段话中，孔子强调他的学说的根本原则是"忠恕"。忠恕是中国传统文化中的重要概念，强调的是对他人的尊重和关爱，以及对自己的诚信和正直。

"参乎！吾道一以贯之"意思是曾参啊！我的学说可以用一个根本的原则贯通起来。"唯"是"是"的意思，表示曾参对孔子学说的理解和认同。"夫子之道，忠恕而已矣"意思是先生的学说，就是忠恕罢了。这句话是曾参对孔子学说的概括和解释，表明了忠恕是孔子学说的核心原则。

这样的价值观对于建立良好的人际关系和社会秩序有着重要的意义。

4.16 子曰："君子喻于义，小人喻于利。"

【白话文】

孔子说："君子看重的是义，小人看重的是利。"

【郭干辉开心陪读】

在这句话中，孔子对君子和小人进行了区分，并强调他们看重的东西不同。君子看重的是义,即道德和正义的原则;而小人看重的是利,即个人私利和物质利益。

"君子喻于义"意思是君子看重的是义,"小人喻于利"意思是小人看重的是利。这句话表达了孔子对于道德和正义的重视,他认为人们应该追求道德和正义的原则,而不是只追求个人私利和物质利益。

孔子的这种思想,强调了道德和正义的重要性,认为人们应该遵循道德和正义的原则来行事。同时,他也批评了那些只看重个人私利和物质利益的人,认为这样的人缺乏长远的眼光和博大的胸怀。

4.17 子曰:"见贤思齐焉,见不贤而内自省(xǐng)也。"

【白话文】

孔子说:"看到贤人,应该想一想怎样才能和他看齐;看到不贤的人,就应该自我反省,看看自己有没有和他一样的缺点。"

【郭干辉开心陪读】

"见贤思齐焉",意思是看到贤人,应该想一想怎样才能和他看齐。这句话鼓励我们向优秀的人学习,从他们的成功经验中汲取智慧和灵感,并且努力追赶他们的步伐。

"见不贤而内自省也",意思是看到不贤的人,就应该自我反省,看看自己有没有和他一样的缺点。这句话提醒我们不要被不贤的人所影响,而是要从中吸取教训,反思自己是否有类似的缺点和不足,如果有就应该及时改正。

孔子的这种思想,强调了人们应该保持学习和反思的态度,以及自我反省的能力。他认为,只有这样才能不断进步和完善自己,避免蹈其覆辙。同时,他也批评了那些只看到他人的缺点和不足,而忽视自我反省的人,认为这样的人很难有所成就和发展。

4.18 子曰:"事父母几谏,见志不从,又敬不违,劳而不怨。"

【白话文】

孔子说:"侍奉父母,如果发现他们有不正确的做法,我们应该婉转地劝止,即使自己的意见没有得到采纳,也要保持恭敬,不触犯他们,尽管自己劳苦，也不能对父母产生怨言。"

【郭干辉开心陪读】

在这句话中，孔子强调了子女应该如何正确地对待父母的错误。他认为，子女不应该盲目地顺从父母的一切决定，而应该有自己的思考和判断。当发现父母的决定是错误的时候，我们应该婉转地劝止，而不是直接反对或者指责。这样做可以避免伤害父母的感情，也能够保持家庭的和谐。

"事父母几谏"意思是侍奉父母要婉转地劝止，"见志不从"意思是即使自己的意见没有得到采纳，"又敬不违"意思是也要保持恭敬，不触犯他们，"劳而不怨"意思是尽管自己劳苦，也不能对父母产生怨言。

孔子的这种思想，强调子女应该尊重父母的意见和决定，同时也应该有自己的思考和判断。他认为，只有这样才能既维护家庭的和谐，又能使自己真正成长和发展。同时，他也批评了那些只顾顺从父母、不敢提出不同意见的子女，认为这样的人很难有所作为。

4.19 子曰："父母在，不远游，游必有方。"

【白话文】

孔子说："父母在世，不远离家乡；如果不得已要出远门，那么一定要告诉父母确切的去处。"

【郭干辉开心陪读】

在这句话中，孔子强调了子女应该如何对待父母和自己的事业。他认为，父母在世时，子女应该尽量留在他们身边，陪伴他们，尽到孝道。如果因为工作或者其他原因需要离家，必须有一定的方向和计划，让父母知道自己的行踪和归期，以免他们担心和挂念。

"父母在"意思是父母在世，"不远游"意思是不要远离家乡，"游必有方"意思是如果要出远门，那么一定要告诉父母确切的去处。这句话表达了孔子对于子女尽孝的重视，认为孝道是中华民族的传统美德之一，也是构建和谐社会的重要基石之一。

孔子的这种思想，强调了子女应该时刻关注父母的身体健康和心理需求，尽可能地陪伴在他们身边，尽到自己的责任和义务。同时，他也理解现代社会的压力和竞争，并不完全反对年轻人的发展和追求自己的事业，但认为在追求事业的同时，也应该尽量兼顾家庭和父母的需求，做好家庭和事业的平衡。

4.20 子曰："三年无改于父之道，可谓孝矣。"

【白话文】

孔子说："如果一个人在父亲去世后，能够三年不改变父亲正确的原则和制度，就可以称得上是孝了。"

【郭干辉开心陪读】

在这句话中，孔子强调子女应该尊重和继承父辈的原则和价值观。他认为，一个孝顺的子女不仅是在物质上供养父母，更应该在思想和精神上继承和发扬父辈的优秀传统和文化。

"三年无改于父之道"意思是三年内不改变父亲正确的原则和制度。这里的"三年"可以理解为古代社会中一个新君继位后，需要经过三年的时间来稳定局面和建立自己的统治基础。在此期间，新君需要尊重和继承先君的政策和制度，以稳定政局和社会秩序。同样地，子女在继承父辈的原则和价值观时，也需要经过一段时间的适应和思考，以确保自己能够真正理解和继承这些原则和价值观。

孔子的这种思想，强调了子女在继承父辈传统和文化时的重要性。他认为，一个孝顺的子女应该尊重和继承父辈的优秀传统和文化，将这些原则和价值观传承下去，以保持家族和社会的稳定和繁荣。同时，他也批评了那些不尊重父辈原则和价值观的子女，认为这样的人很难有所作为。

4.21 子曰："父母之年，不可不知也。一则以喜，一则以惧。"

【白话文】

孔子说："父母的年龄，不可以不知道。一方面为他们的长寿而高兴，另一方面又为他们的衰老而担忧。"

【郭干辉开心陪读】

"父母之年"意思是父母的年龄，"不可不知也"意思是不能不知道，"一则以喜"意思是一方面为他们的长寿而高兴,"一则以惧"意思是另一方面又为他们的衰老而担忧。这句话表达了孔子对于子女关注父母身体健康和寿命的重视,认为这是尽孝道的表现之一。

孔子的这种思想,强调了子女应该时刻关注父母的身体健康状况,关心他们的生活起居,以及他们的心理需求。这样做不仅可以增强家庭的感情和温暖,更可以为父母提供更好的照顾和支持。同时,他也认为子女应该意识到父母终有一天会离开我们,因此需要做好心理准备面对这个现实。这样可以让我们更加珍惜与父母在一起的时光,更好地尽孝道。

4.22 子曰:"古者言之不出,耻躬之不逮也。"

【白话文】

孔子说:"古代的人不轻易把话说出口,因为他们以自己做不到为耻。"

【郭干辉开心陪读】

在这句话中,孔子强调了言行一致的重要性。他认为,一个人如果轻易地许下诺言,但最终无法实现自己的承诺,这是非常可耻的行为。因此,古代的人不轻易把话说出口,以免自己无法实现承诺而感到羞耻,受到别人的嘲笑和批评。

"古者言之不出"意思是古代的人不轻易把话说出口,"耻躬之不逮也"意思是他们以自己做不到为可耻。这句话表达了孔子对于言行一致的重视,认为这是做人做事的基本原则之一。

孔子这种思想,强调了人们在言行上应该保持谨慎和负责任的态度。他认为,一个人只有真正能够做到自己所承诺的事情,才能够获得别人的信任和尊重。

4.23 子曰:"以约失之者鲜矣。"

【白话文】

孔子说:"因为对自己节制、约束而犯过失的人是很少的。"

【郭干辉开心陪读】

在这句话中,孔子强调了自我约束和节制的重要性。他认为,一个人如果能够时刻约束自己的言语和行为,就能够减少犯错误和过失的可能性。

孔子的这种思想,强调了人们在日常生活中应该时刻保持清醒和理智,不要轻易放纵自己的欲望和行为。他认为,只有自我约束和节制,才能够保持个人的品德和修养,避免犯错误和过失。

4.24 子曰:"君子欲讷(nè)于言而敏于行。"

【白话文】

孔子说:"君子应该说话谨慎而行动敏捷。"

【郭干辉开心陪读】

孔子的这种思想,强调了人们在日常生活中应该注重实际行动,而不是注重言辞。他认为,只有通过实际行动来证明自己的价值和能力,才能够获得别人的信任和尊重。因此,一个君子应该说话谨慎,不要轻易许下诺言,应该注重实际行动,以实际行动来证明自己的价值和能力。

4.25 子曰:"德不孤,必有邻。"

【白话文】

孔子说:"有道德的人不会孤独,一定会有志同道合的人与他为邻。"

【郭干辉开心陪读】

孔子的这种思想,强调了人们在日常生活中应该注重道德修养,不断提升自己的品德和人格魅力。他认为,只有通过提升自己的品德和人格魅力,才能够吸引到更多志同道合的人,与自己成为朋友或者邻居。

这样的思想和价值观对于现代社会也有着重要的启示意义。

4.26 子游曰:"事君数(shuò),斯辱矣;朋友数(shuò),斯疏矣。"

【白话文】

子游说:"服侍君主不能过于烦琐无度,而应该合乎礼,否则就会受辱;对待朋友不能过于烦琐无度,而应该合乎分寸,否则就会被疏远。"

【郭干辉开心陪读】

在这句话中,子游强调在与君主和朋友相处时,应该合乎礼和分寸,不能过于烦琐无度。也就是说，在与君主和朋友相处时，应该尊重对方的感受和需要，不要过于干涉和烦琐，以保持适当的距离和关系。

他认为，只有通过保持适当的距离和关系，才能够建立健康、稳定的人际关系。同时，这句话也表达了孔子对于个人修养的要求，他认为一个人应该通过自我约束和节制，不断提高自己的修养和境界。

这样的思想和价值观对于现代社会也有着重要的启示意义。

公冶长第五

5.1 子谓公冶长："可妻（qì）也，虽在缧绁（léi xiè）之中，非其罪也！"以其子妻（qì）之。

【白话文】

孔子评论公冶长说："可以把女儿嫁给他，他虽然有过牢狱之灾，但这并不是他的罪过。"于是把女儿嫁给了公冶长。

【郭干辉开心陪读】

在古代社会，一个人的名誉是非常重要的，所以公冶长曾经被关入监狱的经历可能会对他的名誉和未来产生负面影响。然而，孔子能够超越这种偏见和成见，以公正的态度看待公冶长，并认为他是一个值得信任和托付终身的人。

孔子的这种态度和行为体现了他的包容和公正精神。他重视人的品德和内在品质，认为一个人应该通过自己的努力和实际行动来证明自己的价值和品德。因此，他不会因为公冶长曾经的牢狱之灾就否定他的价值和品德，反而看到了他的优点，并给予他应有的尊重和肯定。

此外，孔子的这种态度也传递了一个重要的信息：不要轻易地给人贴上标签或否定一个人，而应该通过深入了解和观察来认识一个人的内在品质和价值。在现代社会，我们也应该秉持这种公正、包容和开放的态度来看待他人，尊重每个人的价值和差异，创造一个更加包容和公正的社会环境。

最后，他将女儿嫁给了公冶长，不仅是对公冶长的肯定和支持，也是对他自己的品德教育的肯定和推广。这种教育思想对于现代社会的人才培养和教育改革也有着重要的启示意义。

5.2 子谓南容:"邦有道,不废;邦无道,免于刑戮。"以其兄之子妻之。

【白话文】

孔子谈论南容时说:"国家有道时,他不会被废弃、闲置;国家无道时,他也不会遭受刑罚。"由于南容谨慎,孔子把哥哥的女儿嫁给了他。

【郭干辉开心陪读】

这句话是孔子对南容的评价,孔子还把哥哥的女儿嫁给了南容。孔子的评价是基于南容的谨言慎行,这种谨言慎行体现了南容的明智和理性,能够让南容在任何时候都能保持清醒和理智。在国家有道时,南容可以被任用,说明他有才气,不会被埋没。在国家无道时,南容能够避免遭受刑罚,这更体现了他具备的品德和智慧。

此外,孔子的婚姻观也体现了孔子的价值观。他把哥哥的女儿嫁给了南容,并不是因为南容的地位或财富,而是因为他的品德和谨言慎行。这表明了孔子对于婚姻的看法,他认为婚姻应该基于人的品德和价值,而不是基于财富或其他外在因素。

总之,这句话展示了孔子的价值观和婚姻观。他看重人的品德和价值,更注重人的内在品质和道德修养。这也是孔子思想中"仁"的体现,他强调人的品德和价值,并追求真正的爱情和婚姻。

5.3 子谓子贱:"君子哉若人!鲁无君子者,斯焉取斯?"

【白话文】

孔子评价子贱:"这个人真是个君子啊!如果鲁国没有君子的话,他从哪里获得这种好品德的呢?"

【郭干辉开心陪读】

在这段话中,孔子对子贱进行了高度评价,认为他是一个真正的君子。孔子认为,子贱之所以能够获得这样的好品德,是因为他具备君子的修养和境界。

在孔子的思想中,君子是一种具有高尚品德和崇高境界的人,他们具备仁、义、礼、智等品质，能够以德修身、以德治国。因此，孔子认为，一个真正的君子应该具备这些品质，并且要不断地进行自我修养和提升。

此外，这段文字也体现了孔子对于教育的看法。孔子认为，一个人的品德和修养不是天生的，而是通过后天的教育和修养获得的。因此，他非常注重教育的作用，强调要通过教育来培养人们的品德和修养。

总之，孔子对子贱的高度评价和对君子境界的阐述，都体现了他的思想中对于品德、修养和教育的重视。

5.4 子贡问曰："赐也何如？"子曰："女（rǔ），器也。"曰："何器也？"曰："瑚琏也。"

【白话文】

子贡问孔子："我这个人怎么样？"孔子说："你好像是一件器皿。"子贡又问："是什么器皿？"孔子说："是瑚琏。"

【郭干辉开心陪读】

这段是孔子与他的学生子贡之间的对话。子贡询问孔子对他的看法，孔子用"器"来形容子贡。在古代，人们常常用"器"来比喻人的才能和品德。这里的"器"并不是指具体的器皿，而是借用这个概念来形容人的特点和价值。

接着，孔子进一步解释说子贡像瑚琏，即像宗庙祭祀时所使用的贵重礼器。这表明子贡在孔子的眼中具有很高的品德和价值，可以成为对社会有重要贡献的人。

总之，这段话展示了孔子对于子贡的高度评价和期许。他认为子贡具备君子的特质，具有细腻、敏锐的洞察力和贵重的价值。这是在鼓励子贡继续保持和提升自己的品德和才能，成为对社会有贡献的人。

5.5 或曰："雍也仁而不佞。"子曰："焉用佞？御人以口给，屡憎于人。不知其仁，焉用佞？"

【白话文】

有人说："冉雍这个人有仁德，但没有口才。"孔子说："为什么要讲口才呢？伶牙俐齿地同别人争辩顶嘴，常常让人讨厌。冉雍未必是仁者，但为什么一定要有口才呢？"

【郭干辉开心陪读】

在这段话中，有人评价冉雍有仁德但没有口才。冉雍是孔子的学生，被认为是一个有德行的人。而"佞"这个词一般指有口才，善于讲话。但是，在孔子的价值观中，他认为德行比口才更重要。

孔子回答，为什么要讲口才呢？他用"御人以口给"来形容那些口才伶俐、善于争辩的人。这样的人往往让人讨厌，容易引起人际冲突。孔子认为，与其有好的口才，不如有好的德行。如果一个人没有德行，只有口才有什么用呢？

这段话反映了孔子对于德行和口才的看法。他认为德行是根本，是评判一个人的重要标准。而口才虽然也有其价值，但如果缺乏德行的支撑，那么很容易引起别人的反感。因此，他强调的是内在的品德和真实的自我，而不是外在的口才和表演。

总之，这段话教育我们不要过于看重口才和外表，而是要注重内在的品德修养。只有德行和口才相辅相成，才能成为真正优秀的人。

5.6　子使漆雕开仕，对曰："吾斯之未能信。"子说（yuè）。

【白话文】

孔子让漆雕开入仕。漆雕开回答："我对做官这件事还没有信心。"孔子听了非常高兴。

【郭干辉开心陪读】

在这段话中，孔子让漆雕开去做官，但漆雕开回答他对做官还没有信心。这表明漆雕开对自己的能力和素质有清醒的认识，并不轻易地因为做官有利可图就盲目追求。

孔子的"子说"表达了他对漆雕开态度的认可和赞赏。他认为漆雕开有自知之明，对自己的能力有正确的评估，而且有追求卓越的决心和勇气。这种态度是值得赞赏的，也是孔子所推崇的"知之者不如好之者，好之者不如乐之者"的体现。

总之，这段话告诉我们，做官或者做任何事情都需要对自己有正确的评估和信心。只有真正喜欢并且有信心去做，才能够做好。这不仅是一种积极的生活态度，也是成为优秀人才的重要条件之一。

5.7　子曰："道不行，乘桴浮于海，从我者其由与？"子路闻之喜，子曰："由也好勇过我，无所取材。"

【白话文】

孔子说："我的主张不能实行，就坐木筏到海外去。能跟从我的只有仲由吧？"子路听到这话后很高兴，孔子说："仲由这个人好勇胜过我，其他方面没有什么可取的了。"

【郭干辉开心陪读】

在这段话中，孔子表达了他对于自己的主张无法实现的无奈和遗憾。他提出了一个设想，即如果他的理念无法在社会中得到实践，他就"乘桴浮于海"，到海外去寻找新的出路。而能跟从他的人，他认为只有仲由。

子路听到孔子的赞扬后很开心，但是孔子接下来又说，子路的好勇心胜过自己，有时候没有分寸。这意味着孔子虽然欣赏子路的勇气和决心，但是也认为他有时候过于冲动和鲁莽。

这段话告诉我们，孔子对于自己的理念和追求非常执着，但是也清楚地认识到现实中的困难和阻碍。他并不是一个理想主义者，而是一个务实的思想家。同时，他也强调了适度和节制的重要性，认为任何事情都应该有一个合适的度，过度则可能带来负面影响。

此外，这段话也展示了孔子对于学生的了解和关爱。他能够准确地指出子路的优点和缺点，并且给予适当的指导和建议。这种关心和关注也体现了孔子作为一位伟大教育家的思想和行为特点。

5.8　孟武伯问:"子路仁乎?"子曰:"不知也。"又问,子曰:"由也,千乘之国,可使治其赋也,不知其仁也。""求也何如?"子曰:"求也,千室之邑、百乘之家,可使为之宰也,不知其仁也。""赤也何如?"子曰:"赤也,束带立于朝,可使与宾客言也,不知其仁也。"

【白话文】

孟武伯问孔子:"子路做到仁了吗?"孔子回答:"不知道。"孟武伯又问了一遍。孔子回答:"仲由这个人,在一个拥有一千辆兵车的国家里,可以让他负责军政大事,但我不知道他能不能做到仁。"孟武伯又问:"冉求这个人怎么样?"孔子说:"冉求这个人,可以让他当一个拥有千户人口的邑地或拥有百辆车的封地的长官,但我也不知道他能不能做到仁。"孟武伯继续问:"公西赤这个人怎么样?"孔子说:"公西赤这个人,可以让他穿着礼服,站在朝堂上,负责接待外宾,但我也不知道他能不能做到仁。"

【郭干辉开心陪读】

在这段对话中,孟武伯向孔子询问了三个学生的情况,想知道他们是否做到了"仁"。孔子对每个学生的评价都从其才能出发,认为他们各自有所长,但同时也表达了对他们能否做到"仁"的疑虑。

在孔子的观点中,"仁"是一种高标准的道德境界,需要具备内在的德行和对他人的关爱。孔子评价学生时,主要从他们的才能和做事能力出发,认为他们在各自的领域都有所擅长,但关于他们是否做到了"仁",则没有明确的答案。

孔子的这种回答展现了他对于"仁"的高度重视和对于道德评价的严谨态度。他不轻易给学生们下定论,而是从多个角度观察和评价他们。这种客观和中肯的态度也是我们在评价他人时应该学习的。

总之,孔子对于学生的评价展示了他的教育思想和对于道德标准的严谨态度。他强调学生各自的才能和做事能力,同时也谨慎地评价他们是否做到了"仁"。这种客观和中肯的评价方式也给我们提供了借鉴。

5.9 子谓子贡曰:"女(rǔ)与回也孰愈?"对曰:"赐也何敢望回？回也闻一以知十,赐也闻一以知二。"子曰:"弗如也,吾与女(rǔ)弗如也！"

【白话文】

孔子对子贡说:"你和颜回相比,谁好些？"子贡回答:"我怎么敢和颜回相比呢？颜回他听到一件事就可以推知十件,我听到一件事只能推知两件。"孔子说:"不如他,我和你都不如他！"

【郭干辉开心陪读】

这段对话是孔子与他的学生子贡之间的对话。他们谈论的是子贡与颜回两个学生的比较。颜回是孔子最出色的学生之一,以聪明才智著称。

孔子问子贡:"你和颜回相比,谁好些？"这是老师对学生的比较,也是对两个学生的评价。子贡回答他不敢和颜回相比。颜回听到一件事可以推知十件,而他听到一件事只能推知两件。这里展示了两人在智力上的差异,颜回具有更强的推理和学习能力。

孔子听到子贡的回答后,表示赞同,说:"弗如也,吾与女弗如也！"意思是"不如他,我和你都不如他！",这进一步强调了颜回的优秀和出色。

这段对话的教育意义在于,我们应该认识到每个人都有自己的优点。即使在某些方面不如他人,我们也不应该气馁或自卑。我们应该看到自己的不足,并努力学习和提高。同时,也要欣赏和学习他人的优点,给予他人应有的赞扬和肯定。

总之,这段对话展示了孔子对学生比较的看法和教育思想。他鼓励学生相互学习和共同进步,强调每个人都应该发挥自己的优点。

5.10 宰予昼寝,子曰:"朽木不可雕也,粪土之墙不可圬(wū)也,于予与何诛？"子曰:"始吾于人也,听其言而信其行；今吾于人也,听其言而观其行。于予与改是。"

【白话文】

宰予大白天睡觉,孔子说:"腐烂的木头不能雕刻,粪土一样的墙壁不能粉刷,对于宰予这个人,我没有什么可以责备的。"又说:"最初,我对人,是听了他的话便相信他的行为；现在，我对人，是听了他的话还要观察他的行为。是宰予使我改变了观察人的方法。"

【郭干辉开心陪读】

在这段对话中，孔子对宰予在大白天睡觉的行为感到不满，用"朽木不可雕也，粪土之墙不可圬也"来形容宰予的懒惰和缺乏自我约束。这里的"朽木"和"粪土之墙"都是比喻缺乏生气和价值的东西，表达了孔子对宰予的不满和失望。

接着，孔子表达了他对于人们的观察方式和信任态度的改变。他最初是听了人们的话就会相信他们的行为，但现在他改变了这种看法，开始更加注重观察人们的行为。这种改变是因为宰予的行为让他意识到言辞并不总是值得信赖的，还需要观察行为来更加准确地判断一个人。

这段对话告诉我们，一个人的内在品质和行为举止是非常重要的。我们应该注重自我约束和自我提升，而不是仅仅停留在表面的言辞和形象上。同时，我们也要学会观察和判断一个人的真实品质和行为，不要轻易相信表面的言辞和形象。

5.11 子曰："吾未见刚者。"或对曰："申枨（chéng）。"子曰："枨也欲，焉得刚？"

【白话文】

孔子说："我没有见过刚强的人。"有人回答说："申枨就是这样的人。"孔子说："申枨这个人欲望太多，怎么能刚强呢？"

【郭干辉开心陪读】

在这段对话中，孔子表达了他对于"刚"的看法。他认为刚强的人是很难得的，因为面对欲望和诱惑时，人们往往容易软弱和妥协。

当有人回答申枨是一个刚强的人时，孔子认为申枨的欲望太多，无法真正做到刚强。因为一个真正刚强的人应该能够控制自己的欲望，而不是被欲望所控制。

这段对话告诉我们，一个真正刚强的人需要具备自我控制和自律的品质。只有能够控制自己的欲望和情绪，才能够在面对困难和挑战时保持坚定和刚强。

5.12 子贡曰:"我不欲人之加诸我也,吾亦欲无加诸人。"子曰:"赐也,非尔所及也。"

【白话文】

子贡说:"我不想别人强加在我身上的事情,我也不想强加在别人身上。"孔子说:"赐啊,这不是你能做到的。"

【郭干辉开心陪读】

这段对话是关于子贡对于"仁"的理解和追求。在孔子的学生中,子贡是一个非常聪明、机智、富有才华的人,但是他常常过于自信。

在这段对话中,子贡表达了他的理想和追求,即不想别人强加在他身上的事情,他也不想强加在别人身上。然而,孔子指出这不是他能做到的。因为"仁"是一种高标准的道德境界,需要具备内在的德行和对他人的关爱。只有通过修身、克己、爱人、利他等实践,才能逐渐接近"仁"。

总之,这段对话提醒我们要保持谦虚、谨慎、自我反省的态度,不断提高自己的修养和道德水平。同时也要尊重他人、关爱他人,通过自己的行动去影响和改变他人。

5.13 子贡曰:"夫子之文章,可得而闻也;夫子之言性与天道,不可得而闻也。"

【白话文】

子贡说:"老师讲授的礼、乐、诗、书的知识,依靠耳闻是能够学到的;老师讲授的人性和天道的理论,依靠耳闻是不能完全学到的。"

【郭干辉开心陪读】

这句话反映了孔子和他的学生子贡对于"性与天道"这一深刻的哲学问题的看法。在孔子的时代,人们对于"性"和"天道"的理解往往带有一种神秘的色彩,而孔子则试图用理性、务实的方式来解决这些问题。

在孔子看来,关于"性与天道"的论述不是简单通过耳闻来获得的。他强调要通过修身、实践来体验和领悟这些深奥的道理。子贡作为孔子的学生,深知这一教诲的重要性，因此他说："夫子之言性与天道，不可得而闻也。"

这句话告诉我们，有些深奥的道理不是通过简单传授或耳闻就能够理解的，而是需要通过实践、体验和领悟来真正掌握。因此，我们应该注重实践和体验，通过自己的努力去领悟和探索更深层次的真理。

5.14 子路有闻，未之能行，唯恐有（yòu）闻。

【白话文】

子路听到一种道理，如果没有立即付诸实践，那么他宁愿暂时不听到另一种道理。

【郭干辉开心陪读】

这句话表达了子路对于学习的态度。他非常注重实践和应用，认为只有将所学知识付诸实践，才能真正掌握和运用。如果只是听到一种道理，而没有立即去实践，那么他宁愿暂时不听到另一种道理，以免增加无用的知识。

这种学习态度非常值得我们借鉴。在学习过程中，我们不仅要注重知识的积累，更要注重知识的应用和实践。只有将所学知识运用到实际生活中，才能真正掌握和运用。如果只是盲目地追求知识的数量，而忽略了知识的质量和应用价值，那么最终可能会导致学无所用。

总之，这句话告诉我们学习应该注重实践和应用，并且要有紧迫感和责任感。只有不断努力和实践，才能不断提高自己的能力和素质。

5.15 子贡问曰："孔文子何以谓之'文'也？"子曰："敏而好学，不耻下问，是以谓之文也。"

【白话文】

子贡问孔子说："孔文子的谥号为什么是'文'呢？"孔子回答说："他天资聪明而又好学，不以向地位比自己低、学识比自己差的人请教为耻，所以给他的谥号是'文'。"

【郭干辉开心陪读】

在这段对话中，子贡向孔子询问了关于孔文子谥号的问题。孔文子是卫国的一位大夫，他的谥号是"文"。谥号是古代君主和贵族死后所加的称号，以概括他们的生平事迹和品德。

孔子的回答解释了孔文子被谥为"文"的原因。他强调了孔文子的两个品质：敏而好学和不耻下问。敏而好学是指孔文子天资聪明，并且勤奋好学，不断追求知识和学问。不耻下问是指他不以向地位比自己低、学识比自己差的人请教为耻，愿意向他人学习。

只有不断努力学习，不以向他人请教为耻，才能不断提高自己的能力和素质。这种谦虚好学的态度和精神是值得我们在学习和生活中借鉴和学习的。

总之，这段对话强调了敏而好学和不耻下问的品质对于一个人的成长和发展的重要性。同时，它也提醒我们要以内在品质和实际表现为标准来评价一个人的价值和品德。

5.16 子谓子产："有君子之道四焉：其行己也恭，其事上也敬，其养民也惠，其使民也义。"

【白话文】

孔子评论子产说："他具有君子的四种道德规范：他的行为庄重，他侍奉君主恭敬，他养护百姓有恩惠，他役使百姓合乎道义。"

【郭干辉开心陪读】

在这句话中，孔子对子产（郑国大夫子产）进行了评价，认为他具有君子的四种道德规范。这四种道德规范分别是行己也恭、事上也敬、养民也惠、使民也义。

"行己也恭"，这意味着要有谦逊和尊重他人的态度。作为君子，应该时刻保持谦逊和谨慎，不骄不躁，待人以诚。

"事上也敬"，这意味着要忠诚和敬重上级。作为君子，应该对上级忠诚，尽心尽力地完成工作任务，不敷衍塞责。

"养民也惠"，这意味着要仁爱和关心百姓。作为君子，应该关注百姓的福祉，积极为百姓谋福利，不残忍暴虐。

"使民也义"，这意味着要公正和合理地役使百姓。作为君子，应该遵循公正和道义的原则，不滥用职权，不过度剥削百姓。

孔子的评价表明了子产具有这四种道德规范，这使得他在治理国家方面表现得非常出色。这些道德规范不仅是评价一个人的品德和行为的重要标准，也是我们在工作和生活中应该遵循的原则。

5.17　子曰："晏平仲善与人交，久而敬之。"

【白话文】

孔子说："晏平仲擅长与人交朋友，时间久了，大家都很尊敬他。"

【郭干辉开心陪读】

在这句话中，孔子评价了齐国大夫晏平仲的交际能力。晏平仲被认为是齐国的一位贤臣，他以其聪明才智和卓越的道德品质而广受尊敬。

孔子称赞晏平仲擅长与人交朋友，并且能够让人们长期对他保持尊敬。这表明晏平仲在与人交往中表现出了很高的能力和道德水准。

晏平仲的交际能力可能来自他的智慧、品德和处事方式。他能够与人建立良好的关系，并且能够维护这种关系，使得人们愿意与他交往并尊重他的意见。这种能力对于治理国家、从事外交工作或任何需要与他人打交道的工作都非常重要。

总之，这句话强调了晏平仲在与人交往中的能力和道德品质，这为我们提供了一个榜样，启示我们在人际交往中要注重建立良好的关系，并不断提升自己的能力和品质。

5.18　子曰："臧文仲居蔡，山节藻（zǎo）棁（zhuō），何如其知也？"

【白话文】

孔子说："臧文仲为用于占卜的大乌龟盖了一间房子，房中有雕刻成山形的斗拱和画着藻草的梁柱，他这个人怎么能算是有智慧呢？"

【郭干辉开心陪读】

臧文仲，姬姓，臧氏，名辰，是春秋时期鲁国的大夫，也是一位重要的政治家和军事家。他以其智慧和才干闻名，但在此，孔子对他的某种行为提出了批评。

"蔡"是大乌龟的意思。在古代，乌龟被认为是祥瑞和长寿的象征，有时也用作占卜。因此，一些有权势或富贵的人会饲养乌龟。

"臧文仲居蔡，山节藻棁"，臧文仲为大乌龟"蔡"建造了一个居所，这个居所非常奢华，有"山节藻棁"的装饰。"山节"指的是房屋的柱子上雕刻有山形的图案，"藻棁"则是指梁柱上绘有美丽的水藻图案。这都显示了居所的精致和奢华。

"何如其知也？"，这是一个反问句，孔子在质疑臧文仲的智慧。孔子认为，一个真正有智慧的人，不会过于追求奢华和享受，更不会为了一个乌龟而大兴土木，建造如此奢华的居所。这种行为与孔子提倡的节俭、朴素的生活理念相违背。

孔子在此并不只是批评臧文仲为乌龟建造奢华居所这一具体行为，而是借此事批评那些过于追求物质享受、奢华生活的人。在孔子看来，真正的智慧并非体现在外在的奢华和享受上，而是体现在对道德、仁义、礼仪的追求和实践上。

这段话通过孔子对臧文仲的批评，传达了孔子对节俭、朴素生活的倡导，以及对真正智慧的追求。孔子告诫我们，不应被物质和奢华所迷惑，而应坚守自己的道德底线和人生目标。

5.19　子张问曰："令尹子文三仕为令尹，无喜色，三已之，无愠色，旧令尹之政，必以告新令尹。何如？"子曰："忠矣。"曰："仁矣乎？"曰："未知，焉得仁？""崔子弑齐君，陈文子有马十乘，弃而违之。至于他邦，则曰：'犹吾大夫崔子也。'违之。之一邦，则又曰：'犹吾大夫崔子也。'违之，何如？"子曰："清矣。"曰："仁矣乎？"曰："未知，焉得仁？"

【白话文】

子张问孔子说："令尹子文多次担任宰相，没有显出高兴的样子，三次被免职，也没有表现出愤怒的样子。他每次被免职前，一定要把自己旧日的政令都告诉新任的宰相。这个人怎么样？"孔子说："他是一个忠贞的人。"子张又问："他算得上仁吗？"孔子说："不知道，这怎么能算仁呢？"子张又问："崔杼杀了齐国的国君，陈文子有四十匹马，舍弃不要，离开齐国。到了另一个国家，他说：'这里的大夫同我国的崔杼一样。'又离开这国家。再到一国，又说：'这里的大夫同我国的崔杼一样。'又离开这国家。这个人怎么样？"孔子说："他是一个清白的人。"子张又问："他算得上仁吗？"孔子说："不知道，这怎么能算仁呢？"

【郭干辉开心陪读】

这段对话是孔子及其弟子关于君子人格的讨论。他们讨论了两个不同的人，一个是令尹子文，一个是陈文子。这两个人在面对政治风波时的态度和行为截然不同，孔子对他们的评价也不同。

对于令尹子文，孔子认为他是一个忠贞的人。他的忠诚体现在多次担任宰相并没有表现出高兴的样子，被免职也没有表现出愤怒的样子。此外，他每次被免职前都会把旧日的政令告诉新任的宰相，显示出他对工作的认真和负责。尽管孔子认为他不知道什么是仁，但这并不影响他对令尹子文的正面评价。

而对于陈文子，孔子认为他是一个清白的人。陈文子在面对崔杼弑君的事件时，选择抛弃财产离开齐国，这表明他对道德和正义的坚持。他到其他国家后，发现那里的政治状况与齐国相似，便立即离开。这表明他不愿意与不道德的人为伍，追求清白的品格。同样地，孔子认为他不知道什么是仁，但这并不影响他对陈文子的正面评价。

孔子强调了忠诚和清白都是重要的品质，但并不等同于仁。仁是一种更高层次的道德境界，需要具备多种优秀的品质。因此，对于这两个人是否算得上仁，孔子并没有给出明确的答案。

5.20 季文子三思而后行，子闻之，曰："再，斯可矣。"

【白话文】

季文子每次做事的时候都要考虑很多次才行动。孔子听到了，说："考虑两次就可以了。"

【郭干辉开心陪读】

在这句话中，季文子是一个谨慎的人，他每次行动前都会考虑很多次。这种谨慎的态度在某些情况下是有好处的，比如，在做出重要决策或者采取重要行动时，多加考虑可以减少错误和风险。

但是，孔子认为考虑次数过多也可能不好。在孔子看来，做事的时候应该权衡利弊，在合适的时候做出决定。如果一直犹豫不决，不能果断地做出决定，那么可能会错失机会或者让事情变得复杂化。

因此，孔子建议季文子考虑两次就可以了。这个建议并不是说不要考虑，而是要把握好时机，不要过于犹豫不决。在考虑问题的时候，要尽量做到周全，但也要有决断力，不要拖延太久。

5.21 子曰："宁武子，邦有道，则知（zhì）；邦无道，则愚。其知（zhì）可及也，其愚不可及也。"

【白话文】

孔子说："宁武子这个人，当国家政治清明时，他就显得聪明；当国家政治黑暗时，他就装得很愚笨。他的聪明别人可以做得到，他的愚笨别人就做不到了。"

【郭干辉开心陪读】

在这段话中，孔子评价了宁武子这个人。宁武子是卫国的大夫，他以聪明才智著称。然而，当国家政治黑暗时，他选择装得很愚笨，这表明他具有非常高的智慧和策略。

孔子的评价表明宁武子的聪明和愚笨都是非常卓越的。他的聪明才智别人可以做得到，但他的愚笨别人就做不到了。这是因为他的愚笨实际上是一种策略，是他为了保护自己和达成自己的目标而采取的措施。这种策略需要极高的智慧和判断力才能做到。

这段评价展示了孔子对于不同政治环境下的行为策略的认识。在政治清明时，人们可以发挥自己的聪明才智，为国家和社会做出贡献。但在政治黑暗时，人们需要学会保护自己，避免被权力所伤害。因此，孔子强调在不同的政治环境下采取适当的策略和行为是非常重要的。

5.22 子在陈，曰："归与！归与！吾党之小子狂简，斐然成章，不知所以裁之。"

【白话文】

孔子在陈国说："回去吧！回去吧！我们那里的学生们志向高远，但行为粗率简单，文采虽已斐然成章，但还不知道如何节制自己。"

【郭干辉开心陪读】

在这段话中,孔子在陈国表达了他对回到故乡的渴望,并对他的学生们进行了评价。他认为学生们虽然有高远的志向和一定的文采,但行为上还不够成熟,需要更加严谨和细致。

孔子的评价展现了他对于学生们的关心和期望。他希望学生们能够更加注重自己的行为和修养,不断学习和进步。同时,他也表达了自己对于故乡的思念和对于回归故土的渴望。

这段评价对于我们每个人都有启示作用。无论是在学习、工作还是生活中,我们都应该注重自己的行为和修养,不断学习和进步。同时,我们也应该珍惜自己的故乡和故土,不忘初心,回归本真。

5.23 子曰:"伯夷、叔齐不念旧恶,怨是用希。"

【白话文】

孔子说:"伯夷、叔齐两人不记过去的仇恨,所以怨恨他们的人很少。"

【郭干辉开心陪读】

在这句话中,孔子评价了伯夷和叔齐两个人。伯夷和叔齐是两位贤人,他们以品德高尚著称。孔子认为他们不记仇恨,不会因为过去的矛盾而怨恨别人,所以别人对他们的怨恨也很少。

这种评价表明了孔子对于宽容和宽恕的态度。他认为人们不应该计较过去的仇恨,不要因为过去的矛盾而怨恨别人。这种宽容和宽恕的态度可以化解矛盾,减少怨恨,促进人际关系的和谐。

同时,这种评价也强调了人们应该注重品德修养,让自己更加高尚,这样也可以让周围的人更加尊重和信任自己。

5.24 子曰:"孰谓微生高直?或乞醯(xī)焉,乞诸其邻而与之。"

【白话文】

孔子说:"谁说微生高这个人直爽?有人向他讨些醋,他不直说没有,却到邻人那里转讨过来给人。"

【郭干辉开心陪读】

在孔子看来，微生高本不是一个直爽的人，但为了维护自己的名声，宁可到邻居家去讨醋，也不愿直接告诉人家自己没有。这种行为在孔子看来是扭曲的，不够坦诚。

这段话提醒我们，做人要坦诚、真实，不要为了表面的名声或形象而做出虚假的行为。当我们遇到困难或问题时，应该直面问题并寻找解决办法，而不是逃避或掩盖。

同时，这也提醒我们在评价一个人时，不能只看表面现象。微生高在别人眼里可能是一个直爽的人，实际上他的行为不是如此。因此，我们需要深入了解一个人的行为和思想，才能做出准确的评价。

5.25 子曰："巧言、令色、足恭，左丘明耻之，丘亦耻之。匿怨而友其人，左丘明耻之，丘亦耻之。"

【白话文】

孔子说："花言巧语、伪善的容貌、十足的恭顺，左丘明认为这种人可耻，我也这样认为。把仇恨藏在心里，表面上却装出友好的样子，左丘明认为这种人可耻，我也这样认为。"

【郭干辉开心陪读】

在这段话中，孔子列举了两种他认为可耻的行为。首先，他提及"巧言、令色、足恭"，即花言巧语、伪善的容貌、十足的恭顺。孔子认为这种行为是虚伪的，缺乏真诚和坦率，不符合君子应有的品质。其次，他提及"匿怨而友其人"，即把仇恨藏在心里，表面上却装出友好的样子。这种行为孔子也认为是可耻的，因为它是一种欺骗行为，不符合正直和诚实的原则。

这两种行为都是孔子所唾弃的，他认为一个人应该具备真诚、坦率、正直和诚实的品质，而不是虚伪、欺骗和掩饰。这些品质是一个君子应有的基本素养，也是我们每个人都应该追求的目标。

5.26　颜渊、季路侍，子曰："盍各言尔志？"子路曰："愿车马衣轻裘，与朋友共，敝之而无憾。"颜渊曰："愿无伐善，无施劳。"子路曰："愿闻子之志。"子曰："老者安之，朋友信之，少者怀之。"

【白话文】

颜渊、季路站在孔子身边。孔子说："为什么不说说你们的愿望呢？"子路说："我愿意将车马、轻软的皮衣都拿出来，与朋友们共同享用，即使用坏了也不懊恼。"颜渊说："我希望能做到不夸耀自己的长处，不把劳苦的事情施加在别人身上。"子路说："您的愿望是什么呢？"孔子说："使年老的人得到安乐，使朋友相互信任，使年少的人得到关怀。"

【郭干辉开心陪读】

这段对话展示了孔子及其弟子们的志向和价值观。从他们的回答中，我们可以看出他们对于人际关系、道德品质以及社会责任的重视。

首先，子路的回答表现出了他对于友谊的重视。他愿意与朋友分享自己的财物，这体现了他慷慨大方的品质。同时，他不介意自己的物品被用坏，这表明他不在意物质的得失，更看重的是人与人之间的情感交流和共享。

其次，颜渊的回答展示了他对于个人品行的追求。他不希望夸耀自己的长处，这体现了他谦虚低调的品质。同时，他不愿意将劳苦的事情施加在别人身上，这表明他希望自己能够为他人着想，避免给别人带来不必要的困扰。

最后，孔子的回答展现了他对于社会和谐和人生价值的理解。他希望老者得到安乐，这体现了他对老年人的尊重和关心。他希望朋友相互信任，这表明了他看重人与人之间的信任和友谊。他希望年少的人得到关怀，这体现了他对于年青一代的关注和期望。

5.27　子曰："已矣乎！吾未见能见其过而内自讼者也。"

【白话文】

孔子说："算了吧！我还没有看见过能够看到自己的错误便能自我责备的人。"

【郭干辉开心陪读】

这段话是孔子对于人们的自省和自我纠正能力的看法。他认为，能够看到自己的错误并进行自我责备和纠正是一个非常重要的品质。但是，他感叹说，他还没有看到很多人具备这种能力。

在孔子的观念中，自省和自我纠正能力是君子应具备的品质之一。他认为，只有能够看到自己的错误，才能更好地改正它们，从而使自己更加完善。

然而，在现实生活中，很多人往往不愿意面对自己的错误，更不愿意进行自我责备和纠正。他们可能会掩盖自己的错误，或者找借口来为自己开脱。这种行为不仅不利于个人的成长和完善，也会影响到周围的人和整个社会。

5.28 子曰："十室之邑，必有忠信如丘者焉，不如丘之好学也。"

【白话文】

孔子说："即使只有十户人家的地方，也一定有像我这样忠信的人，只是不像我这样好学罢了。"

【郭干辉开心陪读】

这句话反映了孔子对于自己品德和学识的自信，以及对于好学的重视。孔子认为，忠信是他所具备的优秀品质之一，但并不是所有人都能够像他一样好学。因此，他强调了学习的重要性，认为只有通过不断学习和自我提升，才能成为一个优秀的人。

孔子的自信和好学的品质是他成为伟大的思想家和教育家的关键。他不仅在自己的学生中传授知识和道德观念，还通过自己的言谈举止来影响和教导他们。他的学生不仅学习他的知识，还学习他的品德和人格魅力。

雍也第六

6.1　子曰:"雍也可使南面。"

【白话文】

孔子说:"冉雍这个人具备当官的才能。"

【郭干辉开心陪读】

在古代社会,以坐北朝南的位置为尊位,象征着权威和地位。因此,当孔子说"雍也可使南面",意味着他认为冉雍具备担任高官的资质和才能。

冉雍是孔门德行科中的优秀学生之一,他经常陪伴在孔子身边,深受其师的器重。孔子曾称赞他具备治理国家的才能,这表明孔子认为他具备领导能力和行政才干。

在孔子的心目中,冉雍不仅具备道德品质,还拥有智慧和才干去治理社会和管理国家。因此,当孔子说"雍也可使南面",意味着他对冉雍充满了信任和期望,认为他可以胜任高官职位。

这也提醒我们,一个人的道德品质和智慧才能是相辅相成的,只有两方面都具备的人,才能在社会中发挥出最大的价值。

6.2　仲弓问子桑伯子,子曰:"可也,简。"仲弓曰:"居敬而行简,以临其民,不亦可乎? 居简而行简,无乃大简乎?"子曰:"雍之言然。"

【白话文】

仲弓问子桑伯子这个人怎么样,孔子说:"可以,他这个人比较简单。"仲弓说:"如果一个人平时严肃认真,行事简单,以这种态度去管理百姓,不也是可以的吗? 如果一个人平时马虎,行事也简单,那不是太简单了吗?"孔子说:"冉雍的说法正确。"

【郭干辉开心陪读】

这一段讨论了领导者应具备的品质和行事态度。

首先，仲弓询问子桑伯子的情况，这表明仲弓对这个人感到好奇或有所疑惑。孔子回答这个人"可也，简"，意思是说这个人可以，他比较简单。这里的"简"可以理解为言辞简洁，做事果断，不拖泥带水。

接着，仲弓进一步提出了一个有关领导者品质和行事态度的见解："居敬而行简"。他认为，如果一个人平时严肃认真（"居敬"），行事简单果断（"行简"），那么他以这种态度去管理百姓，是可以的。这里的"居敬"可以理解为内心沉静、态度庄重，对职责和使命怀有敬畏之心；"行简"则是说在做事时条理清晰、果断干练，不烦琐拖沓。

仲弓进一步指出："居简而行简，无乃大简乎？"意思是，如果一个人平时马虎、随便（"居简"），行事也简单草率（"行简"），那么这种态度就过于简单了。这里的"居简"可以理解为心不在焉、敷衍塞责，对职责和使命缺乏重视；"行简"则是说做事缺乏思考和规划，简单粗暴。

最后，孔子认可了仲弓的看法，认为冉雍的说法是正确的。这表明孔子也认同领导者应该具备"居敬而行简"的品质和行事态度。只有内心严肃认真、行事简单果断的领导者，才能真正承担起领导职责，发挥出最大的领导力。

这一段内容提醒我们，作为领导者应该具备高尚的品质和正确的行事态度。只有平时严肃认真、行事简单果断，才能真正发挥出领导力，带领团队走向成功。

6.3 哀公问："弟子孰为好学？"孔子对曰："有颜回者好学，不迁怒，不贰过。不幸短命死矣，今也则亡（wú），未闻好学者也。"

【白话文】

鲁哀公问："你的学生中谁最爱好学习？"孔子回答说："有一个叫颜回的学生很好学，不把怒气转移到别的事情上去，不重复犯同样的错误。不幸早逝了，现在没有了，没有听说过其他学生像他那样好学了。"

【郭干辉开心陪读】

这一段是关于孔子对好学的定义和理解。在古代，君王问及弟子孰为好学，可能是想了解哪位弟子最为勤奋好学，以便提拔重用。然而，孔子的回答不是直接推荐一个好学的弟子，而是提到了颜回。

孔子认为颜回是最爱好学习的学生，具体表现在不迁怒、不贰过。首先，"不迁怒"说明颜回在遇到问题或挫折时，不会将怒气发泄到无关的人或事物上，而是能够冷静分析、妥善处理。其次，"不贰过"说明颜回善于从错误中吸取教训，避免一而再、再而三地犯同样的错误。

在孔子看来，好学的标准不仅是勤奋读书、求知欲强，更在于具备自我反省、控制情绪、善于从错误中吸取教训等品质。这些品质不仅能够帮助个人成长进步，也能够在团队中发挥积极作用。因此，好学不仅是一种个人品质，更是一种值得推崇的价值观和行为准则。

6.4 子华使于齐，冉子为其母请粟，子曰："与之釜。"请益。曰："与之庾。"冉子与之粟五秉。子曰："赤之适齐也，乘肥马，衣（yì）轻裘。吾闻之也，君子周急不继富。"

【白话文】

公西华被派出使齐国，冉有为他的母亲请求小米，孔子说："给他一釜。"冉有请求多一些。孔子说："给他一庾。"冉有却给了公西华母亲五秉小米。孔子说："公西华到齐国去，乘坐肥马驾的车，又穿轻暖的皮衣。我听说，君子救济急难而不给富人添富。"

【郭干辉开心陪读】

这一段是孔子对助人原则的探讨。在这个故事中，公西华被派出使齐国，冉有为他的母亲请求小米。孔子根据公西华的实际情况，开始时同意给一釜小米，但冉有请求增加，孔子又同意给一庾小米。然而，冉有最终给了公西华母亲五秉小米，显然超出了孔子所规定的范围。

孔子的原则是"周急不继富"，即帮助应该只给予那些亟须帮助的人，而不是让富人更加富有。在这里，"周急"是指帮助那些真正需要帮助的人，而不是为了讨好或者巴结富贵之人。因此，孔子的原则是不要为了取悦别人或者为了增加自己的社会地位而过度帮助别人。

此外，这一段也反映了孔子对于礼节的重视。公西华出使齐国，他乘坐肥马驾的车，又穿轻暖的皮衣，显然具有一定的社会地位和财富。所以，这并不符合孔子的礼节原则。在孔子的观念中，真正的君子应该注重自己的品德修养和行为规范，而不是追求外在的物质享受和炫耀。因此，过度帮助公西华这样的富贵之人并不符合孔子的道德标准。

6.5 原思为之宰，与之粟九百，辞。子曰："毋，以与尔邻里乡党乎！"

【白话文】

原思担任孔子的管家，孔子给他小米九百，他推辞不接受。孔子说："不要推辞了，把它分给你的邻里乡亲吧！"

【郭干辉开心陪读】

这一段是孔子对待财富的态度和为人处世的原则。原思是孔子的一个管家，孔子给他小米九百，他推辞不接受。孔子知道后，建议他把小米分给邻里乡亲，这样可以帮助更多的人。

首先，孔子强调了财富的共享和合理分配。他认为，一个人应该把自己的财富与他人分享，特别是与那些需要帮助的人分享。这样做不仅可以让自己感到快乐和满足，还可以帮助更多的人解决困难。因此，孔子建议原思把小米分给邻里乡亲，这样可以让更多的人受益。

其次，孔子强调了为人处世的原则。他认为，一个人应该以诚实、公正、仁爱等道德准则来处世。在处理人际关系时，应该以诚信为本，不贪图私利，不伤害他人。同时，应该关心他人，帮助他人，尊重他人。只有这样，才能建立良好的人际关系，让自己在社会中得到尊重和信任。

最后，这一段也反映了孔子对待财富的态度。他认为财富虽然是一种有用的资源，但不应该被视为一种目的。一个人应该以道德准则来支配财富，而不是以财富来支配自己的生活。因此，孔子建议原思把小米分给邻里乡亲，而不是自己私自占有。这种态度体现了孔子的道德观念和价值观。

6.6 子谓仲弓曰："犁牛之子骍（xīng）且角，虽欲勿用，山川其舍诸？"

【白话文】

孔子对仲弓说："耕牛的儿子长着赤色的毛，整齐的角，虽然不想用它做祭品，但山川之神会舍弃它吗？"

【郭干辉开心陪读】

这一句，孔子以犁牛之子比喻仲弓虽然出身贫贱，但也有上升的可能，因为人的本性和天赋是不受出身的限制的。

孔子认为，仲弓虽然不是出生于富贵之家，但他具有卓越的才能和品质，就像一头耕牛的儿子，却长着赤毛和齐角，它的价值不应该被忽视。虽然有人不想用它来做祭品，但山川之神不会舍弃它。这是因为它的本性和天赋使它成了一个有价值的存在。

这个比喻是孔子鼓励仲弓不要因为自己的出身而自卑或者放弃自己的追求。每个人都有自己独特的天赋和才能，只要不断地学习和努力，就可以实现自己的价值。

6.7 子曰："回也，其心三月不违仁，其余则日月至焉而已矣。"

【白话文】

孔子说："颜回这个人，他的心可以在外物环境不利的三个月里保持不违背仁的境界，至于其他人，只能在某一天或某个月达到这样的境界而已。"

【郭干辉开心陪读】

这一句孔子在谈论颜回的修养境界时，提出了"三月不违仁"和"日月至焉"的对比。这里的"三月"和"日月至焉"都是用来形容颜回对"仁"的持续性和恒久性。

"三月不违仁"说明颜回能够长时间地保持仁的心态，这体现了他对仁的深刻理解和自我修养的境界。而"日月至焉"则是指其他人只能在某一天或某个月里能达到仁的境界，相比之下，颜回的修养显然更持久和稳定。

在孔子的评价中，颜回被视为一个能够持久地保持仁德的人。这是因为他对仁的理解和体验深刻而持久，他的心可以在任何环境下都保持对仁的敬畏和追求。相比之下，其他人在面对挑战和困难时，可能更容易背离仁德。

此外，这句话也提醒我们要时刻保持对仁德的追求和践行。仁是一种内在的品质，需要我们不断地去理解、体验和实践。只有通过长期的积累和努力，我们才能真正地达到仁的境界。

6.8 季康子问："仲由可使从政也与？"子曰："由也果，于从政乎何有？"曰："赐也可使从政也与？"曰："赐也达，于从政乎何有？"曰："求也可使从政也与？"曰："求也艺，于从政乎何有？"

【白话文】

季康子问道："可以让仲由担任政事吗？"孔子说："仲由果断，对于主持政事有什么困难呢？"季康子又问："可以让端木赐担任政事吗？"孔子说："端木赐通达事理，对于主持政事有什么困难呢？"又问："可以让冉求担任政事吗？"孔子说："冉求多才多艺，对于主持政事有什么困难呢？"

【郭千辉开心陪读】

这一段是季康子询问孔门弟子从政的可能性。孔子对三个弟子的评价都是正面肯定的。他称赞仲由的果断、端木赐的通达事理、冉求的多才多艺，认为他们三人都有从政的才能。这也是对三位弟子才能的一次总评价。

从政需要具备多种品质，果断、通达、多才多艺都是重要的品质。仲由果断，能够迅速做出决策并付诸行动；端木赐通达事理，能够理解人世间的复杂关系和问题，并找到合适的解决方案；冉求多才多艺，能够处理各种复杂的事务和情况。因此，孔子认为他们三人都有从政的才能。

孔子的回答也表明了他对于从政的理解。他认为从政不需要专门的技能或知识，需要的是人的品质和才能。只要具备了这些品质和才能，就能够胜任从政的工作。这也是孔子"君子不器"思想的体现，即君子不应该被视为一种专门人才的象征，而应该具备更广泛的能力和素质。

6.9 季氏使闵子骞为费（bì）宰，闵子骞曰："善为我辞焉。如有复我者，则吾必在汶上矣。"

【白话文】

季氏派人请闵子骞去做费地的长官。闵子骞说："请你好好替我推辞吧。如果再来找我，那我一定会逃到汶水之上。"

【郭干辉开心陪读】

闵子骞是孔门弟子中以德行著称的人物之一,他为人正直,而且很有骨气。当季氏派人请他去做费地的长官时,他断然拒绝,并表示如果对方再坚持邀请他,他就会逃到汶水之上。这表明他对季氏的行为不满,并对其政治意图有所警惕和防范。

闵子骞的回应也表现了他的机智和口才。他请求对方替他婉言推辞,同时用"如有复我者,则吾必在汶上矣"这样的话语,既表明了自己的决心,又给对方留下了回旋的余地。这也是闵子骞在处理复杂人际关系时的一种巧妙手法。

此外,这段话也反映了闵子骞对于从政的态度和原则。他认为从政必须以德行为基础,秉持正直、公正、廉洁的品质,不能违背自己的良心和原则。

因此,他拒绝了季氏的邀请,表明了他对于季氏的不信任和对于政治腐败的反对。这也是孔子对于从政的基本要求之一,即"君子贞而不谅",要有坚定的原则和信仰,不能为了一时的利益而违背自己的良心和原则。

6.10 伯牛有疾,子问之,自牖执其手,曰:"亡之,命矣夫!斯人也而有斯疾也!斯人也而有斯疾也!"

【白话文】

伯牛生病了,孔子去探望他,从窗户外面握着他的手,说:"丧失了这个人,这是命里注定的啊!这样的人竟会得这样的病啊!这样的人竟会得这样的病啊!"

【郭干辉开心陪读】

这段话表现了孔子对弟子们的深厚感情和关爱。他不仅关注他们的学业和品德,而且关心他们的身体和生命。在面对弟子们的疾病和不幸时,孔子深感痛惜和无奈,但他始终保持着对生命的敬畏和对命运的接受。

此外,这段文字还表现了孔子对人生的态度。他认为人生充满了变数和不测,人的命运也是由天注定的。因此,他主张人们应该珍惜当下,尽心尽力地做好自己的本分,同时也要保持对命运的敬畏和接受。

6.11　子曰："贤哉回也！一箪食，一瓢饮，在陋巷，人不堪其忧，回也不改其乐。贤哉，回也！"

【白话文】

孔子说："颜回这个人真是贤德啊！一箪饭食，一瓢饮水，住在简陋的巷子里，别人都受不了这种忧苦，颜回却不改变他乐观的态度。颜回真是贤德啊！"

【郭干辉开心陪读】

这段话是孔子对颜回的称赞和评价。颜回是孔门弟子中最为贤德、最受孔子器重的一位，他的品行和学识都得到了孔子的高度赞赏。

在这段话中，孔子赞扬了颜回的贤德和乐观态度。颜回尽管生活贫困，身处陋巷，却能够以一箪饭食、一瓢饮为满足，保持乐观的心态，不改变他内心的快乐和满足。这种乐观的态度和安贫乐道的精神是颜回的贤德之一，也是孔子所推崇的一种人生境界。

此外，这段话也表现了孔子对弟子的关爱和期望。他关心弟子的生活和内心世界，希望他们能够保持高尚的品德和乐观的态度，不断追求进步，完善自我。同时，孔子也强调了人的内在品质和修养的重要性，认为这是比物质财富更为重要的东西。

总之，这段话是孔子对颜回的高度评价和赞扬，也是对所有弟子的鞭策和期望。

6.12　冉求曰："非不说（yuè）子之道，力不足也。"子曰："力不足者，中道而废，今女画。"

【白话文】

冉求说："不是我不愿意学习您的学说，而是力量不够。"孔子说："力量不够的人，是走到半路才走不动的，现在你是自己给自己划定了界限不想前进。"

【郭干辉开心陪读】

这一段是关于冉求在学习方面的问题。冉求在表达了自己对于学习孔子之道的能力不足之后，孔子指出这不是真正的理由，因为如果只是力量不足，可以在半路休息，而现在是冉求自己画地为牢，不愿意进一步前进。

孔子的教导告诉我们，在学习的道路上不能给自己设限，不能因为自我设限而放弃前进。只有不断努力和前进，才能更好地学习和成长。同时，这也是在鼓励我们不要轻易地给自己找借口，而是要勇敢地面对困难和挑战，不断地追求进步和完善自我。

6.13 子谓子夏曰："女（rǔ）为君子儒，无为小人儒。"

【白话文】

孔子对子夏说："你要做一个君子式的儒者，不要做小人式的儒者。"

【郭干辉开心陪读】

这一段是关于如何定义和理解"儒"的。在古代中国，"儒"通常是指那些掌握礼仪、具备文化修养并致力于道德实践的人。孔子认为，儒者应该具备高尚的道德品质，并以此为指导去行动。

在这里，孔子对子夏提出了一个要求：要做一个君子式的儒者，不要去做小人式的儒者。这个要求有两层含义：首先，子夏应该致力于提高自己的道德修养，做一个君子式的儒者；其次，他应该避免陷入那些只关注琐碎的礼仪细节，而忽视了道德实践的"小人儒"之境。

在孔子看来，"君子儒"应该具备高尚的道德品质，他们的行为应该符合"仁"的标准，他们应该致力于推广和实践道德价值观念。而"小人儒"则只关注琐碎的礼仪细节，忽视道德实践，他们的行为可能违背了"仁"的标准。

6.14 子游为武城宰，子曰："女（rǔ）得人焉耳乎？"曰："有澹台灭明者，行不由径，非公事，未尝至于偃之室也。"

【白话文】

子游做武城的长官。孔子说："你在那里是得到了人才吗？"子游说："有一个叫澹台灭明的人，从不走小路，没有公事，从不到我家里来。"

【郭干辉开心陪读】

这一段是关于子游在武城做宰的记载，以及他推荐澹台灭明的故事。孔子问子游，他在武城是否找到了人才。子游回答说，有一个叫澹台灭明的人，他从不抄近路，除非为了公事，否则从不到子游的家中来。

从这段对话中可以看出，子游非常注重人才的选择和任用。他向孔子推荐了澹台灭明这个人，并强调了他的一些特点，包括他为人正直、不走捷径、没有私心等。这些特点都是一个好的官员应该具备的品质，也是孔子所推崇的价值观。

此外，这段话也提醒我们要注重人才的选择和培养。作为一个好的领导者，应该注重发现和培养人才，并为他们提供良好的工作环境和发展机会。同时，我们也应该注重自身的品德修养，不断努力提高自己的素质和能力。

6.15 子曰："孟之反不伐，奔而殿，将入门，策其马曰：'非敢后也，马不进也。'"

【白话文】

孔子说："孟之反不自夸，打仗失败，他留在后面做殿军。将进城门时，他鞭打着自己的马说：'不是我敢于殿后，是我的马不肯前进啊。'"

【郭干辉开心陪读】

孟之反在战败后，没有选择逃跑或者独自逃走，而是留在后面做殿军，这体现了他有担当和责任感。在将进城门时，他没有自夸或者炫耀自己的功劳，而是鞭打着自己的马，说是因为马不肯前进，这体现了他谦虚和不居功的精神。

孔子的教导告诉我们，做人要谦虚、低调，不要自夸和居功。我们应该注重的是自己的行为和表现，而不是过于注重别人的评价和赞扬。同时，我们也应该注重责任和担当，在困难和挑战面前不退缩、不逃避，勇于承担责任并付诸行动。

6.16 子曰："不有祝鮀（tuó）之佞，而有宋朝之美，难乎免于今之世矣。"

【白话文】

孔子说："如果没有祝鮀的口才，仅有宋朝的美貌，在当今的社会里是难以避免遭受灾祸的。"

【郭干辉开心陪读】

在这句话中，孔子提到了两个历史人物——祝鮀和宋朝。祝鮀是卫国的大夫，以口才著称；宋朝则是宋国的美女，以美貌闻名。

在孔子的时代，社会风气比较看重口才和外貌，这两者往往被视为衡量一个人是否有价值的重要标准。然而，孔子认为，如果一个人只有口才或只有美貌，是很难在社会中立足的。相反，一个人应该具备内在的品德和才能，这是更为重要的。

因此，孔子在这里提醒人们不要只注重外在的东西，而应该注重内在的修养。只有内在和外在都得到平衡发展，才能真正成为一个有价值的人。

6.17 子曰："谁能出不由户？何莫由斯道也？"

【白话文】

孔子说："谁能不经过房门就走出房子呢？为什么没有人走这条道路呢？"

【郭干辉开心陪读】

在这句话中，孔子提出了一个深刻的哲学问题。他说："谁能出不由户？何莫由斯道也？"这可以理解为，人人都知道要从门出去，但是为什么没有人走这条道路呢？

这里的"户"可以象征着门户、出路、正道等含义。"斯道"则是指孔子的学说、思想、道德之路等。孔子在这里强调的是要遵循道德规范、走正道，才能找到真正的出路。

在现实生活中，我们也常常会面临各种选择和诱惑，有时候会偏离正道，走上歪路。只有始终坚持正确的道路，才能获得真正的成功和幸福。

因此，我们应该时刻警醒自己，不要偏离正道，要始终坚持正确的价值观和道德规范。

6.18 子曰："质胜文则野，文胜质则史。文质彬彬，然后君子。"

【白话文】

孔子说："质朴多于文采，就像个乡下人，流于粗俗；文采多于质朴，就流于虚浮。只有质朴和文采配合恰当，才是君子。"

【郭干辉开心陪读】

这段话是孔子对于人的修养的指导,他提出了"文"与"质"的合理关系和君子的人格模式。

"质"指的是人的自然、朴实、无修饰的部分,而"文"则是人的文化教养和后天习得的文饰。孔子认为,一个人的修养应该是"文"与"质"的完美结合,既要有文化教养,又要保持自然、朴实的本性,这样才能成为一个真正的君子。

如果一个人过于注重文化教养,而忽视了自然、朴实的本性,就会显得虚浮、不实在。相反,如果一个人过于注重自然、朴实的本性,而缺乏文化教养的修饰,就会显得粗野、缺乏文明。因此,只有将"文"与"质"配合恰当,才能成为一个完美的人格典范。

6.19 子曰:"人之生也直,罔之生也幸而免。"

【白话文】

孔子说:"一个人凭着正直生存于世,而不正直的人也能生存,那是侥幸避免了祸害啊。"

【郭干辉开心陪读】

正直是儒家的道德规范,是人与人之间交往的基本原则。正直的人不耍心机、不欺骗他人,他们坦诚待人、真诚无私。而那些不正直的人虽然也能生存,但他们的生存只是侥幸地避免了灾祸,并不值得效法。

在这个社会中,我们需要秉持正直的品格,坚持做人的原则和道德标准。只有这样,我们才能赢得别人的尊重和信任,建立良好的人际关系。同时,也要警惕那些不正直的人,避免被他们欺骗和利用。

总之,正直是我们应该追求的品质,它不仅有助于个人的成长和发展,也有助于社会的进步和和谐。让我们做一个正直的人,为自己和社会创造更多的价值。

6.20 子曰:"知之者不如好之者,好之者不如乐之者。"

【白话文】

孔子说:"对于学习,知道怎么学习的人不如爱好学习的人,爱好学习的人又不如以学习为乐的人。"

【郭干辉开心陪读】

这句话是孔子对于学习的态度和方法的论述。他强调了三个层次的学习态度：知道怎么学习、爱好学习和以学习为乐。

"知之者"是指那些仅仅知道学习方法的人，他们能够了解学习的技巧和策略，但缺乏对学习的真正兴趣和热情。这种态度不足以支撑他们持之以恒地学习，容易被困难和挑战所击退。

"好之者"是指那些爱好学习的人，他们对于学习有着浓厚的兴趣和热情，能够积极投入学习，并从中获得满足感和成就感。这种态度能够支撑他们持续学习，并在学习上取得一定的成就。

"乐之者"是指那些以学习为乐的人，他们将学习视为一种享受和愉悦，能够从学习中获得内心的满足和幸福感。这种态度能够使他们在学习上更加深入和广泛，达到更高的学习境界。

因此，孔子认为学习的态度应该是从知道怎么学习开始，逐渐培养对学习的爱好和兴趣，最终达到以学习为乐的境界。只有这样，我们才能真正地享受学习的过程，获得更多的知识和智慧。

6.21 子曰："中人以上，可以语（yù）上也；中人以下，不可以语（yù）上也。"

【白话文】

孔子说："具有中等以上才智的人，可以给他讲授高深的学问；具有中等以下才智的人，不可以给他讲授高深的学问。"

【郭干辉开心陪读】

这句话是孔子对于教育对象和教育内容的论述。他认为教育的对象应该是具有中等以上才智的人，而教育的具体内容则应该根据教育对象的实际情况来决定。

"中人以上"是指具有中等以上才智的人，他们具备学习高深学问的基础和能力，可以接受更高层次的教育。"中人以下"则是指具有中等以下才智的人，他们还没有掌握基础的知识和技能，无法理解和掌握更高深的学问。因此，孔子认为教育应该根据教育对象的实际情况来决定，不同层次的学生应该接受不同层次的教育。

这个观点对于现代教育仍然具有指导意义。现代教育应该注重学生的个体差异和实际情况，根据学生的特点和需求来制订教育计划和教学策略，确保每个学生都能够得到适合自己的教育和发展机会。同时，我们也应该注重基础知识的教育和普及，为学生进一步的学习和发展打下坚实的基础。

6.22 樊迟问知（zhì），子曰："务民之义，敬鬼神而远之，可谓知（zhì）矣。"问仁，曰："仁者先难而后获，可谓仁矣。"

【白话文】

樊迟问孔子怎样才算是智，孔子说："专心致力于实行人民的应行之道，严肃地对待鬼神，但并不依赖它们，可以说是智了。"

樊迟又问怎样才是仁，孔子说："仁人对难做的事，做在他人前面，对能获得奖赏的事，便退居人后，这可以说是仁了。"

【郭干辉开心陪读】

这一段是关于智和仁的讨论。孔子认为，一个有智慧的人应该注重实行人民的应行之道，严肃地对待鬼神但并不依赖它们。这种态度既体现了对传统信仰的尊重，又强调了关注现实、努力实践的重要性。

对于仁的定义，孔子认为一个有仁德的人应该在做难事时先人后己，有收获时后于他人。这种行为方式体现了对他人的关爱和自我牺牲的精神，是实现社会公正和和谐的必要条件。

在现代社会中，我们仍然可以借鉴这些思想来培养自己的智和仁。在面对人生中的困难和挑战时，我们应该勇于担当、积极面对，同时也要关注他人的需要和利益，尽可能地帮助和支持他人。这样不仅有利于个人的成长和发展，也有助于构建更加和谐、公正的社会。

6.23 子曰:"知(zhì)者乐(yào)水,仁者乐(yào)山。知(zhì)者动,仁者静。知(zhì)者乐,仁者寿。"

【白话文】

孔子说:"聪明的人喜欢水,仁德的人喜欢山。聪明的人好动,仁德的人恬静。聪明的人快乐,仁德的人长寿。"

【郭干辉开心陪读】

这是孔子对于智者和仁者的形象描绘。他认为聪明的人如同流水一般灵活变通,充满生机和活力;仁德的人则如同山一般稳重宁静,厚重而可靠。这些特质在个人的性格和行为中有着显著的体现,也影响着个人的幸福和健康。

"知者乐水,仁者乐山"可以理解为智者喜欢追求变化和流动,如同水一样灵动不息;仁者则更喜欢稳定和宁静,如同山一样坚定不移。这种性格差异也表现在他们的行为和处事方式上,智者善于适应变化,灵活应对;仁者则更注重原则和价值观,坚守道德底线。

"知者动,仁者静"进一步描述了智者和仁者的性格特点。聪明的人充满活力和好奇心,喜欢探索和尝试新事物;仁德的人则更加内敛和沉稳,注重内心的平静和修养。这种性格差异也影响了他们的生活方式和目标追求,智者更加追求物质和精神上的富足,而仁者则更加注重社会价值和人类福祉。

"知者乐,仁者寿"则表达了智者和仁者对于生活的态度和追求。聪明的人更加乐观向上,积极面对生活中的挑战和困难;仁德的人则更加注重养生和健康,追求长寿和稳健的生活。这种态度也影响了他们的健康状况和生活质量,积极乐观的人更加健康快乐,而注重养生的人更加稳健长寿。

综上所述,孔子的这段话描绘了智者和仁者的形象和特点,强调了他们在性格、行为和生活态度上的差异。我们应该借鉴这些思想来审视自己的性格和行为,努力培养积极向上的品质,提高自己的幸福感和生活质量。

6.24 子曰:"齐一变至于鲁,鲁一变至于道。"

【白话文】

孔子说:"齐国通过变革可以达到鲁国的程度,鲁国通过变革可以达到合乎大道的境界。"

【郭干辉开心陪读】

这句话反映了孔子对于政治、社会的改革和进步的看法。他强调了两个关键的变革步骤：首先从齐国到鲁国，然后从鲁国到合乎大道的境界。

齐国在春秋时期是一个经济发达、文化繁荣的国家，但是孔子认为，齐国的政治制度和社会风尚需要进行改革，以实现更加符合周礼和道德规范的社会。通过变革，齐国可以向鲁国看齐，达到一个接近于理想状态的鲁国。

鲁国在春秋时期是周礼和道德规范的典范，孔子非常推崇鲁国的文化和制度。他认为，鲁国通过进一步的变革，可以实现一个更加符合大道的境界。这个"道"可以理解为合乎天地自然的规律和人类社会的道德准则。

孔子的这种思想体现了他的政治和社会理念。他主张进行符合周礼和道德规范的改革，以建立一个和谐、有序、公正的社会。同时，他也强调了对于传统文化和道德规范的尊重和传承，以保持社会的稳定和连续性。

这些思想对于我们今天的社会发展仍然具有重要的启示意义。

6.25　子曰："觚（gū）不觚，觚哉？觚哉？"

【白话文】

孔子说："礼器不是酒器，可算什么礼器呢？还能算礼器吗？"

【郭干辉开心陪读】

这句话是孔子对于礼器在当时社会中的地位和作用的评论。他认为，礼器应该是用来表达礼仪和尊重的器物，而不是简单的酒器或其他实用器具。如果一个礼器的形状和功能与传统的规定不符，那么它就不能算作真正的礼器。

孔子的这种思想体现了他的礼乐思想的核心。他强调礼仪和规矩的重要性，认为它们是维护社会秩序和道德规范的基础。同时，他也强调了对于传统文化的尊重和传承，以保持社会的稳定和连续性。

在当今社会中，我们也可以借鉴孔子的这种思想来审视一些社会现象。例如，一些商业活动或仪式虽然表面上看似气派和热闹，但缺乏真正的文化内涵和价值意义。这种浮躁的现象需要我们反思和审视，以更加注重传统文化的传承和发展。

6.26　宰我问曰："仁者，虽告之曰：'井有仁焉。'其从之也？"子曰："何为其然也？君子可逝也，不可陷也；可欺也，不可罔也。"

【白话文】

宰我问道："一个有仁德的人，如果别人告诉他：'井里掉下一位仁人。'他是不是会跟着跳下去呢？"孔子说："为什么要这样做呢？君子可以到井边去救人，但不能自己也陷入井中；君子可以被欺骗，但不可以被愚弄。"

【郭干辉开心陪读】

这段对话是关于如何理解和实践"仁"的道德准则的。在宰我的问题中，他提出了一个假设的情况，即听到井里有人掉下去，有仁德的人是否会跟着跳下去。这个问题的目的在于测试对"仁"的理解。

孔子的回答表明了他对"仁"的理解。他认为，君子应该以救助他人为己任，但不应该以伤害自己为前提。也就是说，君子应该珍爱自己的生命，不能因为追求仁德而忽视自身的安全。同时，君子可以被欺骗，但不可以被愚弄。这意味着，尽管在追求仁德的过程中可能会遇到欺骗和误导，但君子应该保持自己的智慧和判断力，不被彻底愚弄。

这个观点在现实生活中同样具有重要意义。我们在生活中可能会遇到各种困难和挑战，但不能因为追求表面的成功或满足而忽视自己的安全和利益。同时，我们也需要保持警惕，避免被不实之词或表面现象所欺骗。只有通过理性思考和正确行动，我们才能真正实现自己的价值和目标。

6.27　子曰："君子博学于文，约之以礼，亦可以弗畔矣夫。"

【白话文】

孔子说："君子广泛地学习古代的文化典籍，又以礼来约束自己，也就可以不离经叛道了。"

【郭干辉开心陪读】

这句话是孔子对于君子学习和实践的指导。他认为，君子应该广泛地学习古代的文化典籍，这可以理解为对于传统文化的尊重和传承。同时，君子也应该以礼来约束自己的行为，这体现了对于道德规范的遵守和推崇。只有将学习和实践相结合，才能真正做到不离经叛道。

在现代社会中，我们也可以借鉴这种思想来提高自己的素质和能力。首先，我们应该注重学习和积累知识，不断拓宽自己的视野和见识。其次，我们也应该注重实践和应用，将所学知识转化为实际能力，为社会做出贡献。只有将学习和实践相结合，才能真正做到不断进步和提高自己的素质和能力。

6.28 子见南子，子路不说（yuè），夫子矢之曰："予所否者，天厌之！天厌之！"

【白话文】

孔子去见南子，子路不高兴。孔子发誓说："我如果做了不正当的事，让上天谴责我吧！让上天谴责我吧！"

【郭干辉开心陪读】

这段话是孔子和南子见面后，子路不满的故事。子路对孔子见南子感到不高兴，可能是因为南子在当时被认为是一个品行有问题的女人。而孔子则强调他的行为是正当的，他发誓如果他的行为有不正当之处，上天会谴责他。

这个故事表明了孔子对自己行为的严谨和坚持。他强调行为正直和道德准则的重要性，并以此为依据来规范自己的行为。同时，他也意识到自己的行为会受到他人的评价和看法，因此他愿意为自己的行为承担责任并接受任何谴责。

这个故事也提醒我们在生活中要注重自己的行为和品德。我们应该时刻保持正直和道德，对自己的行为负责并接受他人的评价。如果我们犯了错误，我们应该勇于承认并努力改正，而不是逃避责任或推卸责任。只有这样，我们才能赢得他人的尊重和信任。

6.29 子曰:"中庸之为德也,其至矣乎!民鲜久矣。"

【白话文】

孔子说:"中庸作为一种道德,是至高无上的!人们缺少这种道德已经很久了。"

【郭干辉开心陪读】

中庸是孔子思想中的一个重要概念,它指的是一种不偏不倚、折中调和的处世态度。在孔子的观念中,中庸被视为一种最高的道德标准,因为它代表了一种均衡、协调、适度的生活方式。与这种道德标准相对应的是两个极端,即过于偏激或过于保守。

然而,由于种种原因,人们很少能够做到中庸。因此,孔子在感叹这一现象的同时,也强调了实践中庸的重要性。他认为,只有通过实践这种道德标准,才能达到一种均衡、和谐的人生境界。

在现代社会中,中庸的思想仍然具有重要的意义。在处理人际关系、解决问题时,采取一种适中、折中的态度往往能够取得更好的效果。同时,中庸的思想也提醒我们要保持一种平和的心态,不要过于偏激或过于保守,而是要在对立面之间找到一种平衡点。

6.30 子贡曰:"如有博施于民而能济众,何如?可谓仁乎?"子曰:"何事于仁,必也圣乎!尧、舜其犹病诸!夫仁者,己欲立而立人,己欲达而达人。能近取譬,可谓仁之方也已。"

【白话文】

子贡问:"如果有人能广泛地施爱于百姓并能救济大众,怎么样?可以称得上是仁吗?"孔子说:"这不仅是仁,而且是圣了!尧舜都难以做到啊!所谓仁,就是自己要站稳,才能扶起别人;自己要腾达,才能博施济众。能就自身打比方,推己及人,可以称得上是实践仁义的方法了。"

【郭干辉开心陪读】

这段对话是关于"仁"这个概念的讨论。在对话中,子贡询问了一个关于仁的问题,想知道是否有人能广泛地施爱于百姓并能救济大众,可以称得上是仁吗？对于这个问题，孔子的回答是肯定的，但他强调这不仅是仁，而且是圣了。因为尧舜都难以做到这一点。

然后，孔子进一步解释了什么是仁。他强调了"己欲立而立人，己欲达而达人"的思想，即自己想要站稳，才能扶起别人；自己想要腾达，才能博施济众。这个思想强调了个人与他人之间的关系，以及个人对于社会的责任。同时，孔子也强调了实践仁义的方法是"能近取譬"，即能够就自身打比方，推己及人。

在现代社会中，我们仍然可以借鉴这些思想来培养自己的道德品质和社会责任感。首先，我们应该注重自己的言谈举止，做到自律自省，这样才能更好地影响他人。其次，我们应该关注他人的需要和利益，积极帮助他人实现目标。最后，我们还应该注重实践，通过亲身经历来体验和学习道德规范和社会价值观念。

述而第七

7.1 子曰:"述而不作,信而好古,窃比于我老彭。"

【白话文】

孔子说:"我阐述古代的文化而不创作,对于古代的文化充满信任并倾心喜好,我私下里将自己比作老彭。"

【郭干辉开心陪读】

这句话是孔子对于自己对待古代文化传统的态度和思想的自述。其中,"述而不作"指的是孔子在传承和传授古代文化经典时,只是进行阐述和解释,而没有加入自己的创新和改动。他以传承和弘扬古代的文化经典为己任,让它们在新的时代中继续发挥其价值和影响。

"信而好古"表现出孔子对古代文化的深厚信任和热爱。他相信古代的文化经典和智慧具有不可替代的价值,因此他倾心喜好、深入研究,并在自己的思想学说中加以继承和发展。这种对古代文化的信任和喜好,使孔子成了儒家文化的代表人物,并对中国的传统文化产生了深远的影响。

"窃比于我老彭"是孔子对于自己的谦逊之词。在孔子的时代,老彭是传说中的古代圣贤之一,孔子将其视为榜样和楷模。在这里,孔子谦虚地表示自己只是类似于老彭,暗示自己还有很多需要学习和提升的地方。这种谦虚和自省的态度,也是孔子思想的重要特点之一。

7.2 子曰:"默而识(zhì)之,学而不厌,诲人不倦,何有于我哉?"

【白话文】

孔子说:"把所见到和听到的知识默默地记在心中,努力学习而不满足,教导别人而不厌倦,对我来说有什么困难呢?"

【郭干辉开心陪读】

这是孔子自我反思和总结学习经验的话。他强调了三点重要的学习品质：

"默而识之"：这是指在学习过程中，要默默地记住所学的内容，并在实践中加以运用。这里的"默"并不是指沉默不语，而是指内化、吸收的过程。

"学而不厌"：这是指在学习过程中，要保持永不满足的心态，不断追求新的知识和技能。孔子的这种学习态度体现了他对学习的热爱和追求进步的精神。

"诲人不倦"：这是指在教导别人的过程中，要不厌其烦、充满耐心和恒心。孔子认为，教导他人是自我提升和帮助他人成长的重要途径，因此他愿意不辞辛劳地教导他人。

最后，孔子用"何有于我哉？"这个问题来反思自己在学习和教导他人方面的成就。他承认自己在学习和教导方面还有很多需要提升的地方，这种谦虚的态度展现了孔子不断追求进步的精神。

他的学习观和诲人观对我们今天的学习和教育仍然具有重要的启示意义。

7.3 子曰："德之不修，学之不讲，闻义不能徙，不善不能改，是吾忧也。"

【白话文】

孔子说："（许多人）不去修养品德，不去讲求学问，听到义在那里，却不能亲身实践，有错误而不能改正，这些都是我所忧虑的。"

【郭干辉开心陪读】

在孔子的时代，很多人对于道德和学问的修养并不重视。孔子担忧的是，这些人不注重自己的品德，不去讲求学问，即使听到正确的义理也不能亲身实践，对于自身的错误和不足也不能及时改正。这些问题反映了人们对于个人修养和进步的忽视，以及对于正确价值观和行为的缺乏。

孔子强调了个人修养的重要性，认为这是实现个人价值和为社会做出贡献的基础。他主张人们应该不断追求道德和精神上的进步，通过自我反省和接受教育来提高自己的品德和学问。同时，孔子也强调了实践正义的重要性，认为人们应该遵循正确的道德准则和行为规范，为社会做出积极的贡献。

7.4 子之燕居，申申如也，夭夭如也。

【白话文】

孔子在家闲居时，衣着整齐，态度温和舒畅，行动舒缓有致。

【郭干辉开心陪读】

在"申申如也"的"申申"中，孔子表现出了一种整齐、有序的态度。他的衣着整洁，反映出他对细节的关注和对自我形象的塑造。这种整齐的外观和有序的态度，体现了他对于生活和工作的严谨和认真。

在"夭夭如也"的"夭夭"中，孔子则展现了一种和舒之貌，即温和舒畅、舒缓有致的形象。他的行动缓慢而从容，表现出了一种从容不迫的气质和优雅的风度。这种态度不仅让他自己感到舒适，也让周围的人感到轻松愉快。

这句话通过描绘孔子在家中闲居时的状态，让我们更加了解了这位伟大思想家的个性和气质。孔子以整齐、有序的态度和温和舒畅、舒缓有致的形象，展现了他对于生活和处世的积极态度。这种形象不仅影响了后世对于君子的形象认知，也成了中国传统文化中的重要价值观念之一。

7.5 子曰："甚矣吾衰也！久矣吾不复梦见周公。"

【白话文】

孔子说："我衰老得多么厉害啊！很久以来，我不再梦见周公。"

【郭干辉开心陪读】

这句话是孔子感叹自己年事已高，大道却仍未能施行。所谓梦见周公，未必是真的说梦，而是推行大道的隐语。

在孔子的心目中，周公姬旦是西周王朝的杰出人物，也是孔子追求的目标之一。他曾经制定并推行了周朝的礼乐制度，对于中国古代的政治、文化和社会制度产生了深远的影响。因此，孔子在梦中常常与周公相遇，表达了他对于恢复西周时期礼乐制度的追求和向往。

然而，随着年龄的增长，孔子感到自己已经衰老，不再像年轻时那样容易梦见周公。这并不意味着他已经放弃了追求周公所倡导的礼乐制度，而是表达了他对于自己年老体衰的无奈和感慨。

尽管如此，孔子依然坚定地认为，只有通过学习和实践，才能实现对于周公所推崇的礼乐制度的追求。因此，他始终致力于传授弟子、推广大道的事业，希望通过自己的努力，让更多的人了解和接受周公的思想和文化。

7.6 子曰："志于道，据于德，依于仁，游于艺。"

【白话文】

孔子说："立志追求道，根据德，依傍仁，游习六艺。"

【郭干辉开心陪读】

这句话是孔子对于求学的指导，他提出了学习的四个步骤和目标。

首先，孔子强调要"志于道"，即立志追求真理和正义，这是学习的首要目标。只有明确了学习的方向和目的，才能有计划、有方法地展开学习。

其次，孔子提出要"据于德"，即以道德为依据，规范自己的行为和思想。道德是人们行为的标准和准则，只有遵循道德规范，才能成为一个有品德、有修养的人。

再次，孔子主张要"依于仁"，即依傍仁爱之心，注重培养自己的同情心和爱心。仁爱是儒家思想的核心，是人与人之间和谐相处的基石。只有具备了仁爱之心，才能真正做到修身、齐家、治国、平天下。

最后，孔子提倡要"游于艺"，即游习各种技艺和知识，拓展自己的视野和能力。技艺是实现人生价值和追求成功的工具，只有掌握了一定的技艺和能力，才能更好地为社会做出贡献。

这四个步骤和目标，是孔子对于求学的精辟指导，也是我们今天学习的方向和目标。只有遵循这四个步骤和目标，才能成为一个有理想、有品德、有才华的人。

7.7 子曰："自行束脩以上，吾未尝无诲焉。"

【白话文】

孔子说："只要有人愿意用干肉作为见面的礼物，我没有不给予教诲的。"

【郭干辉开心陪读】

这句话是孔子强调有教无类的教育理念的表现。在古代，干肉是一种常见的礼物，而束脩则是十条干肉。自行束脩以上，指的是前来求学的人愿意付出一些代价，表示他们的诚意和决心。

在孔子的教诲中，他强调了教育的价值和意义。他认为，教育是培养人的德行和智慧的重要途径，因此他愿意给予所有愿意接受教育的人以教诲。同时，他也强调了教育的平等性和公正性，即不论出身和财富，只要有人愿意学习，他都会给予教诲。

这句话所表达的教育理念，不仅在古代具有重要意义，在今天也具有普遍的价值。教育的目的是培养人的全面发展和成长，因此应该尽可能地扩大教育的覆盖面，让更多的人接受教育。同时，教育的平等性和公正性也是社会进步的重要基石。

7.8 子曰："不愤不启，不悱不发，举一隅不以三隅反，则不复也。"

【白话文】

孔子说："教导学生不到他想弄明白却不能时，不去开导他；不到他想说出来却说不出来的时候，不去启发他。教给他一个方面的知识，他却不能由此类推出其他三个方面的知识，就不用再教他了。"

【郭干辉开心陪读】

这是孔子对于教育方法的见解，强调了学生的学习主动性和思维能力的重要性。

"不愤不启"意味着当学生还没有到达一定的学习阶段，没有产生强烈的学习欲望和兴趣时，不要去开导和启发他。这样可以避免强制性学习导致的厌学情绪，保护学生的学习积极性。

"不悱不发"则是指当学生还没有尝试去表达自己的想法和观点时，不要急着去启发他。这样可以让学生在思考和表达的过程中，自主发现和解决问题，培养他们的独立思考能力和语言表达能力。

"举一隅不以三隅反"是说当学生不能从老师所举的一个例子中类推出其

他三个方面的知识时，老师就不需要再教他了。这表明了孔子对于学生思维能力和迁移能力的重视，也体现了孔子因材施教的教育理念。

"则不复也"是指如果学生不能在老师的引导下自主思考、解决问题，那么老师就不需要再重复教他了。这体现了孔子对于学生自主学习和独立思考的尊重，也体现了孔子以学习者为中心的教育理念。

总之，孔子的这段话强调了学生的学习主动性和思维能力的重要性，以及老师作为引导者和启发者的角色。同时，也提醒我们在教学过程中要尊重学生的个体差异和自主学习能力，根据学生的实际情况来设计和调整教学策略，以实现更好的教学效果。

7.9 子食于有丧者之侧，未尝饱也。

【白话文】

孔子在有丧事的人旁边吃饭，从来没有吃饱过。

【郭干辉开心陪读】

这句话描述了孔子在有丧事的人旁边吃饭时的心情和行为。通过这句话，我们可以感受到孔子对于丧事和逝者的尊重，以及他内心的悲痛和同情。

在古代社会，丧事是一件非常重要的事情，人们会为逝者举行各种仪式和祭祀活动。在这个过程中，孔子会亲自参加吊唁和送葬，并且会为逝者及其家人提供帮助和安慰。

通过这句话，我们可以了解到孔子的人性和情感，以及他对于人类社会和生命的理解。同时，我们也可以从中得到启示，学会尊重生命和他人，珍惜人与人之间的情感和关系。

7.10 子于是日哭，则不歌。

【白话文】

孔子在这一天为吊丧而哭泣，就不再唱歌。

【郭干辉开心陪读】

这句话与上一则表达了同一个主题：孔子是一位感情真挚的人，伟大的人性情感必定是细腻而且长久的。在这一天内，余哀未能忘记，自身不能歌。

这也从侧面反映了孔子对于丧葬和哀悼的重视，以及他对于逝者和其家人的悲痛心情。

7.11 子谓颜渊曰："用之则行，舍之则藏，惟我与尔有是夫！"子路曰："子行三军，则谁与？"子曰："暴虎冯（píng）河，死而无悔者，吾不与也。必也临事而惧，好谋而成者也。"

【白话文】

孔子对颜渊说："用我，我就去干；不用我，我就隐藏起来。只有我和你才能做到这样吧！"子路问："您如果统率三军，那么，您和谁在一起共事呢？"孔子说："那种空手搏虎，赤足过河，盲目冒险，死了都不后悔的人，我是不会和他一起共事的。我共事的人，一定是面对任务小心行事、以智取胜的人。"

【郭干辉开心陪读】

孔子强调的是中庸之道，不偏不倚，避免走向极端。他对于勇敢的理解也不同于一般人。

他并不欣赏那种不考虑后果、盲目冒险的人。相反，他欣赏的是那些面对任务会感到恐惧谨慎，但仍然能够做出正确决策的人。这样的人具备了深思熟虑的智慧和审时度势的勇气，是值得共事的理想人选。

同时，这段对话也反映了孔子对于道德和行为的严谨态度。他不希望弟子走向极端，鼓励他们保持中庸之道。在选择共事的人时，他也强调了谨慎、智慧和勇气的重要性。这些品质都是成为一个有道德、有责任感的人所必需的。

7.12 子曰："富而可求也，虽执鞭之士，吾亦为之。如不可求，从吾所好。"

【白话文】

孔子说："如果富贵合乎道就可以去追求，即使是给人执鞭的下等差事，我也愿意去做。如果富贵不合于道就不必追求，那就还是按我的爱好去干事。"

【郭干辉开心陪读】

这段话表达了孔子对于追求富贵的态度。他认为，如果富贵是可求的，即使需要从事一些低下或辛苦的工作，他也愿意去做。但是，如果富贵不可求，他就会选择做自己喜欢的事情。

在这里，孔子强调了对于富贵要符合道德标准的追求。他认为，如果通过正当手段获得富贵，是可以接受的。但是，如果富贵是通过不道德的手段获得的，那么就不应该去追求。

孔子的这种态度表明了他对于道德和行为的重视。他鼓励人们通过正当手段去追求富贵，而不是通过不道德的手段。同时，他也强调了人们应该追求自己真正喜欢的事情，而不是盲目追求富贵。

7.13 子之所慎：齐、战、疾。

【白话文】

孔子谨慎对待的事情有三件：斋戒、战争、疾病。

【郭干辉开心陪读】

孔子列举了自己谨慎对待的三件事情：斋戒、战争和疾病。这表明孔子非常重视这三件事情，并认为它们对于人类社会和个人的生存和发展具有重要意义。

首先，斋戒是古代社会中一种重要的宗教仪式，人们通过斋戒来表达对于神灵和先祖的敬意和感激之情。孔子认为，斋戒是一件神圣而严肃的事情，需要认真对待。

其次，战争是人类社会中不可避免的一部分，但孔子认为战争必须慎重对待。他主张和平解决争端，反对轻易发动战争。同时，他也强调了战争的伦理和道德标准，认为只有在道义的指导下才能发动战争。

最后，疾病是每个人都会遇到的问题，但孔子认为对待疾病的态度和方式也是非常重要的。他主张保持健康的生活方式，预防疾病的发生。同时，他也强调了对于病人的关心和照顾，认为这是人类社会的基本道德之一。

7.14 子在齐闻《韶》，三月不知肉味，曰："不图为乐（yuè）之至于斯也。"

【白话文】

孔子在齐国听到《韶》这种乐曲后，很长时间内即使吃肉也感觉不到肉的滋味，他感叹道："没想到音乐欣赏竟然能达到这样的境界！"

【郭干辉开心陪读】

这句话体现了孔子对于音乐的高度重视和欣赏能力。他听到《韶》乐后，长时间内品尝不出肉的滋味，这当然是一种夸张的说法，但同时也表明了孔子对于音乐教化的重视。

他认为音乐有着穿越时空的感召力，可以直接作用于心灵，修养心性。《韶》乐是赞美舜的乐章，是当时的经典古乐。

7.15 冉有曰："夫子为卫君乎？"子贡曰："诺，吾将问之。"入，曰："伯夷、叔齐何人也？"曰："古之贤人也。"曰："怨乎？"曰："求仁而得仁，又何怨？"出，曰："夫子不为也。"

【白话文】

冉有问："老师赞同卫君吗？"子贡说："好吧，我进去问问他。"子贡进去问孔子："伯夷、叔齐是什么样的人？"孔子说："古代的贤人。"子贡又问："他们有怨恨吗？"孔子回答："他们求仁而得到了仁，为什么有怨恨呢？"子贡出来告诉冉有说："老师不赞同卫君。"

【郭干辉开心陪读】

这一段对话展示了孔子对于君臣关系的看法。孔子认为，君臣之间应该有一定的道德规范和行为准则，君主要能够尊重臣民，推行仁德政治，让人民安居乐业。如果君主违背了这些原则，那么臣民就有权利和义务去反对他。但是，反对君主并不意味着对君主个人有怨恨，而是对君主的行为和政策不满。

在对话中，孔子将伯夷、叔齐视为古代的贤人，表达了他对于贤臣的尊重和推崇。他认为，贤臣应该以身作则，推行仁德政治，为人民谋福利。如果君主违背了这些原则，贤臣就应该站出来反对他。但是，反对君主并不意味着对君主个人有怨恨，而是为了国家和人民的利益。

这也提醒我们在现实生活中要遵守一定的道德规范和行为准则，尊重他人，为人民谋福利。

7.16 子曰："饭疏食，饮水，曲肱（gōng）而枕之，乐亦在其中矣。不义而富且贵，于我如浮云。"

【白话文】

孔子说："吃粗粮，喝清水，弯起胳膊当枕头，其中也有着乐趣。干不义的事、违背道德的事而获得富贵，对我来说就像浮云一样不值一提。"

【郭干辉开心陪读】

这段话表达了孔子的人生观和价值观。孔子认为，人生的快乐应该建立在遵守道德规范、坚持正义的基础之上。尽管粗茶淡饭，但只要内心满足，也能感受到生活的美好。相反，如果通过不义的手段获得富贵，即使物质上富足，内心也不会感到真正的快乐。

此外，这段话也传递了孔子对于富贵名利的淡泊态度。他认为富贵名利并不是人生的终极目标，而是次要的事情。在道德和正义面前，富贵名利显得微不足道。这种淡泊名利的态度是孔子追求高尚人格的表现之一。

总之，这段话对于我们树立正确的人生观和价值观具有重要的启示意义。我们应该注重内心的修养和道德的提升，而不是仅仅追求物质上的富足和名利上的成功。同时，我们也应该保持淡泊名利的心态，不被物欲所左右，以保持内心的平静和独立。

7.17 子曰："加我数年，五十以学《易》，可以无大过矣。"

【白话文】

孔子说："让我多活几年，到五十岁时去学习《易经》，便可以没有大过错了。"

【郭干辉开心陪读】

在这句话中，孔子表达了自己对于《易经》的重视和学习愿望。他认为，如果能够在五十岁时开始深入学习《易经》，那么就可以避免很多错误和过失。

《易经》是中国古代一部深奥哲学著作，涵盖了自然、社会、人生等各个方面。孔子认为学习《易经》对于人生修行和成长具有重要的意义，可以帮助人们更好地理解世界和自己，避免犯错。

这段话也体现了孔子对于学习和修行的态度。他并不满足于自己的知识和经验，而是始终保持着学习热情和追求成长的愿望。他认为，只有不断学习和修行，才能不断提高自己的修养和智慧水平，避免犯错。

7.18 子所雅言，《诗》《书》，执礼，皆雅言也。

【白话文】

孔子有时讲雅言，诵《诗》《书》，行典礼，都用雅言。

【郭干辉开心陪读】

在这句话中，孔子用雅言教学和行礼，表明了他对于雅言的重视和使用。

雅言是古代中国的一种官方语言，被认为是正统和文明的代表。孔子认为，学习和使用雅言可以帮助人们更好地理解和传承古代文化和礼仪，提高自身的修养和智慧。

同时，孔子也强调了雅言在日常生活中的应用。他认为，使用雅言可以更好地表达自己的思想和情感，促进人与人之间的交流和理解。

7.19 叶公问孔子于子路，子路不对。子曰："女（rǔ）奚不曰：其为人也，发愤忘食，乐以忘忧，不知老之将至云尔。"

【白话文】

叶公向子路问到孔子，子路没有回答。孔子说："你为什么不这样说：他的为人，用功时会忘记吃饭，快乐时会忘记忧愁，不知道衰老即将到来，如此而已。"

【郭干辉开心陪读】

在这段话中，孔子对于自己的评价和追求做出了间接的回应。他鼓励人们追求学问和道德修养，强调了坚持不懈、专心致志的重要性。

同时，他也表达了自己对于快乐的追求和对于衰老的淡然态度。

7.20 子曰："我非生而知之者，好古，敏以求之者也。"

【白话文】

孔子说："我并不是生来就知道这些道理的，我是爱好古代文化并努力求得这些道理的人。"

【郭干辉开心陪读】

在这段话中，孔子明确地表达了自己对于知识和智慧的看法。他强调了自己并不是生来就知道一切的人，而是通过不断学习和努力才获得了知识和智慧。

同时，孔子也强调了对于古代文化的尊重和追求。他认为，古代文化中蕴含了丰富的智慧和价值观念，通过学习和研究古代文化，可以更好地理解人类社会和人生。

7.21 子不语怪、力、乱、神。

【白话文】

孔子不谈论怪异、暴力、悖乱、神灵鬼怪等事。

【郭干辉开心陪读】

在这段话中，孔子表达了自己对于谈论怪异、暴力、悖乱、神灵鬼怪等事情的态度。他认为，这些事情并不是人们应该过多谈论的话题，因为它们不符合道德规范和正确的价值观。

同时，孔子也强调了人们应该关注更为实际和现实的问题，如修身、齐家、治国、平天下等。他认为，只有通过实际行动和积极的人生态度，才能实现自己的人生价值和社会进步。

7.22 子曰："三人行，必有我师焉。择其善者而从之，其不善者而改之。"

【白话文】

孔子说："三个人在一起走路，其中必定有人可以作为我的老师。我选择他们的优点来学习，对于他们的缺点则引以为戒，加以改正。"

【郭干辉开心陪读】

在这段话中，孔子表达了自己对于学习和成长的看法。他认为，在日常生活中，人们可以通过观察和学习他人的优点和长处来提高自己的修养和智慧水平。同时，也可以从他人的缺点和错误中吸取教训，避免自己犯同样的错误。

这种学习和成长的态度，体现了孔子对于谦虚、虚心、开放和包容的精神追求。他鼓励人们保持一种谦虚的态度，不断学习和成长，而不是自以为是、故步自封。

7.23 子曰："天生德于予，桓魋（tuí）其如予何？"

【白话文】

孔子说："上天赋予了我高尚的品德，桓魋能把我怎么样？"

【郭干辉开心陪读】

在这句话中，孔子表达了自己对于品德和命运的看法。他认为，自己天生具有高尚的品德，这是上天所赋予的。同时，他也表现出了对于桓魋的蔑视和自信，认为桓魋无法对他构成任何威胁。

这种态度和信念，反映了孔子作为一个智者和品德高尚的人的自信和勇气。他坚信自己的品德和智慧是上天所赋予的，因此不会轻易被外界所打败或干扰。

7.24 子曰："二三子以我为隐乎？吾无隐乎尔！吾无行而不与二三子者，是丘也。"

【白话文】

孔子说："你们这些学生以为我对你们隐瞒了什么呢？我并没有隐瞒你们什么！我没有什么行为不能让你们知道的，这就是我孔丘的为人。"

【郭干辉开心陪读】

孔子表达了自己对于教学和为人的态度。他强调了自己没有隐瞒任何东西，也没有什么行为是不可以让学生知道的。他认为，一个人的行为和为人应该是公开和透明的，不应该有任何的隐瞒和秘密。

同时，孔子也表达了自己对于学生的信任和尊重。他认为，学生应该能够信任和尊重老师，而老师也应该能够信任和尊重学生。在教育和学习的过程中，应该建立一种平等、公正、公开的关系，以促进更好的学习和成长。

这也提醒我们在现实生活中要保持诚实、公正、公开的态度，以建立更好的人际关系和社会信任。

7.25 子以四教：文，行，忠，信。

【白话文】

孔子从四个方面对学生进行教育：学习文化，培养德行，忠诚待人，实践信义。

【郭干辉开心陪读】

在这句话中，孔子列举了自己教育学生的四个方面。这四个方面是相互关联、相互促进的。通过学习文化知识，可以提高学生的文化素养和思维能力；通过培养德行，可以塑造学生的品德和人格；通过忠诚待人，可以建立良好的人际关系和社会信任；通过实践信义，可以树立学生的信誉和价值观。

这四个方面的教育是孔子教育思想的核心，也是他作为一名优秀教育家的教育实践。通过这种全面的教育，可以培养出既有文化知识又有品德修养的人才，为社会的进步和发展做出贡献。

这也提醒我们在现实生活中要注重全面发展和品德修养，以成为既有文化知识又有品德修养的人才。

7.26 子曰："圣人，吾不得而见之矣；得见君子者斯可矣。"子曰："善人，吾不得而见之矣，得见有恒者斯可矣。亡（wú）而为有，虚而为盈，约而为泰，难乎有恒矣。"

【白话文】

孔子说："圣人，我不能见到他们了；能见到君子就可以了。"孔子又说："善人，我不能见到他们了，能见到有恒心的人就可以了。没有却装作有，空虚却装作充实，穷困却装作富足，这样的人是难以有恒心的。"

【郭干辉开心陪读】

在这段对话中，孔子表达了自己对于圣人和君子的看法。他认为，圣人是一种完美无缺的理想境界，难以见到。而君子是一种现实中可以追求的目标，能够见到君子就已经很好了。

同时，孔子也强调了有恒心的重要性。他认为，一个人如果没有恒心，就会失去真正的价值和意义。

因此，一个人应该保持真实、诚实、谦虚的态度，不断努力追求自己的目标和理想。

7.27 子钓而不纲，弋不射宿。

【白话文】

孔子只用（有一个鱼钩的）钓竿钓鱼，而不用（有许多鱼钩的）大绳钓鱼。只射飞鸟，不射巢中歇宿的鸟。

【郭干辉开心陪读】

这章是说孔子钓鱼而不用大网去捕捞，射鸟而不射归巢栖息之鸟。此中蕴含了孔子对自然万物的仁爱之心与取之有度的道理。

"钓而不纲"，纲乃大网之意，用大网捕鱼，往往一网打尽，大小鱼皆无所逃。而钓鱼是一条一条地钓取，有所选择，不至于竭泽而渔，这体现了对自然资源之珍惜与合理利用的态度。

"弋不射宿"，"弋"为以绳系箭而射，"宿"指归巢栖息的鸟。归巢之鸟，或正哺育幼雏，或已疲惫不堪，射之则过于残忍。孔子不射宿鸟，是其仁爱之心的体现，不忍伤害无辜弱小的生命。

这章所蕴含的道理，对于我们的生活也有非常重要的启示。我们应当尊重自然、顺应自然、保护自然，合理利用自然资源，不可贪婪无度、肆意破坏。同时，对待弱小生命亦应怀有仁爱之心，不可轻易伤害。这样，才能实现人与自然的和谐共生。

7.28　子曰:"盖有不知而作之者,我无是也。多闻,择其善者而从之;多见而识之,知之次也。"

【白话文】

孔子说:"大概有一种自己不懂却凭空造作的人,我没有这样的毛病。多多地听,选择其中好的加以接受;多多地看,全记在心里。这样是仅次于生而知之的。"

【郭干辉开心陪读】

在这一段中,孔子强调了学习和知识的重要性。他认为,人们应该通过多听、多看、多实践来获得知识和经验,而不是凭空造作或无中生有。同时,他也强调了对于知识和经验的积累应该全面、真实、准确掌握,以避免出现错误或片面的认识。

此外,孔子也提出了"知之次也"的观点,即通过学习和实践获得的知识和经验是仅次于天赋的知之的。这意味着,虽然天赋的知之是最高的境界,但是通过学习和实践获得的知识和经验也是非常重要的,可以帮助人们更好地理解和应对世界上的各种问题。

7.29　互乡难与言,童子见,门人惑。子曰:"与其进也,不与其退也,唯何甚?人洁己以进,与其洁也,不保其往也。"

【白话文】

互乡这个地方的人难以交谈,但有一个童子得到了孔子的接见,弟子们都很疑惑。孔子说:"不要只看重他的进步,也不要只看重他的倒退,做什么事不能太过分呀!人家改正了错误以求进步,应该鼓励他改正错误,不要追究他的过去。"

【郭干辉开心陪读】

在这一段中,孔子强调人们应该注重自己的修养和品德,而不是只关注自己的进步或倒退。他认为,人们应该通过自我完善和自我提高来达到更好的发展和成长,而不是只关注眼前的得失或成绩。

同时,他也强调了教育和品德培养的重要性,认为只有通过良好的教育和品德培养，才能真正地实现自我完善和提高。

此外，孔子还强调人们应该保持积极向上、不断进取的态度，而不是消极退缩或安于现状。他认为，只有通过不断努力和奋斗，才能实现自己的梦想和目标。

7.30 子曰："仁远乎哉？我欲仁，斯仁至矣。"

【白话文】

孔子说："仁德离我们很远吗？我要仁德，它就来了。"

【郭干辉开心陪读】

在这句话中，孔子强调了仁德的重要性。他认为，只要人们内心渴望获得仁德，并为此付出努力，就可以实现这一目标。

同时，孔子也强调了人们应该注重自我反省和自我提高。他认为，只有通过自我反省和自我提高，才能真正地实现仁德和道德的发展。

7.31 陈司败问："昭公知礼乎？"孔子曰："知礼。"孔子退，揖巫马期而进之，曰："吾闻君子不党，君子亦党乎？君取于吴，为同姓，谓之吴孟子。君而知礼，孰不知礼？"巫马期以告，子曰："丘也幸，苟有过，人必知之。"

【白话文】

陈司败问孔子："鲁昭公懂得礼吗？"孔子回答："懂得礼。"孔子走了以后，陈司败向巫马期作了个揖，请他走近自己，对他说："我听说君子是不结党的，难道君子也结党吗？鲁君从吴国娶了吴姓的女子作为夫人，是同姓，称她为吴孟子。如果鲁君算懂得礼，还有谁不懂得礼呢？"巫马期把陈司败的话告诉了孔子。孔子说："我真是幸运，一旦有了过错，人家一定会知道。"

【郭干辉开心陪读】

在这段对话中，陈司败通过询问孔子关于鲁昭公是否懂得礼的问题，来暗示鲁昭公可能存在一些不为人知的过失。而孔子在回答中表现出了一种坚持原则的态度，认为鲁昭公是懂礼的。但随后陈司败指出了一些问题，使得孔子意识到自己可能存在误解或偏见。

这段对话表明了孔子对于礼的重视和对于过错的承认态度。他认为，作为君子，应该坦诚面对自己的错误并勇于承认，而不是结党营私或掩盖错误。同时，他也强调了人们应该具备自我反省的能力，不断审视自己的言行并纠正错误。

7.32 子与人歌而善，必使反之，而后和之。

【白话文】

孔子与别人一起唱歌，如果唱得好，一定请他再唱一遍，然后自己和他一起唱。

【郭干辉开心陪读】

孔子是一个热爱音乐的人，他认为音乐是一种艺术形式，可以带给人们美的享受和心灵的滋养。因此，他非常注重音乐的教化和教育作用，认为音乐可以影响人们的品德和行为。

在这个故事中，孔子与别人一起唱歌，如果发现对方唱得好，他就会请对方再唱一遍，然后自己又和他一起唱。这表现出孔子对于音乐的热爱和学习精神。他认为通过与他人一起唱歌，可以增进彼此的交流和友谊，同时也可以从对方身上学到更多的音乐技巧和知识。

此外，孔子还强调了音乐的实践性和应用性。他认为学习音乐不仅是为了娱乐或表演，更重要的是将其应用于生活实践中，通过音乐来传达思想、情感和价值观。因此，孔子在自己的教育实践中也注重音乐的教化和教育作用，通过音乐来培养人们的品德和修养。

7.33 子曰："文，莫吾犹人也。躬行君子，则吾未之有得。"

【白话文】

孔子说："就书本知识来说，大约我和别人差不多。身体力行做个君子，那我还没有做到。"

【郭干辉开心陪读】

在这一段中，孔子表达了自己对于学习和实践的看法。他认为，在书本知识方面，自己与别人差不多，但在身体力行做一个君子方面，自己还没有做到。这表明了孔子对于实践和应用知识的重视，以及对于自我提高和不断努力的追求。

同时，孔子也强调了学习和实践的长期性和持续性。他认为，要成为一个真正的君子，需要不断地努力和实践，需要不断地积累知识和经验。因此，他鼓励人们要不断地学习和实践，以实现自己的目标和梦想。

7.34 子曰："若圣与仁，则吾岂敢？抑为之不厌，诲人不倦，则可谓云尔已矣。"公西华曰："正唯弟子不能学也。"

【白话文】

孔子说："如果说到圣和仁，那我怎么敢当！只不过努力地去做，而且不厌烦地教导别人，尚且可以如此说吧。"公西华说："这正是弟子学不来的地方。"

【郭干辉开心陪读】

在这段对话中，孔子谦虚地表达了自己对于圣和仁的追求和态度。他认为自己还没有达到圣和仁的标准，只是在不断地努力追求和教导别人。这种谦虚和自我要求的态度是孔子一直强调的，也是他作为一位伟大教育家的重要品质之一。

同时，公西华也表达了自己对于孔子的崇敬和对于孔子的教育方法的认可。他认为孔子的教育方法是独特而有效的，是值得弟子们认真学习和效仿的。

这也提醒我们在现实生活中要保持谦虚和自我要求的态度，不断地追求进步和提高自己的能力，同时也应该尊重和学习别人的优点，以实现更好的发展和成长。

7.35 子疾病，子路请祷。子曰："有诸？"子路对曰："有之。《诔》曰：'祷尔于上下神祇。'"子曰："丘之祷久矣。"

【白话文】

孔子病情严重，子路向神祇祈祷。孔子说："有这回事吗？"子路说："有的。《诔》文上说：'为你向天地神祇祈祷。'"孔子说："我早就祈祷过了。"

【郭干辉开心陪读】

在这段对话中，孔子对于祈祷的态度表现出了他对于天命和神祇的看法。他认为，祈祷只是一种表达敬意和祈求的方式，而不是一种能够改变命运的神秘力量。因此，他并不相信通过祈祷就能够治愈疾病或避免灾难。

同时，孔子也强调了祈祷的内在意义和价值。他认为，祈祷是一种对于内心世界的审视和反思，是一种对于生命和命运的思考和感悟。通过祈祷，人们可以反省自己的行为和思想，寻求内心的平静和安宁，从而更好地面对生命中的挑战和困难。

7.36 子曰："奢则不孙（xùn），俭则固。与其不孙（xùn）也，宁固。"

【白话文】

孔子说："奢侈豪华就显得骄傲，节俭朴素就显得寒碜。与其骄傲，宁可寒碜。"

【郭干辉开心陪读】

在这一段中，孔子对于奢侈和节俭的态度表达了自己的价值观。他认为，奢侈豪华会让人感到骄傲自满，节俭朴素则能够让人保持谦虚谨慎的态度。与其骄傲自满，不如谦虚谨慎。

同时，孔子也强调了节俭的重要性。他认为，节俭是一种对于财富和资源的负责任的态度，是一种能够保持长久的财富积累和生活品质的重要方式。通过节俭，人们可以更好地管理自己的财务和资源，从而实现更好的发展和成长。

7.37 子曰："君子坦荡荡，小人长戚戚。"

【白话文】

孔子说："君子心胸开阔，能够容忍别人，不计较个人的得失，所以坦荡荡；小人经常忧愁烦恼，心事重重，所以长戚戚。"

【郭干辉开心陪读】

在这句话中,孔子对于君子和小人的差别进行了描述和评价。他认为,君子应该具备宽广的胸怀和坦荡的态度,能够容忍别人的过失和错误,并且不计个人得失,以公心为重。而小人常常忧愁烦恼,心事重重,难以保持坦荡荡的状态。

同时,孔子也强调了君子和小人在人生目标和人生信仰上的差别。他认为,君子的人生目标是实现道德和正义,追求真理和智慧,从而保持内心的平静和坦荡。而小人的目标往往是追求个人的私利,难以摆脱狭隘的利益观念,从而难以保持内心的平静和坦荡。

这也提醒我们在现实生活中要注重内心的修养和人生目标的追求,以实现更好的发展和成长。

7.38 子温而厉,威而不猛,恭而安。

【白话文】

孔子温和而又严厉,威严而不凶猛,庄重而又安详。

【郭干辉开心陪读】

这句话描绘了孔子的性格特点,表达了孔子对于处世之道的看法。

"温而厉",意味着孔子在对待人的态度上既温暖又严厉。温暖的是他的言辞和行为,而严厉的是他的原则和价值观。他既能够让人感到亲切和温暖,又能够让人明白他的底线和原则。

"威而不猛",表明孔子在外表上保持着足够的威仪,但并不会让人感到过于强烈的气势。他的威仪来自他的道德修养和人生阅历,而不是靠外在的声色俱厉。他的威仪给人一种沉稳、自信的感觉,而不是靠外在的强势来压制人。

"恭而安",说明孔子在对待自己的态度上始终保持谦虚和安详。他不会因为自己的成就而自满或傲慢,而是始终保持一种谦虚和安详的态度。他对待自己的人生也持同样的态度,他不会因为一时的挫折而沮丧,而是始终保持平静和安详的心态。

孔子的这些性格特点是他的人格魅力和智慧的体现，也是他对世人的一种教诲：我们应该如何在处世中保持平衡和尊严，同时又能够坚持自己的原则和价值观。

泰伯第八

8.1 子曰:"泰伯,其可谓至德也已矣。三以天下让,民无得而称焉。"

【白话文】

孔子说:"泰伯,他可以称得上是道德最高的人了。他三次把王位让出,老百姓都不知道该如何来称颂他了。"

【郭干辉开心陪读】

在这段话中,孔子对泰伯的道德品质给予了极高的评价。孔子认为泰伯以天下为重,多次将统治天下的机会让给季历,这种行为体现了极高的道德境界。

泰伯是周族领袖之一,他是周太王古公亶父的长子,他有三个弟弟:太公望、仲雍、季历。季历的儿子姬昌(即后来的周文王)很有才能,因此,太王想立季历为继承人,这样姬昌就能继承王位。泰伯知道父亲的这个意图后,为了成全父亲的心愿,就主动让位给季历。后来,泰伯和仲雍借口采药入吴越地界,把国家大事托付给弟弟季历后离开。他们这样做是为了成全父亲的心愿,先让季历继承王位,以便将来姬昌能够继承王位。

孔子在评价泰伯时,用了"至德"一词,这表明他对泰伯的道德品质给予了极高的评价。他认为泰伯的行为体现了极高的道德境界,这种境界是普通人难以达到的。同时,孔子也强调了泰伯的让国之举,说明泰伯注重君子的品德和行为。

这段话也反映了孔子的政治观念,即重视君子的品德和行为。他认为一个好的君主必须具备高尚的品德和行为,才能治理好国家,为人民谋福利。因此,他对那些品德高尚、行为正直的人给予极高的评价,对那些品德低下、行为不端的人则持批评态度。

8.2　子曰:"恭而无礼则劳；慎而无礼则葸(xǐ)；勇而无礼则乱；直而无礼则绞(jiǎo)。君子笃于亲，则民兴于仁；故旧不遗，则民不偷。"

【白话文】

孔子说："只是恭敬而不以礼来指导，就会徒劳无功；只是谨慎而不以礼来指导，就会胆怯懦弱；只是勇猛而不以礼来指导，就会作乱；只是直率而不以礼来指导，就会尖刻伤人。君子如果厚爱他的亲属，那么老百姓就会兴起仁厚的风气；君子如果不遗弃他的老朋友，那么老百姓就不会对人冷漠无情。"

【郭干辉开心陪读】

这段话中，孔子强调了礼的重要性，认为礼是指导人们行为的重要准则。如果缺乏礼的指导，人们的行为就会变得徒劳无功、胆怯懦弱、作乱或尖刻伤人。同时，孔子也强调了君子的作用，认为君子应该以身作则，厚爱亲属，不遗弃老朋友，从而引导老百姓向善。这样，老百姓就会兴起仁厚的风气，不会对人冷漠无情。

此外，这段话也反映了孔子的伦理观念，即重视亲情和友情。他认为，如果一个人能够厚爱他的亲属和朋友，那么他的行为就会更加符合道德规范，从而对社会产生积极的影响。

8.3　曾子有疾，召门弟子曰:"启予足，启予手。《诗》云:'战战兢兢，如临深渊，如履薄冰。'而今而后，吾知免夫，小子！"

【白话文】

曾子得了重病，召集学生们到床前，说："看看我的脚！看看我的手！《诗经》上说:'战战兢兢，像站在深渊旁边，像踩在薄冰上面。'从今以后，我知道我的身体可以免于祸害了，弟子们！"

【郭干辉开心陪读】

曾子在临终之际，教导学生们要时刻保持谨慎和警觉，像站在深渊旁边和踩在薄冰上面一样小心翼翼。这种谨慎的态度是每个人都应该具备的品质，无论是在生活中还是在工作中。只有时刻保持警惕，才能避免犯错误或遭受损失。

同时，曾子也表达了自己对后代的期望和祝愿，希望他们能够继承这种谨慎的态度，时刻保持警觉。

8.4 曾子有疾，孟敬子问之。曾子言曰："鸟之将死，其鸣也哀；人之将死，其言也善。君子所贵乎道者三：动容貌，斯远暴慢矣；正颜色，斯近信矣；出辞气，斯远鄙倍矣。笾豆之事，则有司存。"

【白话文】

曾子生病了，孟敬子去探问他。曾子说："鸟将要死时，它的叫声是悲哀的；人将要死时，他的话是善良的。君子应当重视的道理有三个方面：容貌庄重严肃，就可以避免粗暴、放肆；脸色端正严肃，就可以接近诚信；注意自己的言辞和语气，就可以避免粗野和违背道理。至于祭祀和礼节仪式，有主管这些事务的人员来负责。"

【郭干辉开心陪读】

曾子在这段话中，首先表达了他对生命的深刻理解。他以鸟类为喻，当鸟将要死去，它的叫声是悲哀的，这表达了生命即将结束的无奈和哀愁。同样地，当一个人即将死去，他的话是善良的，这可能是因为他在生命的最后时刻，放下了所有的纷扰和矛盾，以最真诚的态度面对世界。

接下来，曾子提到了君子应该重视的三个方面的道理。

首先，"动容貌"是指要注意自己的外表和举止，使自己的容貌庄重严肃，这样可以避免粗暴和放肆的行为。一个君子应该以平和、庄重的心态来面对世界，以严谨的态度来约束自己的行为。

其次，"正颜色"是指要端正自己的脸色，以温和、严肃的态度来面对他人，这样可以接近诚信。一个君子应该以诚实、信任的态度来对待他人，不轻易变动自己的脸色，保持内心的平静和稳定。

最后，"出辞气"是指要注意自己说话的言辞和语气，保持谦恭和顺的态度，这样可以避免粗野和违背道理。一个君子应该以文雅、谦逊的态度与人交往，用温和平静的言辞来传达自己的意思。

此外，曾子还提及了"笾豆之事，则有司存"，这表明了儒家对于礼仪的重视。虽然礼仪的具体事项是由专门的官员来负责的，但是君子仍然需要对自己的行为举止保持谨慎和庄重。

总之，曾子在这段话中强调了君子应该具备的道德修养和行为举止。他们应该时刻保持谨慎和庄重的态度，以平和、诚实、谦逊的方式来为人处世。同时也要重视礼仪的作用，以符合规范的方式来展现自己的修养。这些道理对于我们今天的生活和工作仍然具有启示意义。

8.5 曾子曰："以能问于不能；以多问于寡；有若无，实若虚，犯而不校。昔者吾友尝从事于斯矣。"

【白话文】

曾子说："自己有才能却向没有才能的人请教，自己知识多却向知识少的人请教，有学问却像没学问一样，知识充实却像空虚一样，被人侵犯却也不计较。从前我的朋友曾经这样做过。"

【郭干辉开心陪读】

在这段话中，曾子强调了谦虚和虚心的态度。保持一种谦虚的精神，不要自以为是，不要自以为比别人高明。

同时，曾子也提到了被人侵犯也不计较的态度。这表明了一个人的修养和气度，不因为别人的侵犯而生气或计较，而是以一种宽容和包容的心态来面对。这种态度可以让人更加从容和自信地面对生活中的挑战和困难。

曾子提及的"昔者吾友尝从事于斯矣"，表达了他对过去朋友的怀念和敬意。这个朋友曾经实践了这些道理，曾子对这种行为表示赞赏和推崇，希望人们也能够学习这种态度和精神。

8.6 曾子曰："可以托六尺之孤，可以寄百里之命，临大节而不可夺也。君子人与？君子人也。"

【白话文】

曾子说："可以把年幼的孤儿托付给他，可以把国家的命脉寄托给他，面临重大的国事时坚守节操、毫不动摇。这种人可以说是君子吗？当然是。"

【郭干辉开心陪读】

在这段话中，曾子强调了君子的品德和行为。他认为君子应该具备高度的道德修养和责任心，能够承担起托孤寄命的重要任务。这种人在面对重大的国事时，能够坚守节操、毫不动摇，不辜负国家和人民的期望。

曾子提及的"可以托六尺之孤"，是指能够照顾和培养年幼的孤儿，这需要具备高度的道德责任感和慈爱之心。而"可以寄百里之命"则是指能够承担管理国家的重任，为国家的前途命运负责，这需要具备高度的智慧和决策能力。在面临重大的国事时，"临大节而不可夺也"，说明这种君子能够坚守自己的原则和信仰，不轻易动摇。

这种君子的品德和行为是人们所期望的，是社会所推崇的。他们不仅具备高度的道德责任感和智慧，还能够承担起重要的历史使命，为国家和人民的前途命运做出贡献。因此，曾子认为这种人是君子，是人们所敬仰的对象。

8.7　曾子曰："士不可以不弘毅，任重而道远。仁以为己任，不亦重（zhòng）乎？死而后已，不亦远乎？"

【白话文】

曾子说："士人不可以不宏大刚毅，因为他肩负的任务重大而路程遥远。把实现仁德作为自己的任务，难道不是重大吗？奋斗到死才停止，难道不是遥远吗？"

【郭干辉开心陪读】

在这段话中，曾子强调了士人应该具备的品德和责任感。他认为士人必须具备宏大刚毅的品质，因为他们的任务非常重大，路程也非常遥远。他们肩负着实现仁德、为社会进步做出贡献的重任，这是一个长期而艰巨的任务。

曾子提及的"仁以为己任"，是指士人应该以实现仁德为目标，以推广仁爱之行为己任。这种责任感是士人品质的核心，也是他们行动的动力。他们应该时刻牢记自己的任务，不断努力，直到实现目标为止。

同时，曾子也强调了士人的坚韧不拔和奋斗到底的精神。他认为士人应该坚持不懈地追求自己的理想和目标，即使面临困难和挫折也不轻易放弃。

这种精神可以让他们在漫长的路程中不断前行，直到最终实现自己的使命。

这种思想对于我们今天的生活和工作仍然具有启示意义，鼓励我们要有远大的理想和目标，同时具备坚定的信念和不屈不挠的勇气。

8.8 子曰："兴于《诗》，立于礼，成于乐。"

【白话文】

孔子说："修养开始于《诗》，自立于礼，完成于乐。"

【郭干辉开心陪读】

这是孔子对于人格成长过程的见解。他认为，人们通过阅读《诗经》来培养志趣和审美，通过学习礼来树立人生观和价值观，通过音乐教育来完善人格。这三者是相辅相成的，共同构成了人格培养的完整过程。

其中，《诗经》作为最早的诗歌集，包含了人们对于自然、社会、情感等方面的表达和体验，能够启发人们的想象力和情感，培养其审美的趣味和高尚的情操。

礼则是一种规范和准则，用于指导人们的行为和言语，帮助人们树立正确的价值观和道德标准，使人们能够自立于社会之中。

而乐则是一种综合的艺术形式，包括音乐、舞蹈、戏剧等多种表现方式，能够陶冶人们的情感和性格，完善其人格和人性。

因此，孔子认为这三者是人们修养成长所必需的，三者相互结合才能达到人格的完美与和谐。这也体现了孔子一贯强调的"礼乐教化"的思想。

8.9 子曰："民可使由之，不可使知之。"

【白话文】

孔子说："老百姓，可以使他们按照我们指定的道路走，却不能让他们知道为什么要走这样的道路。"

【郭干辉开心陪读】

这句话是孔子对政治和教育的看法。他认为，作为统治者，应该制定政策和法律来引导和规范老百姓的行为，使他们能够按照正确的方向前进。但是，老百姓并不需要完全明白或理解这些政策和法律背后的原因和理念。

这种思想体现了孔子的政治智慧和教育理念。在古代社会，由于知识水平和信息传播的限制，老百姓过多地了解政治决策和背后的复杂因素可能会导致社会不稳定或混乱。因此，作为统治者，应该掌握足够的知识和智慧来制定正确的政策和法律，同时确保老百姓对于这些政策和法律的信任和遵从。

同时，这种思想也反映了孔子对于教育理念的独特见解。他认为，教育应该注重培养人的道德品质和行为习惯，而不是仅仅传授知识或技能。通过教育，人们可以获得必要的道德观念和行为规范，从而成为有教养、有品格的人。但是，教育的目标并不是让人们掌握所有的知识和技能，而是引导他们走上正确的道路，并在实践中不断积累经验和智慧。

总之，这句话是孔子对于政治和教育的深刻见解之一。它提醒我们，在制定政策和教育人民时，应该注重引导而不是强制，同时要注重实践经验和智慧的培养。

8.10 子曰："好勇疾贫，乱也。人而不仁，疾之已甚，乱也。"

【白话文】

孔子说："喜好勇敢而又恨自己太穷困，就会犯上作乱。对不仁的人憎恶太过，也是一种祸害。"

【郭干辉开心陪读】

孔子认为，好勇疾贫和对于不仁的人过于憎恶也都可能导致祸乱。好勇疾贫的人可能会因为对于贫困的不满和对于勇敢的过度追求而造反，这不利于社会的安定。对于不仁的人过于憎恶也可能会引发祸端。因此，孔子认为最好的办法是培养人们的仁德品质，以确保社会的稳定和和谐。

孔子的这种思想体现了他的政治智慧和社会责任感。他认为，社会的稳定和和谐需要每个人共同努力，一起遵守规则。同时，他也强调了对于贫困和不公正的现象应及时关注和解决，以避免这些问题因不断积累而爆发。

在现实生活中，我们也应该注重社会公正和平等，避免因为个人喜好或偏见而导致歧视或排斥。同时，我们也应该注重自身的道德品质和行为规范，以树立良好的榜样并为社会做出贡献。

8.11 子曰:"如有周公之才之美,使骄且吝,其余不足观也已。"

【白话文】

孔子说:"即使有周公那样美好的才能,如果骄傲且吝啬,那其他方面也就不值得一提了。"

【郭干辉开心陪读】

孔子强调即使一个人拥有像周公那样的才华和能力,如果骄傲且吝啬,那么他在其他方面的品质和价值也是不值得被重视的。

骄傲通常意味着自大和自满,这会让人变得过于自信,甚至目空一切。这可能会让他们看不到自己的不足之处,也不愿意接受别人的建议或批评。而吝啬意味着过于关注自己的利益,不愿意分享或给予他人。这样的人会让人感到自私和无情,也会影响自己的人际关系和社会地位。

相比之下,一个谦虚且慷慨的人更值得被尊重和欣赏。这样的人会虚心学习,不断提高自己的能力和素质,同时也愿意与他人分享自己的知识和资源,建立良好的人际关系。

因此,我们应该时刻注意自己的态度和行为,不要因为自己的才华或能力而骄傲自满,也不要因为过于吝啬而影响自己的人际关系和社会地位。我们应该保持谦虚、慷慨的态度,不断提高自己的素质和能力,成为一个值得被尊重和欣赏的人。

8.12 子曰:"三年学,不至于谷,不易得也。"

【白话文】

孔子说:"学了三年,还没有做官念头的,是难得的。"

【郭干辉开心陪读】

孔子办教育的主要目的,是培养治国安邦的人才。在古代,学生通常学习三年后便可以出来做官,为国家人民服务,并获得相应的俸禄。但孔子也强调了求学不应该只为了追求做官和俸禄,而应该以成为圣贤为目标。

因此,孔子在这里感叹:能够不被做官得俸禄的念头所影响,而专注于追求学问和道德修养的人,是非常难得的。这也是孔子对于教育的理念和价值观的一种表达。

在现实生活中,我们也应该追求真正的知识和道德修养,而不是只为了追求名利和地位。只有不断地学习和努力,我们才能成为有价值的人,为社会做出更多的贡献。

8.13 子曰:"笃信好学,守死善道。危邦不入,乱邦不居。天下有道则见(xiàn),无道则隐。邦有道,贫且贱焉,耻也;邦无道,富且贵焉,耻也。"

【白话文】

孔子说:"坚定信念并努力学习,誓死守卫并完善治国做人的道理。不进入政局危殆的国家,不居住在动乱的国家。天下有道就出来做官,天下无道就把自己的主张藏在心里。国家有道,自己贫穷低贱,是耻辱;国家无道,自己富裕高贵,也是耻辱。"

【郭干辉开心陪读】

首先,孔子认为一个人应该坚定信念并努力学习,以完善治国做人的道理。这种思想体现了孔子对于道德、学问和修养的重视,也鼓励人们不断努力,提高自己的素质和能力。

其次,孔子告诫人们不应该进入政局危殆或动乱的国家。这种思想体现了孔子对于政治稳定和社会安定的关注,也提醒人们要选择好的环境和平台来发展自己。

再次,孔子认为天下有道时应该出来做官,为国家人民服务;天下无道时,则应该把自己的主张藏在心里,不与乱世同流合污。这种思想体现了孔子对于道德操守和人生价值的追求。

最后,孔子认为如果国家有道,自己贫穷低贱是耻辱;而如果国家无道,自己富裕高贵也是耻辱。这种思想体现了孔子对于个人处世和为政之道的看法,也鼓励人们在国家和社会的发展中发挥积极作用。

总之,这段话是孔子对于个人处世和为政之道的见解和指导,鼓励人们在追求自我完善的同时也要关注国家和社会的发展。

8.14　子曰:"不在其位,不谋其政。"

【白话文】

孔子说:"不在那个职位上,就不去谋划那个职位上的政事。"

【郭干辉开心陪读】

这句话是孔子对于为官之道和参与政治的态度的重要表述之一。他强调每个官员都应该做好自己职权范围内的工作,不要越权或干预其他部门的事务。

在孔子的思想中,为官之道应该基于正名思想,即名正言顺。每个官员都有自己的职位和职责,应该做好自己分内的工作,不要越位或干预其他部门的政事。这种思想体现了孔子对于职权划分和组织管理的重视,也鼓励官员们专注于自己的本职工作,避免出现越权或干预其他部门事务的情况。

同时,这句话也体现了孔子对于政治稳定和社会秩序的关注。他认为,如果每个官员都做好自己的本职工作,不越权或干预其他部门的事务,就能够维护政治的稳定和社会秩序的和谐。反之,如果官员们越位或干预其他部门的事务,就会导致混乱和不稳定。

8.15　子曰:"师挚之始,《关雎》之乱,洋洋乎盈耳哉!"

【白话文】

孔子说:"从鲁国乐师挚开始演奏的那一刻,到《关雎》这首曲子结束,耳中充满了美妙的音乐。"

【郭干辉开心陪读】

孔子对音乐的感受非常深刻,他欣赏的音乐不仅是音符和旋律,还是其中蕴含的深意和内涵。他认为,好的音乐不仅可以愉悦人的感官,更能触动人的内心,让人感受到美妙和力量。

在孔子看来,《关雎》这首曲子是王化之基,具有深远的影响和意义。而师挚的演奏更是让孔子感受到了音乐的魅力和力量,使他为之赞叹不已。

这句话中,"洋洋乎盈耳哉"是孔子对于音乐的赞美之词。他形容耳中充满了美妙的音乐,让人沉浸其中,无法自拔,表达了孔子对音乐的热爱和崇敬之情,也体现了音乐对人的心灵的滋养和启迪作用。

8.16 子曰:"狂而不直,侗而不愿,悾悾(kōng)而不信,吾不知之矣。"

【白话文】

孔子说:"狂妄而不直率,幼稚而不谨慎,表面老实而内心不守信,这种人我是无法理解的。"

【郭干辉开心陪读】

这句话是孔子对人的性格和行为的评价。他认为,一个人的性格和行为应该与其内在的品质相符合。如果一个人表面上老实,内心却不信守承诺,或者表面上聪明,但实际上缺乏判断力和不够谨慎,这些行为都是不符合君子之道的。

"狂而不直"的人往往表现出自以为是、目空一切的态度,缺乏真正的才干和实力。"侗而不愿"的人往往缺乏经验和实践,容易轻信他人或做出错误的决策。"悾悾而不信"的人则往往表现出假象或欺骗行为,让人难以信任。

孔子认为,一个人的内在品质和行为应该一致,否则就无法真正得到他人的信任和尊重。因此,他强调了诚实、正直、谨慎、智慧等品质的重要性,鼓励人们追求这些品质,成为真正的君子。

8.17 子曰:"学如不及,犹恐失之。"

【白话文】

孔子说:"学习就像追赶什么似的,唯恐追不上,如果学到又唯恐会丢失了。"

【郭干辉开心陪读】

这是孔子对学习态度的最好注脚。他认为,真正有志于学的人,应该具有唯恐学不到、唯恐学不会的紧迫感。这种紧迫感是主动进取的学习态度,是积极探求新知的体现。

"学如不及"实则是为学最真实、最直观的写照，像追逐什么似的，生怕赶不上。这既体现了对知识的渴望，又体现了对知识的不懈追求。人生就是一场追逐，我们永远都在追赶着前方的人或事物，追求进步、追求创新、追求卓越。只有时刻保持这种追赶的态势，我们才能不断前进，不被时代淘汰。

"犹恐失之"体现了孔子治学严谨的态度。孔子认为，学习的过程中需要保持谦虚、谨慎的态度，不能取得了一些成绩就沾沾自喜、自满自得。我们应该时刻保持敬畏之心，对知识、对学习始终保持谦虚、谨慎的态度，不断学习、不断进步。

8.18　子曰："巍巍乎！舜、禹之有天下也而不与焉。"

【白话文】

孔子说："舜和禹真是崇高啊！他们虽然拥有天下，但并不占有它。"

【郭干辉开心陪读】

孔子用"巍巍乎"来形容舜和禹的崇高。他们虽然是当时的帝王，拥有至高无上的权力，但他们并不把权力视为自己的所有物，而是以天下为公，为人民谋福利。他们的行为和品德，让人们感受到了崇高的精神追求和道德风范。

舜是中国古代传说中的一位帝王，他以孝著称，受到了百姓的爱戴。后来，他通过禅让的方式，把帝位传给了禹，这种公天下、传贤不传子的精神，被孔子高度赞扬。禹也是一位有名的帝王，他继承了舜的帝位，继续治理国家，为百姓谋福利。他的治水之功，被传为佳话。

孔子认为，舜和禹的这种崇高精神，是值得人们学习和追求的。他们把权力视为服务人民的工具，而不是自己的私利，这种高尚的品德和行为，对后世的人们有着重要的启示意义。

8.19　子曰："大哉尧之为君也！巍巍乎，唯天为大，唯尧则之。荡荡乎，民无能名焉。巍巍乎其有成功也，焕乎其有文章！"

【白话文】

孔子说："尧作为君主真是伟大啊！无比伟大啊，只有天最高大，只有尧才能效法天的高大。（他的恩德）浩荡无边，百姓无法用语言来称赞他。他的功绩多么崇高啊，他制定的礼仪制度多么光辉啊！"

【郭干辉开心陪读】

这段话是孔子对尧的赞美之词。尧是中国古代传说中的一位贤明君主，他以其高尚的品德和卓越的治国才能而著称。

孔子赞扬尧的品德和治国才能，认为他是伟大的君主。他说，"唯天为大，唯尧则之"，强调了尧效法天的高大，具有无比的威严和崇高的道德。同时，"荡荡乎，民无能名焉"，表达了尧的恩德浩荡无边，百姓无法用语言来称赞他。

"巍巍乎其有成功也，焕乎其有文章"，孔子进一步强调了尧的功绩和制定的礼仪制度的辉煌。他认为，尧的治国成就和礼仪制度，不仅崇高而且光辉，为后世树立了榜样。

8.20 舜有臣五人而天下治。武王曰："予有乱臣十人。"孔子曰："才难，不其然乎？唐虞之际，于斯为盛。有妇人焉，九人而已。三分天下有其二，以服事殷。周之德，其可谓至德也已矣。"

【白话文】

舜有五位贤臣，天下便太平。武王说："我有十位能治理天下的臣子。"孔子说："人才难得，难道不是这样吗？唐尧和虞舜之间及周武王这个时期，人才最盛。可是武王十位治理天下的臣子中有一位是妇女，所以只有九人而已。周文王得了天下的三分之二，仍然对殷朝称臣，他的德行真是至高无上了。"

【郭干辉开心陪读】

在这段对话中，孔子对于人才难得的感叹，表明了他认为治理天下需要贤臣辅佐的观念。他认为，只有有才能的人才能治理好国家，而且这些人才难得，需要不断培养和选拔。

同时，孔子也对舜、武王、周文王等历史人物及其时期的臣子进行了评价。他赞扬了舜有五位贤臣而使天下太平，也肯定了武王有十位能治理天下的臣子，以及周文王的德行至高无上。这些评价不仅体现了孔子对历史人物及其时期的关注，也反映了他的政治思想和治理理念。

8.21 子曰:"禹,吾无间然矣。菲饮食而致孝乎鬼神,恶衣服而致美乎黻冕,卑宫室而尽力乎沟洫(xù)。禹,吾无间然矣。"

【白话文】

孔子说:"禹,我对他没有可挑剔的了。他吃得很差,却把祭品献给鬼神;他穿得很破旧,却把祭服做得华美;他住得很简陋,却把力量完全用在沟渠水利建设上。禹,我对他没有可挑剔的了。"

【郭干辉开心陪读】

这段话是孔子对禹的高度评价。禹是古代传说中的一位贤明君主,他以治理洪水、发展生产、造福人民而闻名于世。

孔子认为禹在生活上非常简朴,祭祀时却非常诚心,将美味佳肴献给鬼神,穿华美的祭服,以此表达对先祖和神灵的敬意。同时,禹虽然住得很简陋,却把力量完全用在沟渠水利上,为百姓谋福利。

孔子对禹的评价体现了他的价值观和治理理念。他认为一个好的君主应该以人民利益为重,为人民谋福利。禹的简朴、诚心和努力治理水利的形象正是这种价值观的体现。

子罕第九

9.1 子罕言利，与命与仁。

【白话文】

孔子很少谈论利益，却相信天命和仁德。

【郭干辉开心陪读】

这段话反映了孔子的价值观和思想倾向。孔子重视道德、仁义和天命，而把利益看作次要的事情。他认为，人们应该以道德原则来指导自己的行为，而不是以利益为出发点。同时，他也相信天命和仁德的力量，认为人的命运和行为都受到天命的支配，而仁德则是人们应该追求的美好品质。

这种思想在孔子言行中得到了体现。他很少谈论利益，而是更注重人们的道德行为和社会责任。他很少谈论天命和仁德，但这种信仰却贯穿在他思想和言行中。

这种思想对后世统治者和君子们提供了重要的借鉴和启示。

9.2 达巷党人曰："大哉孔子！博学而无所成名。"子闻之，谓门弟子曰："吾何执？执御乎？执射乎？吾执御矣。"

【白话文】

达巷的一个人说："孔子真是伟大啊！他学识渊博，可惜不是某一方面的专家。"孔子听到这句话，对他的学生说："我掌握了什么呢？驾车的技术吗？射箭的技术吗？我还是掌握驾车的技术吧！"

【郭干辉开心陪读】

这段话是孔子听到别人对他评价后的反应和自我评价。达巷党人认为孔子非常伟大，学识渊博，但不是某一方面的专家。这种评价可能让孔子感到有些尴尬或无奈，因为他被认为是一个无所专长的通才。

然而，孔子对自己的评价却非常客观和实际。他对弟子说："我掌握了什么呢？驾车的技术吗？射箭的技术吗？我还是掌握驾车的技术吧！"这种自嘲的语气表明了孔子对自己能力的谦逊评价。他认为自己并非无所专长，而是有一技之长，即驾车的技术。这种技术在他看来是可以掌握和精通的实用技能。

总之，这段话反映了孔子对自己能力的客观评价和他对实用技能的重视。这种评价和态度对我们今天的人来说仍然具有启示意义。无论是在学术上还是在工作中，我们都不应该被自己的无所专长所束缚，而应该根据自己的兴趣和能力去掌握一些实用的技能，这样才能更好地发挥自己的潜力并为社会做出贡献。

9.3 子曰："麻冕，礼也；今也纯，俭，吾从众。拜下，礼也；今拜乎上，泰也。虽违众，吾从下。"

【白话文】

孔子说："用麻冕作为礼帽，这是合乎礼制的；现在用丝制的帽子，比较节俭，我同意大家的做法。臣见君王，先在堂下磕头，然后升堂磕头，这是合乎礼制的；现在大家都直接在堂上磕头，这是傲慢的表现。虽然违背了大家的做法，但我还是主张先在堂下磕头。"

【郭干辉开心陪读】

这段话反映了孔子对礼制和礼仪的态度。他认为礼制是社会秩序和道德规范的体现，应该得到遵守和尊重。同时，他也认为礼仪应该根据实际情况进行适当调整，以适应时代和社会的变化。

在孔子的时代，冕是古代帝王诸侯所戴的礼帽，是礼制的象征。而纯则是丝制的帽子，比较俭约。虽然麻冕更为传统和烦琐，但孔子认为这是合乎礼制的。同样地，对于磕头的礼仪，孔子也认为应该先在堂下磕头，然后升堂再磕头，这是尊重君王的表现；直接在堂上磕头则被视为傲慢的表现。

然而，孔子也并非一味地固守传统。他认为礼仪应该根据实际情况进行适当调整。在这个例子中，虽然使用丝制帽子和直接在堂上磕头违背了传统的礼仪，但孔子认为这种做法更加俭约和实际，因此他同意这种做法。

总之，这段话反映了孔子对礼制和礼仪的态度。

9.4　子绝四：毋意，毋必，毋固，毋我。

【白话文】

孔子杜绝四种弊病：不凭空臆测，不武断绝对，不固执拘泥，不自以为是。

【郭干辉开心陪读】

这句话是孔子对自己为人处世的自我反省和自我批评。他认为自己在四个方面做得不够完善，需要不断努力改进。

"毋意"是指不凭空臆测，不随意猜测或推断。这种态度要求我们在思考和处理问题时要有依据和事实，不能凭空想象或主观臆断。

"毋必"是指不武断绝对，不轻易下结论或做决定。这种态度要求我们在面对问题和困难时保持冷静和理性，不能过于冲动或盲目行动。

"毋固"是指不固执拘泥，不坚持自己的看法或观点。这种态度要求我们在学习和交流中保持开放和包容，尊重他人的意见和建议，不能过于固执己见。

"毋我"是指不自以为是，不以自己为中心，不认为自己的观点或做法一定是正确的。这种态度要求我们在面对自己的成就和错误时保持谦虚和虚心，不能过于自负或自以为是。

这种态度和价值观对我们现代人来说同样具有启示意义。只有不断反省自己、改进自己、开放自己、谦虚自己的人才能不断成长和进步。

9.5　子畏于匡，曰："文王既没，文不在兹乎？天之将丧斯文也，后死者不得与于斯文也；天之未丧斯文也，匡人其如予何？"

【白话文】

孔子被围困在匡地，说："周文王死后，周代的礼乐文化不是保存在我这里吗？上天如果要消灭这种文化，那我死后的丧礼中也不会得到这种文化了；上天如果不想消灭这种文化，那匡地的人能把我怎么样呢？"

【郭干辉开心陪读】

这段话描述了孔子在匡地被围困时的心情和态度。当时，孔子因其所倡导的礼乐文化与匡地当地习俗不同，被误认为是鲁国的叛逆者，而遭到围攻和围困。

然而，孔子并没有因此而沮丧或放弃，反而表现出坚定的信念和乐观的态度。

孔子认为，周代的礼乐文化是周文王创造的，而自己则是这种文化的传承者。如果上天要消灭这种文化，那么自己死后这种文化也不会得到传承。但是，如果上天不想消灭这种文化，那么匡地的人也无法对自己怎么样。这种态度体现了孔子对天命和自己的信仰的自信，同时也传达了他对礼乐文化的重视和传承礼乐文化的责任感。

9.6 太宰问于子贡曰："夫子圣者与，何其多能也？"子贡曰："固天纵之将圣，又多能也。"子闻之，曰："太宰知我乎？吾少也贱，故多能鄙事。君子多乎哉？不多也。"

【白话文】

太宰问子贡说："夫子是圣人吗？为什么他这样多才多艺？"子贡说："当然是天纵使他成为圣人，同时又使他多才多艺。"孔子听到后说："太宰了解我吗？我小时候贫穷，所以学会了许多与生活有关的技能。君子需要多掌握这些技能吗？不需要的。"

【郭干辉开心陪读】

这段对话中，太宰和子贡对孔子的评价和看法不同。太宰认为孔子是圣人，所以才会多才多艺。而子贡则认为这是由于上天选孔子做圣人，才让其多才多艺。

孔子自己的看法是，他之所以能够掌握这么多生活技能，是因为他小时候贫穷，需要自己动手处理生活中的各种事情。这并不是因为他是圣人，而是因为生活需要。同时，孔子也认为，君子不需要掌握太多的生活技能，因为君子应该专注于道德修养和大道践履。

太宰和子贡对孔子的评价是表面的、机械的，他们没有真正理解孔子的思想和精神。而孔子自己的看法是深刻的、全面的，他强调了生活经历和道德修养的重要性，而不是外在的评价和看法。

这种态度和价值观对我们现代人来说同样具有启示意义。只有真正了解自己、专注于道德修养和大道践履的人才能成为真正的君子。

9.7 牢曰："子云：'吾不试，故艺。'"

【白话文】

牢说："孔子说：'我不被国家所用，所以掌握了各种技艺。'"

【郭干辉开心陪读】

这句话是牢对孔子的一种评价。牢认为孔子之所以掌握了众多的技艺，是因为他曾经试图为国家服务，但未被任用。这种评价反映了孔子在春秋时期的历史背景和当时的社会现实。

在那个时代，诸侯争霸，社会动荡，许多有才华的人难以得到重用，像孔子这样的人才在当时也不为世用。然而，正是在这种背景下，孔子掌握了许多技艺，积累了丰富的知识，并成为一位杰出的思想家和教育家。

总之，这句话反映了孔子在当时的历史背景和社会现实下的人生经历和成就。同时也提醒我们，在面对困难和挫折时，应该保持积极向上的态度，不断学习和积累知识，为自己的人生打下坚实的基础。

9.8 子曰："吾有知乎哉？无知也。有鄙夫问于我，空空如也。我叩其两端而竭焉。"

【白话文】

孔子说："我有知识吗？其实没有知识。有一个浅陋的人问我，我对他的问题一无所知，我只是从问题的两端去推究，这样对此问题就可以全部搞清楚了。"

【郭干辉开心陪读】

这段话反映了孔子谦虚的态度和其研究问题的科学方法。孔子认为自己并非无所不知，只是从问题的两端进行询问和探究，从而尽可能地了解和解决问题。这种态度和方法值得我们学习和借鉴。

在现实生活中，我们常常会遇到各种问题和困难，而解决它们需要知识和智慧。然而，我们不可能知道所有的事情，因此我们需要保持谦虚和开放的态度，不断学习和探索。同时，在面对问题时，我们也需要采用科学的方法，从问题的不同方面和角度进行思考和探究，尽可能地了解和解决问题。

9.9　子曰："凤鸟不至，河不出图，吾已矣夫！"

【白话文】

孔子说："凤鸟不再出现，黄河也不再出图，我的一生也到此结束了！"

【郭干辉开心陪读】

这句话是孔子晚年发出的感叹，表达了他对自己一生追求的礼制和恢复周礼的理想未能实现的无奈和悲哀。

凤鸟和河图都是古代传说中的神物，它们的出现被视为吉祥的象征，预示着太平盛世的到来。孔子一直以恢复周礼为己任，为此他奔波了一生，希望有朝一日能够实现自己的理想。然而，到了晚年，孔子感到自己的努力已经没有希望实现，因此发出了以上的哀叹。

从孔子的这句话中，我们可以感受到他对自己努力一生最终却未能实现理想的无奈和悲哀。同时，也可以看到孔子对古代传说中的神物和象征的迷信态度。

9.10　子见齐（zī）衰（cuī）者、冕衣裳（cháng）者与瞽者，见之，虽少，必作，过之，必趋。

【白话文】

孔子见到穿丧服的人、穿戴着礼帽和礼服的人，以及盲人时，即使他们年轻，也一定要站起来；经过这些人身边时，一定要快步走过。

【郭干辉开心陪读】

这句话反映了孔子对弱势群体和有丧事的人的尊重和关心。在古代社会中,有丧事的人或者身体有缺陷的人往往被视为不吉利的象征,而受到他人的冷落和歧视。

然而,孔子却以一种尊重和关心的态度对待这些人,他不仅会站起来向他们致敬,还会快步走过,以示尊重和关心。

这种态度体现了孔子的人道主义精神和社会责任感。他认为每个人都应该受到尊重和关心,不论他们的社会地位、年龄、身体状况如何。这种价值观对我们现代人来说同样具有启示意义,我们应该以一种尊重和关心的态度对待他人,尤其是那些需要我们关心和支持的弱势群体。

9.11 颜渊喟然叹曰:"仰之弥高,钻之弥坚。瞻之在前,忽焉在后。夫子循循然善诱人,博我以文,约我以礼,欲罢不能。既竭吾才,如有所立卓尔,虽欲从之,末由也已。"

【白话文】

颜渊深情感叹道:"仰望老师的学问,越觉其高耸如云,深不可测;深入钻研老师的教诲,越感其坚如磐石,不可动摇。老师的智慧,似乎总在前方引领,又忽而在身后启迪。老师善于循序渐进地引导我,用广博的文献知识来丰富我的学识,用严谨的礼仪规范来约束我的行为,让我沉醉其中,欲罢不能。我已经竭尽所能去学习,却感觉老师的思想如同高峰耸立,虽然我心向往之,却难以找到攀登的路径。"

【郭干辉开心陪读】

颜渊用"仰之弥高,钻之弥坚""瞻之在前,忽焉在后"等形象的语言表达了孔子学问和道德境界的广博和高深,同时也表达了孔子循循善诱的教育方法。

"循循然善诱人"是指孔子善于按照学生的不同情况和特点进行有针对性的引导和教育,使学生能够逐步提高和完善自己。这种教育方法不是简单的灌输和强制,而是引导学生主动思考和学习,激发他们的内在潜力。

颜渊的这段话也表达了孔子教育效果的深刻影响。通过孔子的教育和引导,学生能够获得丰富的知识和深厚的文化素养,同时也能受到礼仪规范的熏陶和约束,成为有道德、有修养的人。这种教育效果不是短期的,而是长期的过程，需要学生不断地学习和实践。

总之，这段话是颜渊对孔子教育方法和效果的总结和评价，表达了学生对孔子学问和道德境界的敬仰和对孔子教育方法的认同。同时，也提醒我们在教育中要注重引导和启发学生的主动性和内在潜力，以实现更好的教育效果。

9.12　子疾病，子路使门人为臣。病间，曰："久矣哉，由之行诈也！无臣而为有臣，吾谁欺？欺天乎？且予与其死于臣之手也，无宁死于二三子之手乎！且予纵不得大葬，予死于道路乎？"

【白话文】
孔子病重，子路让孔子的学生充当家臣准备料理后事。后来，孔子的病好了一些，他说："仲由干欺诈的勾当竟太久了！我本来没有家臣，却装作有家臣，我欺骗谁呢？欺骗天吗？我与其死在家臣手中，不如死在学生手中！我纵使不能以大夫之礼来安葬，难道会死在路上吗？"

【郭干辉开心陪读】
这段话反映了孔子对诚信和礼仪的重视，以及他对死亡的达观态度。孔子认为，人应该真诚待人，不能以虚假的方式来欺骗别人。他批评了子路的做法，认为这种做法是欺诈和不道德的。同时，孔子也表达了自己宁愿在学生手中死去，也不愿意在家臣手中死去的态度。这表明他对学生的信任和珍视。

此外，孔子对死亡的态度也值得我们关注。他认为死亡是生命的一部分，不应该感到恐惧或逃避。他希望自己能够得到合适的葬礼安排，即使不能得到大夫级别的葬礼，也不会让自己在路上死去。这种达观的态度表明了他对死亡的理性认识和对生命的珍视。

这些价值观对我们现代人来说同样具有启示意义，我们只有秉持真诚、尊重礼仪、理性对待死亡的态度，才能更好地面对生活的挑战。

9.13　子贡曰："有美玉于斯，韫（yùn）椟（dú）而藏诸？求善贾（gǔ）而沽诸？"子曰："沽之哉！沽之哉！我待贾（gǔ）者也。"

【白话文】
子贡说："有一块美玉在这里，是把它藏在匣子里呢？还是找一个识货的商人卖掉呢？"孔子说："卖掉它吧！卖掉它吧！我正在等待识货的商人呢。"

【郭干辉开心陪读】

这段对话反映了孔子对才华和展现的看法。子贡比喻自己有一块美玉，可以选择藏起来或者找个识货的商人卖掉。孔子则鼓励子贡将这块美玉卖掉，认为这样可以展现出美玉的价值。

同时，孔子也表达了自己正在等待识货的商人，暗示了只有找到合适的时机和平台，才能展现出自己的才华和价值。

这个故事告诉我们，每个人都有自己的才华和价值，但并不是所有人都能够认识到这一点。我们需要学会展现自己的才华和价值，找到适合自己的平台和机会。只有这样，才能让更多人了解我们的才华和价值，实现自己的梦想和追求。

9.14　子欲居九夷。或曰："陋，如之何？"子曰："君子居之，何陋之有！"

【白话文】

孔子想搬到九夷去居住。有人说："那里非常简陋，怎么能住呢？"孔子说："有君子住在那里，就不简陋了。"

【郭干辉开心陪读】

这段对话反映了孔子对君子品德和教化的重视。孔子认为，一个地方是否简陋，取决于是否有君子居住。如果君子居住在那个地方，就会带来良好的教化和文明，改变那个地方的简陋面貌。因此，君子应该以身作则，发挥自己的品德和智慧，为社会的进步和发展做出贡献。

此外，这段话也告诉我们，不要被外在的环境所限制或束缚。无论身处何处，只要我们秉持君子的品德和智慧，就能够改变周围的环境，为社会带来积极的影响。

9.15　子曰："吾自卫反鲁，然后乐正，《雅》《颂》各得其所。"

【白话文】

孔子说："我从卫国返回鲁国，然后才把乐进行了整理修订，使《雅》

《颂》各自有了适当的位置。"

【郭干辉开心陪读】

孔子认为，音乐是一种高尚的艺术形式，可以陶冶人的情操，提高人的素质。

当他从卫国返回鲁国后，开始对乐进行整理和修订，使《雅》《颂》各自有了适当的位置。

这句话反映了孔子对音乐教育的重视和文化传承的贡献，也提醒我们要注重音乐等艺术形式的教育和传承，提高自己的文化素养和精神境界。

9.16　子曰："出则事公卿，入则事父兄，丧事不敢不勉，不为酒困，何有于我哉？"

【白话文】

孔子说："在外侍奉公卿，在家侍奉父兄，办理丧事不敢不尽力，不因酒醉而耽误大事，对我来说有什么困难呢？"

【郭干辉开心陪读】

这句话是孔子对自己为人处世的要求。他强调自己在外要侍奉公卿，尽职尽责；在家要侍奉父兄，孝敬长辈；办理丧事要尽力，不马虎对待；同时也要注意不因酒醉而耽误大事。这些都是他对自己的要求和期望，也是他作为一位君子应该具备的品德和行为。

此外，这段话也展现了孔子的谦虚和自我评价。他没有把自己说得完美无缺，而是认为自己还有很多需要改进的地方。同时，他也表达了自己对人生和事业的追求和信仰，即要尽职尽责、尽心尽力地为人处世，做到问心无愧。

我们可以从中学习到如何做一个好公民、好家庭成员、好朋友等，同时也可以在内在修养上提升自己，成为一个有品德、有修养的人。

9.17　子在川上曰："逝者如斯夫！不舍昼夜。"

【白话文】

孔子站在河边，说："消逝的时光就像这河水一样啊，不分昼夜地向前流去。"

【郭干辉开心陪读】

孔子站在河边,看着河水日夜不停地流淌,他以河流比喻时间的流逝,表达出对时光匆匆逝去的无限感慨。

"逝者如斯夫"中的"逝者"指的是消逝的时光,"斯"指河水,"夫"是一种语气词,表达出孔子的感叹。

"不舍昼夜"是孔子对时间流逝的进一步形容。这里的"不舍"是不停止的意思,"昼夜"代表日日夜夜,不分白天黑夜。

这句话表达了孔子对生命短暂的感慨和对时间流逝的无奈。在孔子的时代,人们普遍认为时间是宝贵的,因为它一去不复返。孔子希望人们能够珍惜时间,把握当下每个时刻,不断地学习、成长和进步,不断地追求自己的梦想和目标,以实现自己的人生价值。

9.18 子曰:"吾未见好德如好色者也。"

【白话文】

孔子说:"我从未见过喜欢美德如同喜欢美色一样的人。"

【郭干辉开心陪读】

这句话是孔子对人们的道德追求和审美追求的深刻反思。在孔子的时代,社会风气普遍倾向于追求物质享受和感官愉悦,而忽视了对道德和品德的追求。

"好德如好色者也"中的"好德"是对美德的喜爱和追求,"好色"则是对美色的喜爱和追求。孔子通过对比美德和美色,表达了对人们重物质轻道德现象的忧虑。

这句话的解读是,我们应该像追求美色一样去追求美德。美德是人们内在的品质,是精神世界的体现,而美色是外在的,是物质世界的体现。如果我们过于追求物质享受,就会忽视对道德的追求,从而使我们的精神世界变得贫乏。

因此,我们应该将追求美德放在首位,通过提升自己的道德品质来丰富我们的精神世界。

9.19　子曰:"譬如为山，未成一篑，止，吾止也；譬如平地，虽覆一篑，进，吾往也。"

【白话文】

孔子说:"好比堆土成山，只差一筐土就完成了，这时停下来，是我自己要停下来的；又好比在平地上堆山，虽然只倒下了一筐土，如果决心继续，也是我自己要继续的。"

【郭干辉开心陪读】

这句话是孔子对成功的看法，他认为成功或失败主要取决于自己。在完成一件事情的过程中，如果只差一步就成功了，这时选择放弃，那最终的失败是自己导致的。如果在开始时决心不够，即使有一个良好的起点，也可能无法取得成功。因此，孔子强调了个人的努力和坚持对于成功的决定性作用。

这句话也告诉我们在面对困难和挑战时要有耐心和毅力。只有坚定信念、持之以恒去努力，才能最终实现目标。同时，我们也要对自己负责，不要把失败归咎于外部因素，而是要反思自己的行为和态度。

此外，这句话还强调了积累的重要性。即使在平地上堆山，也需要一筐筐地倒土，一点一滴地积累。只有不断积累，才能最终实现目标。因此，我们要注重细节和点滴的积累，不要忽视小事情的作用。

9.20　子曰:"语（yù）之而不惰者，其回也与！"

【白话文】

孔子说:"听我说话而能始终不懈怠的人，大概只有颜回吧！"

【郭干辉开心陪读】

这句话是孔子对颜回的评价，表达了孔子对颜回能够始终保持积极的学习态度和坚持不懈的精神的赞赏。

在孔子的学生中，颜回是最受孔子赞赏的一位。颜回始终能够保持谦虚好学的态度，对于孔子的教诲能够认真听取并付诸实践。这种坚持不懈的精神是颜回的一大特点，也是他能够得到孔子高度评价的原因之一。

这句话也告诉我们，在学习和成长过程中，坚持不懈是非常重要的品质。只有不断地努力和积累，才能取得进步和成就。我们也要学会欣赏和学习身边那些具有优秀品质和持续努力的人，以他们为榜样，不断提高自己的素质和能力。

9.21　子谓颜渊曰："惜乎！吾见其进也，未见其止也。"

【白话文】

孔子评价颜渊说："可惜啊！我只见他不断进步，从未见过他停止。"

【郭干辉开心陪读】

这是孔子对颜渊的高度评价和赞赏。颜渊是孔子最得意的弟子之一，他勤奋好学，道德高尚，深受孔子器重。孔子在惋惜颜渊英年早逝的同时，也表达了他对颜渊不断追求进步的精神的赞赏。

这句话中的"惜乎"表达了孔子对颜渊早逝的悲痛和惋惜之情。"吾见其进也，未见其止也"则是强调了颜渊不断追求进步和成长的精神。这句话告诉我们在学习和成长过程中，应该保持不断前进的态度，不停止自我提升和完善。

此外，这句话也提醒我们要珍惜时间和机会。颜渊虽然不幸早逝，但他在有限的时间里不断追求进步，这种精神值得我们学习。我们应该珍惜每一天，抓住每一个机会，不断努力提升自己，追求更高的目标和成就。

9.22　子曰："苗而不秀者有矣夫，秀而不实者有矣夫。"

【白话文】

孔子说："庄稼有只长苗而不开花的吧，有开了花却不结果实的吧。"

【郭干辉开心陪读】

在这句话中，孔子用庄稼的生长情况来比喻人的成长过程。他指出，有些庄稼只是长苗而没有开花，有些庄稼虽然开了花，却没有结果。同样，在人的成长过程中，有些人只是树立了志向，却没有行动，就像只长苗不开花；有些人虽然有了行动，但不能持之以恒，半途而废，就像庄稼开了花却没有结果。

这句话告诉我们，做人做事都不能半途而废，要有始有终。只有那些既树立了远大志向，又积极行动，还持之以恒的人，才能最终有所成就。这就像庄稼一样，只有从播种、拔苗到开花结果，完成生命历程，才能实现自身的价值。

这句话也警示我们，不能因为一时的挫折或困难而轻言放弃。人生就像庄稼一样，不可能一帆风顺，难免会遇到各种困难和挑战。但只要我们坚定信念，努力奋斗，就一定能够迎来开花结果的那一天。

总之，这句话是孔子对弟子们的勉励和教诲，希望他们能够珍惜时间，努力追求进步和完善，实现自己的人生价值。

9.23　子曰："后生可畏，焉知来者之不如今也？四十、五十而无闻焉，斯亦不足畏也已。"

【白话文】

孔子说："年轻人是值得敬畏的，怎么知道将来的人们不如现在的人们呢？但到了四五十岁还没有什么名望，就不值得敬畏了。"

【郭干辉开心陪读】

这是孔子对于年轻人和未来的一种看法。他认为年轻人有潜力、有希望，所以是值得敬畏的。同时，他也指出，如果一个人到了四五十岁还没有什么成就和名望，就说明他缺乏努力和才华，不值得敬畏。

这句话告诉我们，年轻人要有远大的理想和追求，要不断努力学习和进步，展现出自己的潜力和价值。只有这样，才能在未来的竞争中占据优势，实现自己的人生价值。同时，这句话也提醒我们要珍惜时间和机会。如果一个人在年轻时没有努力追求进步和获得成就，到了四五十岁就很难再有新的突破和成就。因此，我们要抓住每一个机会，不断努力学习和提升自己的能力，为自己的未来打下坚实的基础。

9.24　子曰："法语之言，能无从乎？改之为贵。巽与之言，能无说（yuè）乎？绎之为贵。说（yuè）而不绎，从而不改，吾末如之何也已矣。"

【白话文】

孔子说："合乎法则的言论，我们能够不听从吗？能够改正错误才是宝贵的。恭维的话，能无动于衷吗？分析对错是非才是宝贵的。自鸣得意，但不去分析，不改正错误，这种人我拿他没有办法了。"

【郭干辉开心陪读】

在孔子的思想体系中，言论不仅是日常交流的工具，更是修身齐家治国平天下的重要手段。他对言论的态度，尤其是对待"法语之言"和"巽与之言"的态度，体现了其对真理与是非的坚守和追求。

首先，孔子认为"法语之言，能无从乎？"，这里的"法语"指的是正直、合乎道义的言论。孔子认为，这样的言论，我们应该听从。但仅仅听从并不足够，更重要的是"改之为贵"。这意味着，在接收到正确的言论后，我们需要反思自身，勇于改正错误，这才是真正的宝贵。

其次，孔子提及"巽与之言，能无说乎？"，这里的"巽与之言"指的是恭顺、奉承的言论。对于这样的言论，人们往往容易感到愉悦和满足。但孔子认为，仅仅感到愉悦并不够，更重要的是"绎之为贵"。也就是说，我们需要对这些恭维的话进行深入的分析，辨别其是非真假，而不是盲目接受。

最后，孔子对那些"说而不绎，从而不改"的人表示无奈。这些人虽然听到了正确的言论，但不愿意深入分析，更不愿意改正错误。对于这样的人，孔子表示"吾未如之何也已矣"，即没有办法。这既是对这些人的批评，也是对其他人的警示。

综上所述，这段文字展现了孔子对言论的深刻理解和独特态度。他认为，我们应该虚心接受正确的言论并勇于改正错误，同时对于恭维的话要保持清醒的头脑并进行深入分析。只有这样，我们才能在纷繁复杂的言论中找到真理，实现个人的成长和社会的和谐。

9.25　子曰："主忠信。毋友不如己者，过，则勿惮改。"

【白话文】

孔子说："做人首先要忠于国家、忠于职守，为人要诚信。不与和自己不志同道合的人交朋友，如果有了过错，就不要害怕改正。"

【郭干辉开心陪读】

他认为，作为一个人，首先要忠于国家和职守，这是做人做事的基础。

同时，要诚信正直，不要与品行不端的人为伍。只有这样，才能树立起正确的价值观和人生观。

此外，孔子也强调了勇于改正错误的重要性。人无完人，每个人都会犯错。但关键在于犯错后要勇于改正，不要一错再错。只有这样，才能不断成长和进步。

总之，这句话是孔子对做人的基本原则和态度的阐述。我们要牢记这些教诲，时刻保持忠诚和诚信，远离不良行为和不良人群，勇于改正错误，不断提升自己的素质和能力。

9.26　子曰："三军可夺帅也，匹夫不可夺志也。"

【白话文】

孔子说："一国军队，可以强行夺取它的主帅；但一个男子汉，他的志向是不能被强迫改变的。"

【郭干辉开心陪读】

这句话是孔子对人身自由和尊严的赞美。他强调每个人都有自己的意志和自由，这是不能被强迫改变的。即使在强大的外在压力下，人的内在自由和精神也是不会被剥夺的。

这句话也提醒我们，作为一个人，要坚定自己的信念和意志，不轻易被外界所左右。在面对困难和挑战时，我们要有勇气坚持自己的信仰和价值观，不被眼前的利益所迷惑。

此外，这句话还强调了人与人之间的平等和尊重。无论是国家还是个人，我们都不应该采取强硬的手段来达到自己的目的。只有在相互尊重和平等的基础上，才能实现真正的合作和发展。

9.27　子曰："衣（yì）敝缊袍，与衣（yì）狐貉（hé）者立而不耻者，其由也与！'不忮（zhì）不求，何用不臧？'"子路终身诵之，子曰："是道也，何足以臧？"

【白话文】

孔子说："穿着破旧的丝棉袍子，与穿着狐貉皮衣的人站在一起而不感到惭愧的人，大概只有仲由吧！《诗经》上说：'不嫉妒，不贪求，这样的人怎么会不善呢？'"子路听了，从此常常念叨这首诗。孔子又说："仅仅做到这个样子，又怎么算得上最好的呢？"

【郭干辉开心陪读】

这是孔子对子路的赞美和告诫。孔子赞扬子路不羡慕奢华、不贪图名利的品质，认为这是很难得的。但是，孔子也提醒子路，仅仅做到这些还不足以成为完美的人。

在现实生活中，我们要学会保持平和的心态，不羡慕奢华和名利。但是，这并不意味着我们应该满足于现状、不思进取。我们应该在追求自己的人生价值和目标的同时，保持一颗平常心，不被物欲所迷惑。

此外，这句话也提醒我们要有自知之明。不要因为一时的成就而自满，也不要因为别人的奢华而感到自卑。我们应该了解自己的优点和不足，不断努力提升自己的能力和素质，实现自己的人生价值。

9.28　子曰："岁寒，然后知松柏之后凋也。"

【白话文】

孔子说："到了每年天气最寒冷的时节，就知道其他植物大多凋零了，只有松柏依然挺拔，是最后凋零的。"

【郭干辉开心陪读】

这是孔子对坚韧不拔、不屈不挠精神的赞美。他认为，只有经过了严峻的考验，才能真正了解一个人的品格和价值。就像松柏一样，在寒冷的季节里，其他植物都凋零了，只有松柏依然挺拔、绿意盎然。

在现实生活中，我们也常常会遇到各种困难和挑战。但只有通过这些考验，我们才能真正了解自己，展现出自己的坚韧和价值。因此，我们应该像松柏一样，不畏艰难险阻，坚韧不拔，勇往直前。

此外，这句话也提醒我们要有清醒的头脑和正确的价值观。在物欲横流的社会中，我们要学会保持冷静和清醒，不被表面的诱惑所迷惑。同时，我们也要树立正确的价值观，追求真正的人生价值和目标。

9.29 子曰："知（zhì）者不惑，仁者不忧，勇者不惧。"

【白话文】

孔子说："有智慧的人不会迷惑，有仁爱之心的人不会忧愁，勇敢的人不会畏惧。"

【郭干辉开心陪读】

这是孔子对人生智慧、道德和勇气的阐述。他认为，真正的智者应该具备清晰明了的判断力和洞察力，能够应对各种复杂的情况和问题；真正的仁者应该具备深沉的慈悲和宽广的胸怀，能够关爱他人、化解矛盾；真正的勇者应该具备坚定的信念和勇气，能够面对困难和挑战。

在现实生活中，我们也应该追求这三种品质的平衡和协调。只有这样，才能真正实现人生的价值和意义。

此外，这句话也提醒我们要有正确的人生观和价值观。不要被表面的物质享受所迷惑，要追求内在的精神富足和人生的长远发展。同时，也要有正确的自我认知和自我定位，了解自己的优点和不足，不断努力提升自己的能力和素质。

9.30 子曰："可与共学，未可与适道；可与适道，未可与立；可与立，未可与权。"

【白话文】

孔子说："可以一起学习的人，未必可以一起学到道；可以一起学到道的人，未必可以一起坚守道；可以一起坚守道的人，未必可以一起通权达变。"

【郭干辉开心陪读】

这是孔子对人生经验和智慧的总结。他认为，真正能够成功的人不仅需要学习知识，还要能够掌握道的真谛，坚守道德原则，并在实践中灵活运用。

9.31 "唐棣之华（huā），偏其反而。岂不尔思？室是远尔。"子曰："未之思也，夫何远之有。"

【白话文】

"唐棣树的花摇曳着。我难道不想念你吗？只是你的家离我太远了。"孔子说:"如果没有真的思念亲人,那么亲人再远又有什么关系呢?"

【郭干辉开心陪读】

"唐棣之华,偏其反而"是形容唐棣树的花在风中摇摆的样子。而"岂不尔思?室是远尔"表达了一种因距离产生的美感,即因为家住得远,而让人产生思念和想象。

孔子对此的评价:"未之思也,夫何远之有。"他认为,如果真的思念,就不会觉得遥远。这表达了孔子对于"仁"的信念,即只要心中有"仁",就能克服一切困难和距离,实现"仁"的追求。

因此,这可以理解为孔子对于"仁"的一种寓言式的表达,他通过形容唐棣树的花在风中摇摆的样子,以及因为距离而产生的思念,来比喻"仁"的追求和实践,强调了心中有"仁"的重要性。

孔子在这里也强调了思念亲人的真诚性。他认为,如果一个人真的思念亲人,那么这种思念是不受距离限制的。无论亲人身处多远,思念之情都能够穿越距离,让人感受到亲人的存在。相反,如果一个人没有思念亲人,那么即使亲人近在咫尺,也难以感受到亲人的温暖和关爱。因此,思念亲人的真诚性是维系亲情的重要因素。

这段话也反映了孔子对家庭关系的重视。他认为,家庭是人类社会最基本的组成单元,而亲情是人类最珍贵的情感之一。因此,每个人都应该珍惜家庭和亲情,用心去维系家庭关系,让家庭成为自己心灵的港湾。

乡党第十

10.1 孔子于乡党，恂恂如也，似不能言者；其在宗庙朝廷，便便言，唯谨尔。

【白话文】

孔子在本乡本土，表现得十分谦恭谨慎，好像不太会说话的样子；他在宗庙祭祀和朝廷议政时，却能明白流畅地发言，只是言谈比较谨慎。

【郭干辉开心陪读】

这句话表现了孔子在不同场合的言行表现。孔子在日常生活中，对待乡亲父老，非常谦逊恭谨，言辞不多，但非常注重礼节和人情。这是因为他认为在日常生活中，人们应该注重谦逊、恭敬、宽容等美德，以建立一个和谐的社会环境。

而在宗庙祭祀和朝廷议政这样庄重严肃的场合，孔子则表现得非常严谨而有条不紊。他可以明白流畅地发言，但非常谨慎，言辞得体，没有出现不得体或者过于激烈的语言。这是因为他认为在这些场合，人们应该注重礼仪和秩序，以表达对祖先和国家的尊重。

孔子的言行表现是他在不同场合中的灵活应对和注重"礼"的表现。他的谦逊恭谨和谨慎态度是"礼"的重要方面之一，也是他对待人和事的基本态度。通过这种言行表现，孔子树立了一个道德楷模和思想领袖的形象，对后世产生了深远的影响。

10.2 朝，与下大夫言，侃侃如也；与上大夫言，訚訚（yín）如也。君在，踧（cù）踖（jí）如也，与与（yú yú）如也。

【白话文】

孔子在上朝的时候，与下大夫交谈，显得轻松愉快，平易近人；与上大夫交谈，就显得正直恭敬，并且和颜悦色。当国君在朝时，他则显得恭敬谨慎，局促不安，步履稳重。

【郭干辉开心陪读】

这段话表现了孔子在朝堂上的言谈举止。孔子在朝堂上，根据不同的场合和对话对象，表现出不同的态度和言辞。

当与下大夫交谈时，孔子显得轻松愉快，平易近人，侃侃而谈。这表明孔子在与下属交往时，能够放下身段，与他们建立亲密的关系，并且以一种平和、轻松的方式进行交流。这种态度体现了孔子亲民和谦虚的一面。

当与上大夫交谈时，孔子则显得正直恭敬，訚訚如也。他表现出一种庄重、严肃的态度，并且言辞得体、谨慎。这表明孔子在与上级交往时，能够尊重对方的地位和权威，并且以一种恭敬、诚恳的方式进行交流。这种态度体现了孔子尊重他人和谨慎做事的一面。

当国君在朝时，孔子则显得更加恭敬谨慎，局促不安，步履稳重。他表现出一种严肃、恭敬的态度，并且以一种谨慎、稳重的方式行动。这表明孔子在面对最高统治者时，能够以一种敬畏、尊重的态度面对，并且遵循礼仪和规矩。这种态度体现了孔子忠诚和敬畏的一面。

孔子的言谈举止是他在不同场合中的灵活应对和注重"礼"的表现。他的态度和行为都是为了维护社会秩序和尊重权威，并且体现了他的谦虚、谨慎、忠诚等美德。这些品德对一个君子和领袖来说是非常重要的，也是孔子思想中的重要方面之一。

10.3　君召使摈，色勃如也，足躩（jué）如也。揖所与立，左右手，衣前后，襜（chān）如也。趋进，翼如也。宾退，必复命曰："宾不顾矣。"

【白话文】

国君召孔子去接待宾客，孔子脸色立即庄重起来，脚步也快起来。他向站在一起的人作揖，手向左或向右拱，衣服前后摆动却整齐一致。快步走的时候，就像鸟儿展翅欲飞一样。宾客走后，他必定向君主回报说："客人已经不在这里了。"

【郭干辉开心陪读】

首先,当国君召孔子去接待宾客时,孔子的脸色立即变得庄重起来,脚步也加快,这表明他对任务的重视和具有认真的态度。其次,孔子在作揖时,手向左或向右拱,衣服前后摆动却整齐一致。这种姿态显得非常恭敬、得体,并且体现了他的自律和严谨。再次,孔子在快步走的时候,就像鸟儿展翅欲飞一样,这表明他在行动上也非常谨慎、稳重,并且注重形象和礼仪。最后,宾客走后,孔子必定向君主回报说:"客人已经不在这里了。"这种行为体现了他的忠诚和谨慎,并且表明他对君主和任务的尊重和负责。

孔子的言谈举止是他在接待宾客时的灵活应对和注重"礼"的表现。他的态度和行为都是为了维护社会秩序和尊重权威,并且体现了他的严谨、庄重、恭敬等美德。这些品德对一个君子和领袖来说是非常重要的,也是孔子思想中的重要方面之一。

10.4 入公门,鞠躬如也,如不容。立不中门,行不履阈。过位,色勃如也,足躩如也,其言似不足者。摄齐(zī)升堂,鞠躬如也,屏气似不息者。出,降一等,逞颜色,怡怡如也;没阶,趋进,翼如也;复其位,踧踖如也。

【白话文】

孔子走进朝堂的大门,表现出小心谨慎的样子,好像没有容身之地。他不站在门的中间,进门时不踩门槛。经过国君的座位时,脸色变得庄重起来,脚步也快起来,说话的声音低微得像气力不足似的。他提起衣服的下摆走上堂去,显得小心谨慎,憋住气,好像不呼吸一样。走出来,下了一级台阶,面色舒展,怡然和乐。走完了台阶,快步向前,姿态好像鸟儿展翅一样。回到自己的位置,又是恭敬而谨慎的样子。

【郭干辉开心陪读】

孔子快步走进朝堂的大门,表现出小心谨慎的样子,好像没有容身之地。他不站在门的中间,进门时不踩门槛。这些细节反映出他对礼仪的严谨和对君主的尊敬。他的行为举止非常小心谨慎,不轻易冒犯他人,这也体现了他谦虚谨慎的品格。

当他经过国君的座位时，脸色变得庄重起来，脚步也快起来，说话的声音低微得像气力不足似的。这些表现反映出他对君主和权力的敬畏和尊重。他时刻保持着恭敬的态度，以示忠诚和敬业精神。

他提起衣服的下摆走上堂去，显得小心谨慎，憋住气，好像不呼吸一样。这表明他在行动中时刻保持谨慎和自律，不让自己出现任何差错。他严格要求自己的行为举止，以维护自己的形象和尊严。

他走出来后，下了一级台阶，面色舒展，怡然和乐。这表明他在面对困难和挑战时能够保持镇定和乐观的态度。他不会因为一时的困难而沮丧或慌乱，而是始终保持着平静和自信的心态。

他走完了台阶，快步向前，姿态好像鸟儿展翅一样。这描绘出孔子自信昂扬的精神风貌，他积极向前，充满活力和朝气。这种积极的态度也让他在面对困难时能够勇往直前，不屈不挠。

回到自己的位置，又是恭敬而谨慎的样子。这再次强调了孔子对礼仪和身份的重视，以及他对自我要求的高度自律。他始终保持着恭敬的态度，以维护自己的形象和尊严，同时也表现出他对权力和地位的敬畏和尊重。

总的来说，这段文本描绘了孔子在朝堂上的行为举止和他对礼仪、身份、权力和地位的态度。通过这些细节和描述，我们可以看到孔子儒家思想中的忠诚、敬业、谨慎、自律和尊重权威等重要价值观。这些价值观对于孔子的儒家思想体系具有重要意义，对我们的个人和社会生活也具有启示意义。

10.5　执圭，鞠躬如也，如不胜。上如揖，下如授。勃如战色，足蹜蹜（sù）如有循。享礼，有容色。私觌（dí），愉愉如也。

【白话文】

孔子双手捧着圭，表现出战战兢兢的样子，好像举不起似的。向上举时好像在作揖，放在下面时好像在给人递东西。他的脸色庄重，战战兢兢，脚步紧促小步走，好像沿着一条直线往前走。献礼之后，脸上流露出喜悦的神色。私下会见，显得愉快而和乐。

【郭干辉开心陪读】

首先，孔子双手捧着圭，这个动作表现出他对礼仪的敬重和虔诚。他似乎非常小心地执行每一个步骤，即使只是捧着圭这个简单的动作，也显得极其谨慎。这表明他在执行礼仪时非常注重细节，并且以一种极其严肃的态度来对待每一个环节。

其次，孔子的神态庄重，脸色严肃，这反映出他对礼仪的重视和认真态度。他不仅是在执行一项任务，更是在向他人展示自己的敬意和谦逊。同时，他的脚步是紧促小步走，好像沿着一条直线往前走，这进一步强调了他对礼仪的重视和谨慎。

再次，在献礼之后，孔子的脸上流露出了喜悦的神色。这表明他对礼仪的执行已经结束，并且取得了圆满成功。他的内心感到非常满足和愉悦，因为自己成功地完成了这个重要的任务。这也展现了他的自信和从容，以及对于自己能力和表现的肯定。

最后，私下会见时，孔子显得非常愉快和和乐。这表明他在不同场合下有着不同的行为表现，并且能够灵活地适应不同的情境。他的愉快和和乐并不是轻浮的表现，而是他内心深处对人际交往的热爱和对自己表现的自信。这也进一步强调了他对礼仪的敬畏和谨慎态度，以及他在不同场合下的行为表现。

总的来说，这段文字通过描述孔子的动作、神态和表情，向我们展示了他在执行礼仪时的认真、谨慎态度以及自信、从容的表现。这也进一步强调了他对礼仪的重视以及在不同场合下的行为表现。通过这些细节描写，我们可以更深入地了解孔子的性格特点以及他对人际交往的看法和态度。

10.6 君子不以绀（gàn）緅（zōu）饰，红紫不以为亵服。当暑袗（zhěn）绤（chī）绤（xì），必表而出之。缁衣羔裘，素衣麑（ní）裘，黄衣狐裘。亵裘长，短右袂。必有寝衣，长一身有半。狐貉之厚以居。去丧，无所不佩。非帷裳，必杀之。羔裘玄冠不以吊。吉月，必朝服而朝。

【白话文】

君子不用绀色和緅色的丝帛做衣服装饰，红紫色不做内衣。暑天穿细葛布或粗葛布做成的单衣，一定是外边有罩衫才穿。冬天，有黑色的羔羊皮大衣，也有白色的麑裘，还有黄色的狐裘。内穿的皮裘长一些，为方便坐姿，右手袖口要短一些。睡觉一定要有小被子，长度是一身有半长。用狐貉的厚毛皮做坐垫。服丧期满之后，什么东西都可以佩戴。如果不是上朝或做客用的礼服，一定要裁去多余的布料，不能穿着羔羊皮衣和戴着黑色帽子去吊丧。每个月初一，一定要穿着礼服去朝拜君主。

【郭干辉开心陪读】

　　君子在选择衣服时非常注重颜色和材质。他们不使用绀色和缁色的丝帛做装饰，因为这些颜色较为暗淡，不符合君子的身份和地位。同时，红紫色也被视为过于鲜艳的颜色，不适合作为内衣使用。这表明君子注重简洁大方的穿着风格，以及不过分追求华丽和奢侈。

　　在暑天，君子会穿细葛布或粗葛布做成的单衣，外面再套上罩衫。这种穿着方式既能保持舒适，又符合礼仪规范。在冬天，君子会选择穿黑色的羔羊皮大衣、白色的麑裘或黄色的狐裘。这些皮裘既能保暖又能彰显身份和地位。

　　此外，文中还提到了君子在穿着内穿的皮裘时，为了方便坐姿，右手袖口要短一些。睡觉时需要有小被子，长度是一身有半长。这表明君子对生活中的细节非常注重，对生活质量的要求很高。

　　在穿着上，君子还注重礼仪和规矩的运用。服丧期满之后，什么东西都可以佩戴；如果不是上朝或做客用的礼服，一定要裁去多余的布料；不能穿着羔羊皮衣和戴着黑色帽子去吊丧；每个月初一，一定要穿着礼服去朝拜君主等。这些规定都是为了体现君子的礼仪和谦逊的态度，以及对君主和国家的尊重。

　　总的来说，这段文字描述了君子在穿着方面的礼仪和规矩，强调了他们在不同场合下的得体穿着、颜色搭配，以及注重细节等品质。通过这些细节描写，我们可以更好地了解古代君子的生活状态和文化背景，也可以更好地理解古代中国的礼仪文化。

10.7 齐（zhāi），必有明衣，布。齐（zhāi）必变食，居必迁坐。

【白话文】

斋戒时，一定要有浴衣，用麻布做。斋戒时，一定要改变日常的饮食品味，不饮酒，不吃韭菜、葱、蒜等气味浓厚的蔬菜，不吃鱼肉。斋戒时，一定要改变平时的居住习惯，从内室迁到外室居住，不和妻妾同房。

【郭干辉开心陪读】

在古代，斋戒是一种重要的宗教仪式，通常用于祭祀、朝见君王等场合。斋戒期间，人们需要保持身体洁净，避免食用荤腥和刺激性食品，并避免与妻妾同房。这些规定是出于对神灵和君王的尊重，也是对自己的身心修炼和提高精神境界的一种方式。

这段文字中，"齐"指的是斋戒，"明衣"是指斋戒期间穿的干净内衣，"布"是指用麻布做的衣服。这句话的意思是，在斋戒期间，一定要有浴衣，用麻布做，以保持身体洁净。

"齐必变食"这句话的意思是，在斋戒期间，一定要改变平时的饮食，不饮酒，不吃韭菜、葱、蒜等气味浓厚的蔬菜，也不吃鱼肉。这是为了保持身体洁净，同时也是对神灵和君王的尊重。

"居必迁坐"这句话的意思是，在斋戒期间，一定要改变平时的居住习惯，从内室迁到外室居住，不和妻妾同房。这是为了避免因居住在内室而产生与妻妾同房的欲望，从而影响斋戒的效果和尊重神灵的态度。

10.8 食不厌精，脍不厌细。食饐（yì）而餲（ài），鱼馁而肉败，不食。色恶，不食。臭恶，不食。失饪，不食。不时，不食。割不正，不食。不得其酱，不食。肉虽多，不使胜食（sì）气。唯酒无量，不及乱。沽酒市脯，不食。不撤姜食，不多食。

【白话文】

粮食不嫌舂得精，鱼和肉不嫌切得细。粮食霉烂发臭，鱼和肉腐烂，都不吃。食物颜色难看，不吃。食物气味难闻，不吃。烹调不当，不吃。不到该吃饭的时候，不吃。没有按一定方法割肉，不吃。没有放应有酱醋的菜，不吃。肉虽然多，吃它不应超过主食。饮酒不限量，而以醉为界。买来的酒和肉干，都不吃。每餐必须有姜，但也不多吃。

【郭干辉开心陪读】

这一段文字是孔子对饮食的规范和要求。孔子的饮食观不只是为了健康，更是一种生活态度和道德追求。

"食不厌精，脍不厌细。"这句话是形容对食物的挑选和烹饪的精细程度。孔子认为，食物应该精挑细选，烹饪也要尽可能精细，以体现对食物的尊重和对生命的珍视。

"食饐而餲，鱼馁而肉败，不食。"这句话是形容食物的新鲜程度和质量。如果食物过期或腐败，孔子是不吃的。这体现了孔子对食物质量的严格要求和对生命的尊重。

"色恶，不食。臭恶，不食。"这句话是形容食物的颜色和气味。如果食物颜色难看或气味难闻，孔子是不吃的。这体现了孔子对食物的审美要求和对健康的关注。

"失饪，不食。不时，不食。割不正，不食。不得其酱，不食。"这句话是形容孔子的饮食习惯和礼仪。他不吃烹调不当的食物、不到该吃饭的时候的食物、没有按一定方法割肉的食物、没有放应有酱醋的菜。这体现了孔子对食物的尊重和对礼仪的遵守。

"肉虽多，不使胜食气。"这句话是形容孔子的饮食平衡。虽然肉是美食，但孔子认为吃肉不应超过主食的分量，要保持饮食的平衡。

"唯酒无量，不及乱。"这句话是形容孔子的饮酒态度。他认为饮酒不限量，但要以醉为界，不饮酒过量以至于混乱失态。这体现了孔子对饮酒的理性态度和自我控制能力。

"沽酒市脯，不食。"这句话是形容孔子对食物来源的关注。他不会食用买来的酒和肉干，因为他认为这些食物的来源和质量无法得到保证。这体现了孔子对食物安全和健康的关注。

"不撤姜食，不多食。"这句话是形容孔子的饮食习惯和养生之道。他每餐必须有姜，但也不多吃。这体现了孔子对食物的多样性和适量性的重视。

总的来说，这段文字展现了孔子对饮食的严谨态度和健康观念，以及对礼仪和自我控制的追求。这些观念不仅在古代有重要意义，在当今社会也有着积极的现实意义。

10.9 祭于公，不宿肉。祭肉不出三日。出三日不食之矣。

【白话文】

对于国君的祭祀，分给自己的祭肉不能留到第二天；而自己家祭祀祖先的肉可以放到第三天。放三天后，就不能再吃了。

【郭干辉开心陪读】

这段文字是孔子谈论有关君臣之分和祭祀之礼的具体规定。在古代社会中，君臣之分严格，各司其职，不可混淆。在祭祀方面，不同等级的人所用的祭品和礼仪也是不同的。

"祭于公，不宿肉"，是说在参加国家祭祀典礼后，分到的祭肉不能留到第二天再吃。这是因为祭祀活动一般要持续两三天，所以这些肉就已经不新鲜，不能再过夜了。这个规定体现了君臣之间的等级差异和礼仪规范，也表达了对国家事务的尊重。

"祭肉不出三日，出三日不食之矣"，是说祭祀用的肉超过三天就不能再吃了。这是因为食物放久了容易变质，吃了可能会对健康有害。这个规定体现了孔子注重饮食健康和遵循礼仪规范的观念，他强调要遵循"礼"，注重食物的新鲜和健康，不贪图口腹之欲而食用不新鲜的食物。

这些观念在当今社会依然具有指导意义，提醒我们在社会交往和日常生活中要注意遵循礼仪规范，尊重他人，同时也要关注饮食健康和安全。

10.10 食不语，寝不言。

【白话文】

嘴里吃着东西的时候不要说话，到了该睡觉的时候就按时睡觉。

【郭干辉开心陪读】

这句话是孔子在描述自己的生活方式，体现了他注重人的修养和品德教育的思想。通过这种安静恬淡的生活方式，孔子强调了人的内在精神与外在行为的和谐统一。

在现代社会中，这种生活方式也有其现实意义，提醒我们要注意言谈举止的文明和得体，避免做出在公共场合大声喧哗或者随意睡觉等不恰当的行为。同时，按时作息也是保持身体健康和心理健康的重要因素之一。

10.11 虽疏食菜羹，瓜祭，必齐（zhāi）如也。

【白话文】

即使是粗米饭蔬菜汤，吃饭前也要把它们取出一些来祭祖，而且表情要像斋戒时那样严肃恭敬。

【郭干辉开心陪读】

这句话是孔子在描述自己对祭祀祖先的认真态度。他认为即使是简单的饭菜，也要在吃饭前取出一些来祭祖，以示尊重和感恩之情。同时，他的表情也要像斋戒时那样严肃恭敬，以表达对祖先的敬意和怀念之情。这种态度体现了他注重家庭伦理和孝道的精神，这也是中华民族传统文化中重要的价值观念之一。

在现实生活中，我们也应该学习孔子的这种态度，即使自己的生活条件艰苦，也要心怀感恩之情，尊重和怀念先人，同时也要保持一种严肃恭敬的态度，以示对先人的尊重和敬意。

10.12 席不正，不坐。

【白话文】

席子放得不端正，不坐。

【郭干辉开心陪读】

这句话是孔子在强调礼仪细节的重要性。在古代，人们通常坐在铺在地上的席子上，而席子的摆放也有一定的礼仪规范。如果席子没有摆放端正，孔子就不会坐下。这虽然是一件小事，但体现了他对礼仪的高度重视和关注。

在现实生活中，我们也需要关注各种礼仪细节，尤其是场合比较正式或者需要特别注意礼仪的时候。比如，在面试、商务会议、晚宴等场合，我们需要了解和遵守相应的礼仪规范，以示尊重和礼貌。同时，细节也是礼仪的精髓所在，只有从细节处入手，才能真正做到举止得体、言行优雅。

10.13 乡人饮酒，杖者出，斯出矣。

【白话文】

同本乡人在一块儿饮酒，等老年人都出去了，自己这才出去。

【郭干辉开心陪读】

这句话是描述孔子在乡饮酒礼中的行为举止。在古代，乡饮酒礼是一种重要的社交礼仪，也是表达对长者和宾客的尊重和敬意的一种方式。在礼仪结束后，孔子会让年长者先行离开，然后自己再起身离开。这不仅表现了他对长者的尊敬和谦逊，也体现了他对礼仪的严谨态度。

在现代社会中，虽然乡饮酒礼已经逐渐消失，但是孔子的这种行为举止仍然具有启示意义。我们应该尊重长者和前辈，让他们在社交场合中先行离开或得到更多的尊重和关注。同时，我们也应该注重礼仪规范，遵循社交场合中的规则和习俗，以示对他人的尊重和敬意。

这种行为举止不仅是一种修养和素质的体现，也是建立良好人际关系和社会信任的重要基础之一。

10.14 乡人傩（nuó），朝服而立于阼（zuò）阶。

【白话文】

乡里人举行迎神驱疫的仪式时，孔子总是穿着朝服站在东边的台阶上。

【郭干辉开心陪读】

这句话是描述孔子在乡里人举行迎神驱疫仪式时的行为。虽然孔子并不一定信奉这种仪式，但他对这种传统习俗保持了足够的尊重和理解，甚至会穿上朝服站在东边的台阶上。这体现了孔子对他人习俗和信仰的尊重，也反映了他对不同文化的包容和理解。

在现代社会中，尊重他人的习俗和信仰是非常重要的。每个人都有自己的文化和传统，而这些文化和传统可能存在差异。因此，我们应该尊重他人的文化和传统，理解他们的信仰和价值观，避免歧视和偏见。同时，我们也应该积极推动文化交流和融合，促进不同文化之间的相互理解和尊重，从而建立一个更加和谐、包容的社会。

10.15　问人于他邦，再拜而送之。

【白话文】

托人向住在别国的朋友问候，临别时，要郑重地拜别送行。

【郭干辉开心陪读】

这是孔子对君子之道的阐述。"问人于他邦"这句话的字面意思是，当有人从远方来向你询问事情时，你应该郑重其事地送别他们。这表达了君子应有的礼节和尊重。

首先，"问人于他邦"反映了君子在处理人际关系时的谨慎和尊重。当有人远道而来，向自己询问事情时，君子会认真对待，这不仅是对他人的尊重，也是对自己责任的担当。同时，这也体现了君子谦虚、好学的品质，他们愿意倾听他人的意见和建议。

其次，"再拜而送之"这句话的意思是，在送别客人时，应该郑重其事地拜两次然后再送别。这表达了君子应有的礼节和敬意。

这句话所表达的内涵是君子的行为规范和道德修养。在与人交往中，君子应该注重礼节和尊重他人，这是人际交往的基本原则。同时，君子也应该注重自我修养，以德立身，不断提高自己的道德水平和个人修养。

10.16　康子馈药，拜而受之。曰："丘未达，不敢尝。"

【白话文】

季康子给孔子赠送药品，孔子拜谢之后接受了，说："我对这种药的药性不了解，不敢尝用试服。"

【郭干辉开心陪读】

这段文字主要描述了孔子对待礼物和药物的态度，以及他对学习和求知的尊重。"康子馈药"中的"康子"指的是季康子，鲁国的大夫，也是孔子政治上的赞助者。他送给孔子药，可能是出于对孔子的关心或者尊重。"拜而受之"，孔子接受了这份礼物，并且在接受之前先行了拜礼。这体现了孔子对他人尊重和感谢的态度，即使是他人的赠品，也会以礼相待。

"曰：'丘未达，不敢尝。'"这句话表明孔子在接受药物后，并没有立即使用。他首先表示自己对这种药物的药性并不了解（"丘未达"），因此不敢轻易尝试（"不敢尝"）。"丘未达，不敢尝"这句话的深层含义主要体现在孔子的谦逊、谨慎以及对生命的尊重上。

首先，孔子以"丘未达"自称，这体现了他的谦逊。即使他是万世师表，学问渊博，但他仍然保持谦逊，认为自己在某些领域或知识上还存在不足。这种谦逊的态度，使他始终保持一颗学习的心，不断向他人请教，不断积累知识。

其次，"不敢尝"体现了孔子的谨慎。他明白药物是用来治病的，但也可能带来副作用。因此，在不确定药物的药性之前，他选择不轻易尝试。这种谨慎的态度，使他在生活中避免了许多不必要的风险，也体现了他对生命的尊重。

最后，这句话也反映了孔子对待未知事物的态度。在未知面前，他选择保持敬畏和谨慎，而不是盲目冒险。这种态度使他在面对复杂多变的世界时，能够保持清醒的头脑，做出明智的决策。

总的来说，这段文字展现了孔子在待人接物、对待药物和对待知识方面的态度和价值观。

10.17 厩焚，子退朝，曰："伤人乎？"不问马。

【白话文】

马厩失火了，孔子退朝回来，说："伤到人了吗？"没有问马的情况。

【郭干辉开心陪读】

这句话是孔子在面对马厩失火时，退朝后所言。他关心的焦点是"伤人乎"，而不是"问马"。这体现了孔子以人为本的思想，他重视人的生命安全，而把财产损失放在了次要的位置。

孔子的这种思想，并不是不重视物质财富，而是他认为人的生命和安全比物质财富更重要。这种思想在中国传统文化中有着深厚的根源，也是儒家思想的核心之一。

同时，这句话也提醒我们在面对突发事件时，应该首先关注人的生命安全，而不是物质财富。在日常生活中，我们也应该尊重他人，关心他人的需要和感受，而不是只关注自己的利益。孔子这句话不仅体现了他的思想理念，而且对我们今天的生活也有重要的启示意义。

10.18　君赐食，必正席先尝之；君赐腥，必熟而荐之；君赐生，必畜之。侍食于君，君祭，先饭。

【白话文】

国君赐给食物，孔子一定会摆正席位先尝一尝。国君赐给生肉，他一定会煮熟了，先给祖先上供。他在君王面前陪着吃饭，君王进行饭前祭祀仪式时，他先尝一尝。

【郭干辉开心陪读】

这段文字是描述孔子对君权的尊敬和对祖先的敬仰。在古代社会中，君权至高无上，而祖先则是家庭的守护神。因此，孔子非常重视君权和祖先，并以此来表达他对社会秩序和家庭伦理的维护。

首先，孔子强调了君权的神圣不可侵犯。当他收到国君赐予的食物时，他首先摆正席位，先尝一尝，以示对君权的尊重和感激。这种行为不仅是一种礼仪，更是一种态度，一种对君权的敬畏和尊重。同时也在提醒我们无论何时面对比我们自己更高或者我们认为重要的东西时，都应有恭敬的态度。

其次，孔子表达了对祖先的敬仰。当他得到生肉时，他会煮熟了，先给祖先上供。这种行为体现了他的家庭伦理观念，他认为祖先是一切的根本，是家庭的守护神，必须得到最高的尊重和供奉。同时也在提醒我们要感恩祖先的恩情，并时常怀念他们。

最后，孔子还强调了侍奉国君的礼仪。当他在国君面前侍食时，他会主动帮助国君进行祭祀仪式，并先尝一尝食物，以示对国君的尊重和感激。这种行为不仅是一种礼仪，更是一种态度，一种对国君的忠诚和谦逊。同时也在告诉我们待人接物应做到谦逊有礼、考虑周到。

10.19 疾，君视之，东首，加朝服，拖绅。

【白话文】

孔子病了，国君来探望，孔子便在病榻上头朝东，披上朝服，拖着腰带，会见国君。

【郭干辉开心陪读】

这句话描述了孔子在病中依然尊礼和行礼。他病了，国君来探望，他就在病榻上，按照礼仪要求，头朝东，披上朝服，拖着腰带，以最得体的方式迎接国君的探望。这不仅体现了孔子对君主的尊重和对礼仪的重视，也展现了他即使在病中也不失礼节和风范的品质。

在今天的社会中，我们也需要学习这种对礼仪和规矩的尊重和执行。无论是在工作还是在生活中，我们都应该遵守相应的礼仪和规矩，以展现我们的素质和尊重他人的态度。这不仅可以提高我们的人际关系质量，还是我们作为社会成员的责任和义务。

10.20 君命召，不俟驾行矣。

【白话文】

国君有令召见孔子时，孔子不等马车驾好就先步行前往了。

【郭干辉开心陪读】

此句表明了孔子对君命的重视和执行。当国君有令召见他时，他不等待马车准备好，而是立即步行前往。这不仅体现了他的忠诚和对君命的敬畏，也展现了他对时间的把握和行动的迅速以及反应的敏捷。

同时，这个描述也传递了一个重要的信息，即对工作尽职尽责。孔子作为一位忠诚的臣子，对君命召见的反应是立即行动，不等待不拖延。这种尽责和敬业的态度是我们无论在工作还是生活中都应该学习的。

10.21 入太庙，每事问。

【白话文】

孔子进入太庙后，每件事都向人询问。

【郭干辉开心陪读】

此句记述了孔子初入太庙的场景，表现出他对于礼的敬慎态度。太庙是鲁国的周公庙，是祭祀周公的地方，对孔子来说意义非凡。他进入太庙后，每件事都向人询问，展现了他对礼的敬畏和认真学习的态度。

同时，这个描述也传递了一个重要的信息，即学习和求知的欲望。孔子进入太庙后每件事都问，说明他对知识和学习有着强烈的求知欲。这种求知的态度和学习的精神是我们应该学习的。

此外，这个描述也强调了礼的重要性。在古代社会中，礼是一种重要的社会规范和价值观念，是人们为人处世的准则。

10.22 朋友死，无所归，曰："于我殡。"

【白话文】

朋友去世了，没有人负责收殓，孔子说："由我来负责丧事吧。"

【郭干辉开心陪读】

此段体现了孔子的仁爱之道。他的朋友去世了，没有人负责收殓，作为朋友，孔子感到义不容辞，主动承担起了料理丧事的任务。孔子愿意亲自操办，表现了他与朋友的深厚情谊和大爱。

在孔子的观念中，朋友之间应该互相帮助、相互扶持，朋友去世时，更应该尽自己所能给予帮助和支持。这种行为不仅是对逝者的尊重和缅怀，也是对生者情感的一种慰藉和关爱。

此外，这句话也提醒我们珍惜友情。在我们的生活中，朋友是我们宝贵的财富，他们陪伴我们走过人生的各个阶段，给予我们快乐、支持和帮助。我们应该像对待亲人一样对待朋友，在他们需要帮助的时候尽自己所能给予支持和帮助。

10.23 朋友之馈，虽车马，非祭肉，不拜。

【白话文】

朋友送的礼物，即使是车马这样贵重的礼物，只要不是祭祀用的肉，孔子在接受时，也不会行拜谢礼。

【郭干辉开心陪读】

此句表明了孔子对朋友馈赠礼物时的态度和行为准则。他注重的是彼此之间的情感交流和友谊，而非物质财富的交换。当朋友送来贵重的礼物时，孔子并不会因此而特别行拜谢礼，因为他认为真正的朋友关系是建立在彼此之间的信任和感情基础上的。

同时，这句话也体现了孔子对礼制的尊重和重视。在古代社会中，礼仪是一种重要的社会规范和价值观念，人们的为人处世都需要遵循一定的礼制。祭祀用的肉是用于祭祀神明或祖先的，具有特殊的意义和价值。当朋友送来祭祀用的肉时，孔子会行拜谢礼，表达对朋友的感激之情。

此外，这个描述也提醒我们要有正确的价值观和态度。在面对物质财富的诱惑时，我们应该保持清醒的头脑和正确的态度。真正的朋友关系是建立在彼此之间的信任、支持和情感交流上的，而不是仅仅看重物质财富的交换。

10.24 寝不尸，居不容。

【白话文】

孔子睡觉时不像死尸一样直躺着，在家里并不讲究仪容。

【郭干辉开心陪读】

孔子是一个非常注重生活品质和人生态度的人，他强调身心放松，追求的是一种舒适和自在的生活方式。他在睡觉时并不像死尸一样直躺着，而是采取更为自然和放松的姿态，这体现了他追求身心放松的人生态度。

同时，孔子在家中也不讲究过多的仪容和形式，他更注重的是与家人和亲朋好友之间的情感交流和互动。他认为，生活中的真正意义在于与家人和朋友的相处和交流，而不是外在的形式和礼仪。因此，他在家中并不会刻意追求外在的完美和形式，而是更注重内在的情感和精神状态。

这种生活方式也给我们提供了启示。在现代社会中，我们常常被工作和生活的压力所困扰，缺乏身心放松。我们可以通过学习孔子这种注重身心放松的生活方式，来缓解压力和提高生活质量。同时，我们也应该注重与家人和朋友的情感交流和互动，让生活中的真正意义得到更好的体现和实现。

10.25 见齐（zī）衰（cuī）者，虽狎，必变。见冕者与瞽者，虽亵，必以貌。凶服者式之，式负版者。有盛馔，必变色而作。迅雷风烈，必变。

【白话文】
孔子看见穿丧服的人，即使关系亲密，也一定会改变态度，严肃起来。看见戴着礼帽和眼罩的乐师，即使关系很亲密，也一定会礼貌待之。在车中看见穿丧服的人，一定要把身子靠向横木表示同情。看见有人背负着盛土器具（用来埋葬死人的）走在大路上，也要俯身靠向横木表示同情。主人如果招待丰盛的饮食，孔子一定会变色肃立以表感谢。如果听到迅疾的雷声或猛烈的风声，孔子一定会变色肃立以表敬畏。

【郭干辉开心陪读】
此段描述了孔子对礼的尊重和敬畏之心。他注重礼仪和规矩，对不同场合和人物有不同的态度和表现。例如，看到齐国百姓穿着丧服，孔子会感到哀伤和严肃。即使是亲密的朋友，他也要求自己不能轻浮无礼。对于乐师和瞽者，孔子则要求自己以尊敬的态度对待他们。在车中看见穿丧服的人，孔子会靠向横木以示同情。有人背负着盛土器具走在大路上，孔子也会靠向横木以示同情。

此外，孔子对于饮食也有一定的要求。面对主人准备的丰盛的饮食，他会变色肃立以表感谢。这表明了孔子对于饮食的尊重和感激之情。在听到迅疾的雷声或猛烈的风声时，孔子也会变色肃立以表敬畏，这表明了他对自然界的敬畏之心。

10.26 升车，必正立，执绥。车中不内顾，不疾言，不亲指。

【白话文】
孔子乘车时，一定是正立着，手抓扶手。在车中，他从不向车内观看，不急促说话，也不伸出手指指点点。

【郭干辉开心陪读】

此段描述了孔子在乘车时的姿态和行为。他不仅姿势端正，还手抓扶手，这表明他对安全和礼仪的重视。在车中，他从不向后看，也不急促说话，更不伸出手指指点点，这表明他的沉稳和自律。

这种姿态和行为也体现了孔子的修养和风范。作为一位君子，他注重言谈举止的得体和礼仪，尤其是在公共场合和与他人相处时。这种自律和沉稳不仅是一种外在的表现，更是一种内在的品质和精神状态。

同时，这个描述也提醒我们在公共场合和与他人相处时要注意自己的言谈举止，保持得体和礼貌。无论是在乘车、在公共场所或者是在与人交往时，我们都应该注重自己的姿态和行为，不轻浮、不傲慢、不自大，以展现出自己的修养和风范。

10.27　色斯举矣，翔而后集。曰："山梁雌雉（zhì），时哉！时哉！"子路共（gǒng）之，三嗅而作。

【白话文】

孔子在山谷中行走时，看到一群雌雉（野鸡）飞起又落下，他被环境中的变化所吸引，神色动容。他感叹道："这就是山梁上的雌雉呀，与时偕行，恰知时宜！"子路看到雌雉后，拿出一些粮食放在它们能够看到的地方。雌雉看到食物后，试探了三次，最后还是飞走了。

【郭干辉开心陪读】

这段文字表现了孔子对自然和动物的观察和欣赏。当他看到野鸡飞起又落下时，他神色动容，说明他被这个场景吸引了。他感叹道："山梁雌雉"与时偕行，表达了他对自然与时机的契合的欣赏和理解。这种与时偕行的思想体现了孔子的哲学思想中的一种顺应自然的观念。

同时，这段文字也展示了子路的仁爱之心。当他看到雌雉后，他并没有想要捕捉它们，而是拿出了一些粮食放在它们能够看到的地方，试图与它们建立一种信任关系。尽管雌雉最终还是飞走了，但是子路的这种行为体现了他对动物的关爱和尊重。

此外，这段文字也提醒我们要懂得时机。孔子在观察雌雉时，他不仅欣赏它们与时偕行的行为，也在思考其中的时机问题。这种对时机的敏感和理解同样适用于人类的生活和事业中。正确的时机可以让我们更好地把握机会、规避风险，实现自己的目标。

先进第十一

11.1 子曰:"先进于礼乐,野人也;后进于礼乐,君子也。如用之,则吾从先进。"

【白话文】

孔子说:"先学习了礼乐而后做官的,是原来没有爵禄的平民;先做了官而后学习礼乐的,是卿大夫的子弟。如果让我选用人才,那么我主张选用先学习了礼乐的人。"

【郭干辉开心陪读】

在孔子的时代,礼乐制度逐渐瓦解,社会秩序混乱。因此,孔子认为教育的首要任务是恢复和传承礼乐文化,以维护社会的稳定和秩序。

在用人方面,孔子主张选用先学习礼乐再做官的人,而不是先做了官再学习礼乐的人。他认为,先学习礼乐再做官的人具有优秀的道德品质和文化素养,能够更好地履行职责,促进社会的发展和进步。而先做了官再学习礼乐的人,虽然身份高贵,但缺乏必要的道德品质和文化素养,难以胜任重要的职责。

孔子的教育观和用人观都强调了先德后礼、先教后用的重要性。只有通过教育和培养,让人们具备优秀的道德品质和文化素养,才能更好地为社会做出贡献。

11.2 子曰:"从我于陈、蔡者,皆不及门也。"

【白话文】

孔子说:"跟我去陈国、蔡国的学生,现在都不在我身边。"

【郭干辉开心陪读】

在《论语》中,这句话是孔子对他的一些学生的怀念和感慨。其中,"陈"

和"蔡"是指春秋时期的两个国家,而"从我于陈、蔡者"指的是那些在陈国和蔡国曾经追随孔子的学生。

这句话中,"皆不及门也"意思是"都不在我身边了"。这句话表达了孔子的伤感和遗憾,他对那些曾经共同经历过困厄和磨难的学生,有着深深的怀念和感情。

在孔子的时代,教育并不像现在这样普遍,许多人都是通过追随孔子这样的名师来学习。而孔子对自己的学生,不仅是教授他们学问和知识,更是与他们共同生活,培养他们的品德和人格。因此,对孔子的学生来说,孔子不仅是他们的老师,更是他们的朋友。

从这句话中,我们也可以看出孔子对教育的态度和理念。他认为教育的目的不仅是传授知识,更是培养人的品德和人格。他常常强调"君子不器",意思是说,一个君子不应该只是具备某种技能或知识,而是应该具备全面发展的素质和能力。

同时,这句话也告诉我们,人生中的际遇和经历对一个人的成长和发展有着重要的影响。孔子在困厄中得到学生的追随和陪伴,他们共同经历的困难和挑战,都成了他们师生之间深厚感情的纽带。而这些学生后来的离去或去世,也让孔子感到深深的遗憾和伤感。

11.3 德行:颜渊,闵子骞,冉伯牛,仲弓。言语:宰我,子贡。政事:冉有,季路。文学:子游,子夏。

【白话文】

德行好的:颜渊、闵子骞、冉伯牛、仲弓;能说会道的:宰我、子贡;精于政事的:冉有、季路;通晓古典文献的:子游、子夏。

【郭干辉开心陪读】

这段话是孔子对其学生的才能和德行的评价。孔子重视德行,认为德行是做人做事的基础,因此他评价了四位德行好的弟子。他也重视学生的语言表达能力和社交能力,因此评价了两位能说会道的弟子。此外,他还关注学生的政治才能和学术能力,评价了两位在政事方面有才能的弟子和两位通晓古典文献的弟子。

这段话反映了孔子的教育理念和他的学生们的才能和特长。孔子注重学生的全面发展，不仅关注学生的学问和知识，更关注学生的品德和人格。他希望学生们能够在各个领域都有所建树，不仅是成为优秀的学者或政治家，更重要的是成为品德高尚的人。

此外，这段话也告诉我们一个道理：每个人都有自己的优点，我们应该看到并发挥这些优点，不断提升自己的能力和素质。同时，我们也应该注重品德的培养，不断提高自己的品德修养，成为有价值的人。

11.4　子曰："回也非助我者也，于吾言无所不说（yuè）。"

【白话文】

孔子说："颜回不是对我有所助益的人，他对我说的话没有不心悦诚服的。"

【郭干辉开心陪读】

在《论语》中，这句话是孔子对他的学生颜回的评价。其中，"助我者"是指对孔子的学说和教诲有所帮助的人。

这句话的意思是，颜回并不是能为孔子的学说和教诲提供帮助的人，但是对于孔子所说的话，颜回没有不心悦诚服的。换句话说，颜回对孔子所说的话都非常认同和接受，但是并没有对孔子提供任何实质性的帮助或者建议。

这句话反映了孔子对颜回的高度认可和赞赏。在孔子的心目中，颜回是一个非常优秀的弟子，他不仅认真听讲，还能够深刻领会孔子的教诲，并且按照孔子的要求去做。孔子认为，颜回对他的教诲没有任何助益，因为颜回从来不会对他说出任何不满或者反对的话，只是全盘接受和认同。这种高度的信任和尊重，反映了他们之间深厚的师徒情谊。

11.5　子曰："孝哉闵子骞！人不间于其父母昆弟之言。"

【白话文】

孔子说："真是孝顺啊，闵子骞！人们对于他父母兄弟称赞他的话都没有异议。"

【郭干辉开心陪读】

闵子骞是孔子的学生，以孝顺闻名。据《史记》记载，他的父亲、继母不喜爱他，用鞭子打他，但他仍然不离开父母的家，反而更加孝顺。他的事迹被传颂千古，成为儒家"二十四孝"之一。

在这句话中，孔子高度赞扬了闵子骞的孝顺行为，认为他真正做到了孝顺，并且这种孝顺不是做给别人看的，而是发自内心的真实感情。孔子的话表达了对闵子骞的敬意和肯定，也强调了孝顺的重要性。

这句话也告诉我们，孝顺是一种基本的道德品质，是中华民族的传统美德。在现代社会，我们应该继承和发扬这种传统美德，不是在口头上说说而已，而是要在行动上真正做到孝顺父母和长辈。同时，我们也应该尊重和关心身边的人，尤其是家人和亲戚朋友，让他们感受到我们的关爱和温暖。

11.6 南容三复白圭，孔子以其兄之子妻（qì）之。

【白话文】

南容把《白圭》这首诗反复地朗诵，孔子听到后，便把自己哥哥的女儿嫁给了他。

【郭干辉开心陪读】

这段话是关于南容的，他反复朗诵《白圭》这首诗，以表达自己对君子的品行和谨言慎行的追求。这种行为体现了他的自我修养和对道德规范的重视。

孔子听到南容的朗诵后，认为他是一个值得信赖的人，于是决定将自己的侄女嫁给他。这表明了孔子对南容的肯定和赞赏，也说明了孔子对谨言慎行的重视。

此外，这段话还告诉我们，我们应该注重自己的言谈举止，并且要有意识地修养自己的品德。通过反复学习和实践，我们可以提高自己的道德水平和自我修养，从而获得他人的信任和尊重。

11.7 季康子问："弟子孰为好学？"孔子对曰："有颜回者好学，不幸短命死矣，今也则亡（wú）。"

【白话文】

季康子问："你的学生中谁是好学的？"孔子回答："有一个叫颜回的学生

很好学,不幸早逝了。现在再也没有像他那样的了。"

【郭干辉开心陪读】

这段话是孔子对季康子关于弟子好学问题的回答。从中可以看出,孔子认为颜回是一个非常出色的学生,勤奋好学,不幸的是他早逝了。

孔子的回答强调了颜回的好学精神,这种精神在孔门中是非常重要的。颜回能够做到坚持不懈地追求学问,对于孔子的教诲能够认真领悟和实践,这是非常难得的。

此外,孔子的回答也表现出对颜回的赞赏和怀念之情。尽管颜回已经不在人世了,但是他的好学精神仍然值得人们学习和传承。

从这段话中我们可以得到启示,我们应该注重学习,不断追求进步,尤其是在困难和挫折面前更要坚持不懈。同时,我们也应该珍惜身边的人才,尊重他们的努力和成就。

11.8 **颜渊死,颜路请子之车以为之椁(guǒ)。子曰:"才不才,亦各言其子也。鲤也死,有棺而无椁,吾不徒行以为之椁。以吾从大夫之后,不可徒行也。"**

【白话文】

颜渊死了,他的父亲颜路请求孔子把车卖了给颜渊做一个外椁。孔子说:"不管有才能还是没才能,说来也都是各自的儿子。孔鲤死了,也只有棺,没有椁。我不能卖掉车子步行来给他买椁。因为我曾经做过大夫,是不可以徒步出行的。"

【郭干辉开心陪读】

这段话是关于孔子对礼制的态度和对颜渊的怀念。

首先,孔子强调了礼制的重要性,认为一个人不能因为个人感情而破坏礼制。他指出自己曾经是大夫,不能随意违背礼制,因此不能卖掉车子给颜渊买椁。这种态度体现了孔子对礼制的敬重和遵循。

其次,孔子也表达了自己对颜渊的怀念。他称颜渊为"才",说明他非常欣赏和看重颜渊的才华和品德。在颜渊去世后,孔子非常悲痛,但是他尽力保持理智和克制,不因个人感情而违背礼制。

11.9　颜渊死。子曰:"噫!天丧予!天丧予!"

【白话文】

颜渊死了,孔子哭得极其悲痛,说:"哎,老天爷要我的命啊!老天爷要我的命啊!"

【郭千辉开心陪读】

这段话反映了孔子对于颜渊去世的悲痛和伤心。孔子与颜渊的关系非常密切,他对颜渊的才华和品德非常欣赏,视其为得意门生之一。颜渊的去世对孔子来说是一个巨大的打击,使他感到极度的悲痛和失落。

这句话中,孔子反复强调"天丧予!天丧予!",表达了他对颜渊去世的悲痛和无奈。他认为是老天爷要他的命,这是一种表达内心极度痛苦和无助的方式。

此外,这句话也反映了孔子对颜渊的高度评价和认可。他认为颜渊是一个非常优秀的学生,他的去世对于自己和其他学生是一个巨大的损失。

这段话提醒我们,珍惜身边的人才,尊重他们的努力和成就。当我们面对失去的时候,应该学会接受并适应这种变化,同时继续前行。

11.10　颜渊死,子哭之恸,从者曰:"子恸矣!"曰:"有恸乎?非夫人之为恸而谁为?"

【白话文】

颜渊死了,孔子哭得极其悲痛。跟随孔子的人说:"您悲痛过度了。"孔子说:"是太悲痛了吗?我不为这个人悲痛为谁悲痛呢?"

【郭千辉开心陪读】

这段话反映了孔子与颜渊的深厚感情和其对颜渊的高度评价。颜渊是孔子的得意门生之一,他的去世对孔子来说无疑是一个巨大的打击。孔子的悲痛和哭泣是发自内心的,表达了他对颜渊的深深怀念和不舍。

跟随孔子的人提醒他不要过度悲痛,但是孔子并不认同这种说法。他认为自己为颜渊的去世而悲痛是理所当然的事情,因为颜渊是一个非常优秀的学生,他的品德和才华都得到了孔子的高度评价。

此外，这句话也反映了孔子对死亡的态度。他认为死亡是不可避免的事情，但是人们的感情和记忆却是永恒的。他通过悲痛和哭泣来表达对颜渊的怀念和不舍，同时也传递了一种珍惜生命、珍惜人才的人生态度。

11.11 颜渊死，门人欲厚葬之，子曰："不可。"门人厚葬之，子曰："回也视予犹父也，予不得视犹子也。非我也，夫二三子也！"

【白话文】

颜渊死了，孔子的学生们想要厚葬他。孔子说："不可以。"学生们还是厚葬了他。孔子说："颜回把我当父亲一样看待，我却不能像对待儿子一样看待他。厚葬不是我的意思，是那些学生的意思。"

【郭干辉开心陪读】

这段话反映了孔子对礼制的态度和对颜渊的特殊感情。

首先，孔子认为厚葬颜渊是不符合礼制的。在古代社会，厚葬是一种非常隆重的礼仪，一般只用于贵族或者富人。颜渊虽然品德高尚，但是他只是一个普通的学生，没有资格享受厚葬的待遇。因此，孔子明确表示反对厚葬颜渊。

然而，孔子的学生们并没有听从他的意见，还是厚葬了颜渊。这种行为虽然体现了学生们对颜渊的敬重和怀念，但是也违背了孔子的意愿。因此，孔子在得知这件事情后，表达了自己的不满和遗憾。

此外，这段话也反映了孔子对颜渊的特殊感情和认可。颜渊是孔子最得意的门生之一，他的才华和品德都得到了孔子的高度评价。因此，当颜渊去世后，孔子感到非常悲痛和失落。他甚至说："回也视予犹父也，予不得视犹子也。"这句话表达了孔子与颜渊的感情之深，以及对于自己无法再照顾颜渊的遗憾。

这段话提醒我们，应该遵循礼制和规定，不要因为个人感情而破坏制度。同时，我们也应该珍惜身边的人才，尊重他们的努力和成就。当我们面对特殊情况时，应该学会权衡利弊，做出正确的决策。

11.12 季路问事鬼神，子曰："未能事人，焉能事鬼？"曰："敢问死。"曰："未知生，焉知死？"

【白话文】

季路问服侍鬼神的方法。孔子说："人还不能服侍，怎么能去服侍鬼神呢？"季路说："敢问死是怎么回事。"孔子说："生的道理还没有弄明白，怎么能知道死呢？"

【郭千辉开心陪读】

这段对话反映了孔子对于鬼神和死亡的态度。

首先，孔子认为人们应该先关注现实世界，即人与人之间的关系和道德问题。只有在这个基础上，才能进一步探讨鬼神和死亡的问题。因此，当季路问如何服侍鬼神时，孔子回答说："未能事人，焉能事鬼？"意思是说，人还没有服侍好，怎么能去服侍鬼神呢？

接着，季路又问死是怎么回事。孔子回答说："未知生，焉知死？"意思是说，生的道理还没有弄明白，怎么能知道死呢？这个回答也可以理解为，如果我们能够把生命的意义和价值搞清楚，那么对于死亡也就有了更深刻的理解。

总之，这段对话反映了孔子对于现实世界的重视，以及对于探讨鬼神和死亡问题的谨慎态度。他认为人们应该关注现实世界中的道德和伦理问题，在此基础上才能进一步探讨更高层次的问题。

11.13 闵子侍侧，訚訚（yín）如也；子路，行行（hàng）如也；冉有、子贡，侃侃如也。子乐。"若由也，不得其死然。"

【白话文】

闵子骞侍立在孔子身边，样子正直而恭敬；子路是很刚强的样子；冉有、子贡的样子温和快乐。孔子很高兴。但他说："像仲由这样，恐怕得不到善终。"

【郭千辉开心陪读】

这段话是描述孔子和他的学生们在一起时的情景。闵子骞、子路、冉有、子贡都是孔子的学生,他们各自有不同的性格和气质。

闵子骞侍立在孔子身边,表现出正直而恭敬的态度。这种性格的人通常比较稳重、端庄,能够恪守礼仪和道德规范。子路则显得刚强勇猛。这种性格的人有很强的决断力和行动力,但是也容易冲动和过于激烈。冉有、子贡则表现出温和快乐的样子。这种性格的人通常比较随和、开朗,能够与人和谐相处,同时也具有一定的思考和理解能力。

孔子对于这些学生的性格气质有深刻的了解和认识,他对于不同的人有不同的评价和期望。在这段话中,孔子虽然对学生们的气质感到高兴,但是他对子路的性格有些担忧。他认为子路过于刚强勇猛,可能会在未来的生活中遇到困难和挫折,甚至得不到善终。

这段话告诉我们,人的性格气质是由多种因素决定的,包括遗传、环境、教育等。不同的人有不同的优点和缺点,需要在学习和生活中不断加以引导和培养。同时,我们也需要认识到自己的性格特点,了解自己的优点和不足之处,以便更好地适应社会和生活。

11.14 鲁人为长府,闵子骞曰:"仍旧贯,如之何?何必改作?"子曰:"夫人不言,言必有中。"

【白话文】

鲁国打算翻修长府的城墙。闵子骞建议:"还是保持原来的样子,这样如何?为什么一定要改建呢?"孔子说:"这个人平常不大开口,一开口就说到要害上。"

【郭干辉开心陪读】

这段话是描述闵子骞和孔子对于鲁国翻修长府城墙的看法。闵子骞建议保持原来的样子,不必改建,他认为这样做更符合节约和实用的原则。孔子认为闵子骞平常不大开口,但一开口就说到要害上,说明他的建议是有道理的。

这个故事告诉我们,在面对问题和决策时,我们应该注重实用和节约,不必过于追求表面的变化和更新。同时,也要注意听取他人的建议和意见,以便更好地做出决策。

11.15 子曰："由之瑟奚为于丘之门？"门人不敬子路，子曰："由也升堂矣，未入于室也。"

【白话文】

孔子说："仲由弹瑟，为什么在我门下弹？"学生们因此而轻视子路。孔子便说："仲由嘛，他在学业上的造诣，已经登堂了，但尚未入室。"

【郭干辉开心陪读】

这段话是关于子路弹瑟的水平，以及孔子对他的评价。孔子认为子路的瑟艺虽然已经有一定的水平，但是还没有达到精通的程度。因此，当学生们轻视子路时，孔子提醒他们，子路的水平已经达到了登堂的程度，但是还没有完全进入精通的阶段。

这个故事告诉我们，在评价一个人的能力和成就时，应该客观、公正地看待其实际水平。不要因为一些表面的不足而轻易否定一个人的能力和潜力。同时，我们也要不断提高自己的技能和知识水平，不断追求进步以至于精通。

11.16 子贡问："师与商也孰贤？"子曰："师也过，商也不及。"曰："然则师愈与？"子曰："过犹不及。"

【白话文】

子贡问道："子张和子夏二人谁更优秀呢？"孔子回答说："子张过度，子夏不足。"子贡说："那么是子张好一些吗？"孔子说："过度和不足是一样的。"

【郭干辉开心陪读】

这段对话是孔子与其弟子子贡的对话。这段文字主要讨论了子张和子夏两位弟子的性格特点和能力，并通过孔子的评价，传达了中庸之道的思想。

首先，子贡问孔子："师与商也孰贤？"这里的"师"指的是子张（颛孙师），"商"指的是子夏（卜商）。子贡想知道，在孔子看来，这两位同学谁更出色。

孔子回答说："师也过，商也不及。"这句话的意思是说，子张的性格过于激进，而子夏则显得过于保守。在这里，"过"和"不及"都是相对中庸之道而言的。中庸之道强调平衡和谐，既不过于偏激，也不过于保守。

子贡听了孔子的评价后,进一步追问:"然则师愈与?"意思是,那么子张是否更优秀一些呢?在子贡看来,可能认为过度比不足要好,因为过度至少表现出一种积极的态度,不足则可能显得过于消极。

然而,孔子却回答说:"过犹不及。"这句话的意思是,过度和不足都是不好的,都没有达到中庸之道的要求。过度可能会导致盲目冒进,而不足则可能错失良机。两者都没有把握好度,都没有达到理想的平衡状态。

通过这段对话,孔子传达了中庸之道的思想。他认为,一个人的性格和行为应该追求平衡和谐,既不过于偏激,也不过于保守。只有这样,才能达到真正的优秀。这种思想对我们今天的生活和工作仍然具有重要的指导意义。

11.17 季氏富于周公,而求也为之聚敛而附益之。子曰:"非吾徒也,小子鸣鼓而攻之可也。"

【白话文】

季氏比周天子左右的卿士还要富有,冉求还帮他搜刮来增加他的钱财。孔子说:"他和我们不是一条道上的人,学生们,你们可以大张旗鼓地去攻击他!"

【郭干辉开心陪读】

这段话反映了孔子对于财富的态度和对于冉求行为的不满。

首先,孔子强调了对于财富的正确态度。他认为财富是一种手段,而不是目的。人们应该通过正当的手段获得财富,并且在使用财富时应该遵循道德原则。他强调了"君子爱财,取之有道"的思想,认为只有通过正当手段获得的财富才是合理的。

然而,冉求却帮助季氏搜刮钱财,增加了他的财富。这种行为是不道德的,也违背了孔子的道德原则。因此,孔子对冉求的行为表示不满和批评。

最后,孔子呼吁学生们去攻击冉求,这是出于对冉求行为的愤怒和不满。他认为冉求的行为违背了道德原则,和他们不是一条道上的人。这种呼吁也是出于对学生们的教导,希望他们能够坚持正确的道德原则,不与不义之人同流合污。

11.18 柴也愚，参也鲁，师也辟，由也喭（yàn）。

【白话文】

柴，性格愚笨；参，性格迟钝；师，性格偏激；由，性格鲁莽。

【郭干辉开心陪读】

这是孔子对四位弟子性格的描述。这并不意味着他们本身有问题或者能力不足，而是每个人的性格特点不同。

对于高柴的"愚"，我们可以理解为他的思想较为单纯，缺乏深入思考的能力。但是这种性格也有其优点，比如，他能够更好地遵循孔子的教诲，没有过多的疑虑和纷扰。

对于曾参的"鲁"，我们可以理解为他的反应比较迟钝，不够敏捷。但这种性格也有其优点，比如，他能够更好地专注于学习和思考，不被外界的纷扰所干扰。

对于子张的"辟"，我们可以理解为他的思想比较偏激，容易走向极端。但是这种性格也有其优点，比如，他能够更好地发掘和坚持自己的信仰和理念。

对于仲由的"喭"，我们可以理解为他的行为比较鲁莽，不够谨慎。但这种性格也有其优点，比如，他能够更好地发挥自己的勇气和行动力，敢于冒险和尝试。

总之，每个人都有自己的性格特点，这些特点既有优点也有缺点。通过教育和引导，我们可以发扬优点，克服缺点，达到更好的个人发展。这也体现了孔子的中庸思想，即在教育中寻求平衡和协调发展。

11.19 子曰："回也其庶乎，屡空。赐不受命而货殖焉，亿则屡中。"

【白话文】

孔子说："颜回的品质趋于完善了，但是常常陷于穷困。子贡不安本分而去做生意，猜测行情却屡猜屡中。"

【郭干辉开心陪读】

这段话是孔子对其两位学生——颜回和子贡的评价。颜回是孔子最得意的门生之一，他安贫乐道，品行高尚，深得孔子的赞赏。孔子认为颜回的品质趋于完善，这是对颜回的极高评价。

然而，孔子也提到颜回常常陷于穷困，这可能是因为他坚守原则，不追求富贵，而安于清贫的生活。相比之下，子贡则不安于本分，选择去做生意，猜测行情并且屡猜屡中。这显示了子贡的商业才能和敏锐的洞察力。

这段话让我们了解到孔子对于不同学生个性和才能的观察和评价。同时，也提醒我们在面对生活的不同选择时，应该根据自己的能力和兴趣去做出最适合自己的选择。

11.20 子张问善人之道，子曰："不践迹，亦不入于室。"

【白话文】

子张问做善人的途径，孔子说："做善事不应留痕迹，不然自己就难以入室。"

【郭干辉开心陪读】

"善人"在孔子的思想中，并非指完美无缺的人，而是指能够践行仁义，不欺人也不自欺的人。这一思想在《论语》中多有体现。例如，孔子曾说："君子喻于义，小人喻于利。"又如："君子义以为上。君子有勇而无义为乱，小人有勇而无义为盗。"

在孔子看来，真正的善人或君子，他做事的行为，不一定要有轰轰烈烈的声名或成就，默默无闻亦可算是善行之一。

所谓"不践迹"，是说做善事不要留痕迹，不要让人觉得你做善事是为了名声或回报。如果为了名声去做善事，可能会在达到目的后失去动力；而如果不求回报，做善事就会出于真心，并能够保持下去。这就是"善人之道"。

"不入于室"是比喻善人的修养还没有达到至善的境界。正如一个学问不够的人常常被称为"才疏学浅"，而一个学问到家的人则被称为"学富五车"。同样，"不践迹"的善人只能算是"近善"，而能够做到"入室"的则是真正的"善人"。

因此，"不践迹，亦不入于室"告诉我们，做善事不应该追求名利和虚荣，而应该出于真心和内在的道德要求；同时，做善事也需要不断努力和学习，以达到更高的境界和修养。

11.21 子曰:"论笃是与,君子者乎,色庄者乎?"

【白话文】

孔子说:"说话笃实诚恳的人,算是君子吗?仅仅靠表情庄重取信人的人算是君子吗?"

【郭干辉开心陪读】

在这句话中,孔子对"论笃"与"色庄"进行了区分和评价。他认为,说话笃实诚恳的人值得赞许,但仅仅靠表情庄重取信人的人不是真正的君子。

在孔子看来,真正的君子应该具备内在的德行和修养,而不是仅仅依靠外在的表现来取悦人。因此,他强调君子的品德和行为应该是一致的,而不是仅仅依靠外表的庄重来取信人。

此外,这句话也提醒我们在评价一个人时,不能仅仅看其外在的表现,而应该注重其内在的品德和行为。只有内外一致的人,才能真正得到他人的尊重和信任。

11.22 子路问:"闻斯行诸?"子曰:"有父兄在,如之何其闻斯行之?"冉有问:"闻斯行诸?"子曰:"闻斯行之。"公西华曰:"由也问闻斯行诸,子曰'有父兄在';求也问闻斯行诸,子曰'闻斯行之'。赤也惑,敢问。"子曰:"求也退,故进之;由也兼人,故退之。"

【白话文】

子路问:"听到就行动起来吗?"孔子说:"有父兄在,怎么能听到就行动起来呢?"冉有问:"听到就行动起来吗?"孔子说:"听到就行动起来。"公西华说:"仲由问听到就行动起来吗?您说'有父兄在';冉求问听到就行动起来吗?您说'听到就行动起来'。我有些糊涂了,斗胆问个明白。"孔子说:"冉求平日做事退缩,所以我激励他;仲由好勇胜人,所以我要抑制他。"

【郭干辉开心陪读】

这是《论语》中一段极富哲理的对话,从中我们可以领悟到孔子的教育方法和道德理念。

首先，我们可以看到孔子对于"闻斯行诸"这个问题的回答因人而异。对于子路，孔子强调了要考虑到父兄的意见；对于冉有，孔子则鼓励他听到就行动起来。这种差异化的教育方式体现了孔子因材施教的理念。他了解每个学生的性格和背景，根据他们的不同特点给予不同的指导和激励。

其次，我们可以看到孔子强调中庸之道。冉求平日做事退缩，所以孔子激励他勇敢行动；子路好勇胜人，所以孔子提醒他要谦退为怀。这种教育方式体现了孔子的中庸思想，即追求平衡和协调，避免走向极端。

最后，我们可以从中领悟到，在面对道德问题时，我们应该从自身做起，不断反省自己的行为和思想。同时，我们也应该尊重他人的意见和看法，虚心接受他人的批评和建议。只有这样，我们才能在道德上不断进步，成为一个有价值和有贡献的人。

11.23　子畏于匡，颜渊后。子曰："吾以女（rǔ）为死矣！"曰："子在，回何敢死？"

【白话文】

孔子在匡地被拘禁，颜渊后来才到。孔子说："我以为你已经死了！"颜渊说："您还活着，我怎么敢死？"

【郭干辉开心陪读】

这段对话展示了颜渊对孔子的敬爱和忠诚。当孔子被拘禁，颜渊因担忧而迟到后，孔子以为他已死，感到非常悲伤。而颜渊的回答则表现出了他对孔子的深深敬仰和忠诚，他不敢轻易去死，因为孔子还活着。这种师生之间的深厚情感和敬仰，体现了儒家对于"师道尊严"的重视，也是儒家文化中的重要价值观之一。

11.24　季子然问："仲由、冉求可谓大臣与？"子曰："吾以子为异之问，曾由与求之问。所谓大臣者，以道事君，不可则止。今由与求也，可谓具臣矣。"曰："然则从之者与？"子曰："弑父与君，亦不从也。"

【白话文】

季子然问："仲由、冉求可以称作大臣吗？"孔子说："我以为你是问别人，原来是问仲由和冉求呀。所谓大臣，是要用忠道来侍奉国君，如果行不通就辞职。现在仲由和冉求这两个人可以称作具备做臣子的条件了。"季子然又问："那么，他们是能顺从上级意见的了？"孔子说："杀父亲、杀国君这样的大事，他们是不会顺从的。"

【郭干辉开心陪读】

在这段对话中，孔子强调了"大臣"应有的道德品质和责任。他认为，"大臣"应该以道义来侍奉君主，如果无法以道义来影响君主，那么就会选择辞职。这体现了儒家"以道事君，不可则止"的理念，强调了臣子的责任和道德操守。

同时，孔子也明确表示，仲由和冉求虽然具备了做臣子的条件，但是他们不会无原则地顺从上级的意见，尤其是涉及杀父弑君这样的大事时。这再次强调了儒家强调的"忠孝"观念，即臣子要对国家和君主忠诚，但是也要坚持道德原则，不能做不忠不义之事。

此外，从孔子的回答中也可以看出，他对于季氏的专权和越权行为持批评态度。他认为季氏不应该将权力私有化、谋求个人利益，而应该遵循礼法制度办事。这也是儒家强调的"礼治"观念的体现。

总之，这段对话展示了孔子对于"大臣"角色的理解和对道德、忠诚、礼制的重视。

11.25 子路使子羔为费（bì）宰，子曰："贼夫人之子。"子路曰："有民人焉，有社稷焉，何必读书然后为学。"子曰："是故恶夫佞者。"

【白话文】

子路叫子羔去做费地的长官。孔子说："是祸害子弟的做法。"子路说："有百姓，有土地五谷，何必读书才算学习？"孔子说："所以我讨厌那种花言巧语狡辩的人。"

【郭干辉开心陪读】

这段对话发生在孔子与其弟子子路之间。子路让子羔去做费地的长官，但孔子并不赞成这个决定，他认为让一个尚未成熟的人去做如此重要的职务，是对他的不负责任，也是对百姓的不负责任。因此，他说："是祸害子弟的做法。"

子路听到孔子的话后，认为子羔已经有了一些社会经验，而且费地也需要有人去管理，因此他提出："有百姓，有土地五谷，何必读书才算学习？"他的意思是，管理百姓和土地也是一种学习，不一定非要读书才能学到东西。

然而，孔子并不认同子路的观点。他认为学习是一种持续的过程，需要不断积累知识和经验。读书是一种学习的方式，但并不是唯一的方式。如果一个人只是为了管理百姓和土地而放弃学习，那么他就会错过很多其他方面的发展和成长。因此，孔子说："是故恶夫佞者。"这里的"佞者"是指那些花言巧语、狡辩的人，他认为这样的人缺乏真正的才学和能力，只是靠口才和外表来取悦别人。

这段对话反映了孔子对于学习的重视，他认为学习是一个不断积累、不断深化的过程，需要不断地努力和投入。同时，他也提醒我们，管理百姓和土地虽然是一种实践性的学习，但并不意味着可以忽视其他方面的学习和成长。一个真正优秀的人才应该是全面发展、不断进步的。

11.26 子路、曾皙、冉有、公西华侍坐。子曰："以吾一日长乎尔，毋吾以也。居则曰'不吾知也'。如或知尔，则何以哉？"

子路率尔而对曰："千乘之国，摄乎大国之间，加之以师旅，因之以饥馑，由也为之，比及三年，可使有勇，且知方也。"夫子哂之。

"求，尔何如？"对曰："方六七十，如五六十，求也为之，比及三年，可使足民。如其礼乐，以俟君子。"

"赤！尔何如？"对曰："非曰能之，愿学焉。宗庙之事，如会同，端章甫，愿为小相焉。"

"点，尔何如？"鼓瑟希，铿尔，舍瑟而作，对曰："异乎三子者之撰。"

子曰："何伤乎？亦各言其志也。"曰："暮春者，春服既成，冠者五六人，童子六七人，浴乎沂，风乎舞雩，咏而归。"

夫子喟然叹曰："吾与点也！"

三子者出，曾皙后。曾皙曰："夫三子者之言何如？"子曰："亦各言其志也已矣。"曰："夫子何哂由也？"曰："为国以礼，其言不让，是故哂之。""唯求则非邦也与？""安见方六七十，如五六十而非邦也者？""唯赤则非邦也与？""宗庙会同，非诸侯而何？赤也为之小，孰能为之大？"

【白话文】

子路、曾皙、冉有、公西华陪孔子坐着。孔子说："不要因为我年纪比你们大一点，就不敢讲了。你们平时常说：'没有人了解我呀！'假如有人了解你们，你们怎么办呢？"

子路不假思索地回答说："一个拥有千辆兵车的国家，夹在大国之间，加上外国军队的侵犯，接着又遇上饥荒；如果让我治理这个国家，等到三年工夫，就可以使人人勇敢善战，而且还懂得做人的道理。"孔子微微一笑。

"冉求，你怎么样？"冉求回答说："一个纵横六七十里或五六十里的小国，如果让我去治理，等到三年，就可以使老百姓富足起来。至于他们的礼乐教化，就要等君子来施行了。"

"公西华！你怎么样？"公西华回答说："我不敢说能做什么。愿意学习罢了。宗庙祭祀，诸侯会盟和朝见天子，不是诸侯的大事又是什么呢？我愿意穿着礼服，戴着礼帽，做一个小小的赞礼人。"

"曾皙！你怎么样？"曾皙弹瑟的声音逐渐稀疏下来，铿的一声，放下瑟直起身来，回答说："我和他们三位刚才所讲的话不一样。"

孔子说："那有什么关系呢？不过是各自谈谈自己的志向罢了。"

曾皙说："暮春时节，春天的衣服已经穿上了。和几个成年人、几个孩童到沂水里游泳，在舞雩台上吹吹风，一路唱着歌儿回来。"孔子长叹一声说："我赞同曾皙的想法呀！"

子路、冉有、公西华都出去了，曾皙最后走。他问孔子："他们三个人的话怎么样？"孔子说："也不过是各自谈谈自己的志向罢了。"曾皙说："您为什么嘲笑子路呢？"孔子说："治理国家要讲究礼让，可是子路毫不谦让，所以我嘲笑他。""难道冉求讲的不是国家大事吗？""怎么见得方圆六七十里或五六十里就不是国家了呢？""难道公西华讲的不是国家大事吗？""宗庙祭祀，诸侯会盟和朝见天子，不是诸侯国间的大事那又是什么？公西华如果只能做小相，那么谁能做大事呢？"

【郭干辉开心陪读】

这就是著名的"侍坐"篇，在这里孔子与他的四位弟子子路、冉有、公西华和曾皙进行了一次意义深远的谈话。这个谈话不仅展示了孔子对礼治和道德教育的重视，还描绘了四位弟子各自不同的人生追求和价值观念。

首先，我们要理解孔子为何对子路的志向表示不满。子路希望成为一个能够治理千乘之国的政治家，这种想法充满了雄心壮志。然而，孔子认为子路的想法过于简单粗暴，缺乏对礼治精神的尊重。孔子认为，一个理想的国家应该是以礼乐制度为基础的，而不是单纯依靠武力和权力来统治。因此，他对子路的评价是"是故哂之"，是对子路的轻视和嘲笑。

其次，冉有和公西华的志向更加注重实践和具体事务。冉有希望治理一个纵横六七十里或五六十里的国家，让百姓能够过上安稳的生活；公西华则愿意担任小相，参与宗庙祭祀和诸侯会盟等重要事务。虽然他们的志向与孔子的理想有些距离，但并没有违背礼治精神。因此，孔子并没有嘲笑他们，只是简单地评价说："亦各言其志也已矣。"

最后，曾皙的志向则完全超脱了功利和权力的范畴。他希望在暮春时节，和几个成年人、几个孩童到沂水里游泳，在舞雩台上吹吹风，一路唱着歌儿回来。这种生活态度充满了诗意和浪漫，体现了儒家所追求的"仁义礼智信"等道德理念。因此，孔子对曾皙的志向表示了赞同，认为他描绘了一种理想的生活方式。

通过这四个弟子的不同志向，我们可以看到他们各自的人生追求和价值观念。子路追求权力和成就，冉有注重实践和民生，公西华关注礼仪和传统，而曾皙则追求诗意和道德。孔子的评价则表达了他对人生的深刻理解和崇高理想。他强调了礼治的重要性，反对简单的权力和武力统治。他鼓励弟子们追求高远的道德理想，而非局限于功利和权力的争夺。

这段对话也是一次深刻的道德教育。它提醒我们不仅要关注物质世界的成就和进步，更要注重人的内在精神追求和道德修养。我们应该追求一种有诗意、有道德、有礼治的生活方式，这样才能真正实现人生的价值和意义。

颜渊第十二

12.1 颜渊问仁,子曰:"克己复礼为仁。一日克己复礼,天下归仁焉。为仁由己,而由人乎哉?"颜渊曰:"请问其目?"子曰:"非礼勿视,非礼勿听,非礼勿言,非礼勿动。"颜渊曰:"回虽不敏,请事斯语矣。"

【白话文】

颜渊问怎样做才是仁。孔子说:"克制自己,一切都照着礼的要求去做,这就是仁。一旦这样做了,天下都认为你是仁人。实行仁德,完全在于自己,难道还在于别人吗?"颜渊说:"请问实行仁的条目。"孔子说:"不合于礼的不要看,不合于礼的不要听,不合于礼的不要说,不合于礼的不要做。"颜渊说:"我虽然愚笨,也要照您的这些话去做。"

【郭干辉开心陪读】

这一段是孔子对于仁的进一步解释和阐述。他强调了自我克制和遵循礼的重要性,认为这是实现仁的关键。对于颜渊的问题,孔子给出的答案是"非礼勿视,非礼勿听,非礼勿言,非礼勿动",也就是说要时刻保持对礼的敬畏和遵循,不要去做那些不符合礼的事情。

在这里,孔子强调了克制和自我约束的重要性。他认为,只有当一个人能够克制自己的欲望和冲动,才能够真正地遵循礼的要求,从而做到仁。同时,他也强调了实行仁德完全在于自己,而不是取决于别人。这是一个非常重要的观点,它表明了人的自主性和自我决定性在实现仁的过程中所起的作用。

此外,孔子的回答也表明了他对于礼的重视。他认为,礼是一种规范和准则,它是人们在行为、言谈和思想上应该遵循的基本原则。通过遵循礼,人们可以建立和谐的人际关系和社会秩序,从而实现仁的目标。因此,在孔子的思想中,礼和仁是密不可分的,它们共同构成了儒家思想的核心。

12.2 仲弓问仁，子曰："出门如见大宾，使民如承大祭。己所不欲，勿施于人。在邦无怨，在家无怨。"仲弓曰："雍虽不敏，请事斯语矣。"

【白话文】

仲弓问怎样做才是仁。孔子说："出门办事如同去接待贵宾，役使百姓如同去进行重大的祭祀（要严肃认真，恭敬谨慎）。自己不愿意要的，不要强加于别人；做到在诸侯那里任职没人怨恨（自己）；在卿大夫那里任职也没人怨恨（自己）。"仲弓说："我虽然笨，也要照您的话去做。"

【郭干辉开心陪读】

这一段是孔子对于仲弓关于仁的提问的回答。孔子认为，一个仁者应该尊重他人，对待他人要像对待贵宾一样恭敬谨慎，同时也要以严肃认真的态度役使百姓。自己不想要的，不要强加于别人，这是尊重他人的表现，也是实现仁的重要途径。

此外，孔子还强调了自我反省和自我约束的重要性，要时刻检查自己的行为和言语是否符合礼和仁的标准，做到在诸侯那里任职和在卿大夫那里任职都无人怨恨。

孔子的回答也强调了个人努力和实践的重要性。仲弓虽然天资不高，但孔子认为他可以通过努力和实践来实现仁的目标。这也是儒家思想的一个重要观点，即通过个人的努力和实践，可以达到道德上的完善和人格上的提升。

12.3 司马牛问仁，子曰："仁者，其言也讱（rèn）。"曰："其言也讱，斯谓之仁已乎？"子曰："为之难，言之得无讱乎？"

【白话文】

司马牛问什么是仁，孔子说："仁者，他的言语慎重。"司马牛说："言语慎重，这就叫作仁了吗？"孔子说："做起来难，说话能够不慎重吗？"

【郭干辉开心陪读】

首先，孔子对于"仁"的定义是"仁者，其言也讱"。这句话的意思是说，一个具备仁德的人，他的言论应该是谨慎且深思熟虑的。为什么会这样呢？因为在他看来，"为之难"，也就是实践起来不容易。所以，言语慎重可以视为仁的一种表现形式。

其次，司马牛对于这个定义有所疑惑，认为如果言语慎重就是仁，那是不是太简单了。孔子则进一步解释说："言之得无讱乎？"也就是说，我们在说话的时候，能不慎重吗？这里的"言"不仅是指日常的言语交流，更是指在面对重要事情、做出重要决定时，应慎重考虑，深思熟虑。

最后，孔子的解释也强调了实践和行动的重要性。他认为，一个真正的仁者，不仅在言语上要慎重，更要在实践中去展现他的仁德。一个真正的仁者，他会在实际行动中贯彻他的价值观和道德准则，而不是只在言语上表现得高尚。

所以，这段对话不仅展现了孔子对于"仁"的理解，也展现了儒家对于言行一致、重实践的价值观的坚持。只有真正的行动才能证明我们的言辞是否真实。

12.4　司马牛问君子，子曰："君子不忧不惧。"曰："不忧不惧，斯谓之君子已乎？"子曰："内省不疚，夫何忧何惧？"

【白话文】

司马牛问什么是君子，孔子回答："君子不忧愁、不恐惧。"司马牛又问："不忧愁、不恐惧，就可以称为君子吗？"孔子回答："自己反省内心，没有愧疚，那还有什么忧愁和恐惧的呢？"

【郭干辉开心陪读】

孔子认为君子的一个重要品质是"不忧不惧"，也就是内心平静，不被外界事务所干扰。这种品质是通过自我反省，达到内心的平静和宁静。

在孔子的回答中，"内省不疚"是关键。这意味着君子会不断地审视自己的行为和思想，以确保它们符合道德标准和自己的价值观。通过这种方式，君子能够保持内心的平静，不会因为愧疚而感到不安或恐惧。

因此，君子的一个重要品质是自我反省和内心平静。他们不会轻易被外界干扰或影响，能够独立思考和坚定信仰。这也是为什么孔子强调"内省不疚"是成为君子的关键品质之一。

12.5 司马牛忧曰:"人皆有兄弟,我独亡(wú)。"子夏曰:"商闻之矣:死生有命,富贵在天。君子敬而无失,与人恭而有礼,四海之内皆兄弟也。君子何患乎无兄弟也?"

【白话文】

司马牛忧愁地说:"别人都有兄弟,唯独我没有。"子夏说:"我听说:死生听天由命,富贵在于上天的安排。君子敬慎而没有过失,待人恭敬而有礼,四海之内的人都是兄弟。君子何必担忧没有兄弟呢?"

【郭干辉开心陪读】

这段对话是关于司马牛和子夏的。司马牛认为自己没有兄弟,对此感到很忧虑。子夏则向他解释了人与人之间的兄弟关系是命中注定的,而君子的品格和行为可以赢得天下人的尊重和友谊,因此他不必担心没有兄弟。

子夏的话表达了一个重要的思想,即人的生死和富贵是由命运决定的,而君子的行为和品德则是自己可以掌控的。君子应该敬慎自己的行为,不犯过失,对待他人恭敬而有礼,这样就能赢得他人的尊重和友谊。

12.6 子张问明,子曰:"浸润之谮,肤受之愬,不行焉,可谓明也已矣;浸润之谮,肤受之愬,不行焉,可谓远也已矣。"

【白话文】

子张问什么是明智,孔子说:"逐渐渗透的谗言,亲身受到的诽谤,不在这种情况下是不能算作明智的;受到暗中传播的谗言和亲身受到的诽谤而能保持不陷罪,可以说是远大的。"

【郭干辉开心陪读】

这段对话关于如何区分明智和远大。孔子认为,明智的人能够在早期阶段就察觉到逐渐渗透的谗言和亲身受到的诽谤,并且能够妥善处理这种情况。而远大的人则能够在这种情况下保持不陷罪,具有高尚的品德和长远的眼光。

孔子的观点强调了对于逐渐渗透的谗言和亲身受到的诽谤的处理方式对于一个人是否明智和远大至关重要。如果一个人在这些情况下无法妥善处理,就很容易陷入困境,甚至犯罪。因此,明智和远大的人需要具备敏锐的洞察力和高尚的品德，以便在遇到这种情况时能够妥善应对。

此外，孔子还强调了品德的重要性。只有具备高尚的品德，才能真正做到明智和远大。因此，我们应该注重培养自己的品德和修养，以便在人生的道路上更加明智和远大。

12.7 子贡问政，子曰："足食，足兵，民信之矣。"子贡曰："必不得已而去，于斯三者何先？"曰："去兵。"子贡曰："必不得已而去，于斯二者何先？"曰："去食。自古皆有死，民无信不立。"

【白话文】

子贡问怎样治理国家，孔子回答："充足粮食，充足军备，获得人民的信任。"子贡问："如果迫不得已要去掉一些，三项中先去掉哪一项？"孔子回答："去掉军备。"子贡又问："如果迫不得已还要去掉一项，两项中先去掉哪一项？"孔子回答："去掉粮食。因为自古以来人总是要死的，如果老百姓对统治者不信任，那么国家就无法存在了。"

【郭干辉开心陪读】

这段对话是关于如何治理国家的。孔子认为，治理好国家需要三个重要的条件：充足的粮食、充足的军备和获得人民的信任。然而，如果迫不得已需要去掉一些条件，应该先去掉军备，其次是去掉粮食。因为如果人民对统治者不信任，国家就无法存在了。

孔子的观点强调了民心的重要性。只有获得人民的信任，才能建立稳定的社会秩序和良好的国家治理。因此，治理国家必须注重人民的利益和福祉，以及与人民之间的互信关系。

此外，孔子还强调了粮食和军备的重要性。充足的粮食可以保障人民的基本生活需求，而充足的军备可以保障国家的安全和稳定。因此，治理国家需要在保障人民利益的同时，加强国家的安全和稳定。

总之，这段对话告诉我们治理好国家需要多个方面的条件和因素，其中最重要的是获得人民的信任和保障人民的基本生活需求。只有通过良好的治理和民心的凝聚，才能建立稳定、繁荣的社会和国家。

12.8 棘子成曰:"君子质而已矣,何以文为?"子贡曰:"惜乎,夫子之说君子也!驷不及舌。文犹质也,质犹文也。虎豹之鞟(kuò)犹犬羊之鞟。"

【白话文】

棘子成说:"君子只要本质好就可以了,要那些文采有什么用呢?"子贡说:"可惜你讲错了,先生你的话是说君子只要本质好,就不用在乎文采吗?但你一出口,驷马难追呀。文采如同本质一样重要,本质也如同文采一样重要。假如去掉虎豹和犬羊的有色毛,它们剩下的皮就一样了。"

【郭干辉开心陪读】

这段对话是关于君子应该注重本质还是文采的讨论。棘子成认为君子只要本质好就可以了,不需要注重文采。而子贡则认为文采和本质同样重要,不能偏废。

子贡用"驷不及舌"的比喻来强调言辞的重要性和影响。一旦说出口的话,就无法收回了,所以说话要慎重。他用"虎豹之鞟犹犬羊之鞟"的比喻来进一步说明文采和本质的关系。如果去掉虎豹和犬羊的有色毛,它们剩下的皮就一样了,这说明没有文采的本质就像失去了色彩的物品,不再引人注目。

因此,这段对话告诉我们,作为君子,不仅要注重本质,还要注重文采。本质是基础,但文采可以让我们的表达更加生动、有力,更加引人注目。只有文质兼备,才能成为一个真正优秀的人。

12.9 哀公问于有若曰:"年饥,用不足,如之何?"有若对曰:"盍彻乎?"曰:"二,吾犹不足,如之何其彻也?"对曰:"百姓足,君孰与不足?百姓不足,君孰与足?"

【白话文】

鲁哀公问有若说:"年成歉收,国家用度不足,应该怎么办呢?"有若回答说:"为什么不实行十分抽一的税率呢?"哀公说:"十分抽二,我还感到不足,怎么能十分抽一呢?"有若回答说:"百姓富足了,您怎么会不足呢?百姓不富足,您怎么会富足呢?"

【郭干辉开心陪读】

这段对话是关于国家税收政策的讨论。有若建议在年成不好的情况下,实行十分抽一的税率,以减轻百姓的负担。他认为,如果百姓富足了,国家也会随之富足;反之,如果百姓贫困,国家也难以富裕。因此,他主张通过减税来促进百姓的经济发展,从而增加国家的税收。

这个观点反映了儒家"民为邦本"的思想。儒家认为,百姓是国家的基础,只有百姓富足了,国家才能稳定和发展。因此,儒家主张实行"轻徭薄赋"的政策,以保障百姓的基本生活需求,促进国家的经济发展。

此外,这段对话也提醒我们,政策的制定必须考虑到实际情况和长远利益。在面临困难时,我们应该采取切实可行的措施来解决问题,而不是只关注眼前的利益。只有这样,才能实现长期的稳定和发展。

12.10　子张问崇德、辨惑,子曰:"主忠信,徙义,崇德也。爱之欲其生,恶之欲其死;既欲其生,又欲其死,是惑也。'诚不以富,亦祗以异。'"

【白话文】

子张问如何尊崇道德、识别迷惑,孔子说:"以忠信为主,见义则从,这就是尊崇道德。对人,爱他时希望他长寿,厌恶他时希望他短命;既希望他长寿又希望他短命,这就是迷惑了。《诗经》说:'确实不是因为富贵,只是因为离别。'"

【郭干辉开心陪读】

这段对话是关于如何尊崇道德和识别迷惑的。孔子认为,忠信是道德的核心,应该以忠信为主,见义则从。同时,对于人的爱憎要有一个明确的标准,不能反复无常,否则就会陷入迷惑之中。

"诚不以富,亦只以异。"这句话出自《诗经》中的《小雅》,意思是说对于所爱之人不必因为他富贵而喜欢他,也不因为他贫贱而厌恶他,只是因为他对自己的感情是真挚的。孔子引用这句话是为了说明人应该以道德为标准来评价和判断一个人,而不是以富贵或者贫贱为标准。

此外，孔子还强调了爱憎要有明确的标准。如果对于一个人的爱憎没有明确的标准，就会导致反复无常，从而陷入迷惑之中。因此，我们应该树立正确的价值观和道德观，以真诚和公正的态度对待他人，不被个人情感所左右。

12.11 齐景公问政于孔子，孔子对曰："君君，臣臣，父父，子子。"公曰："善哉！信如君不君，臣不臣，父不父，子不子，虽有粟，吾得而食诸？"

【白话文】

齐景公向孔子问政治，孔子回答说："君主要像个君主，臣子要像个臣子，父亲要像个父亲，儿子要像个儿子。"景公说："好极了！确实是这样：君主要像个君主，臣子要像个臣子，父亲要像个父亲，儿子要像个儿子。如果君臣上下没有这样的名分和礼节，即使有粮食，我能吃得上吗？"

【郭干辉开心陪读】

这段对话是关于君臣父子关系的讨论。孔子认为，君臣父子之间应该各守礼义名分，不可混淆或颠倒。只有各安其位，君仁臣忠，父慈子孝，才能维护社会秩序和道德规范。

齐景公对孔子的回答表示赞同，认为如果君臣上下没有这样的名分和礼节，即使有粮食，自己也无法享受。这说明齐景公对于君臣父子关系的重视和对于社会秩序的维护。

此外，这段对话也反映了春秋时期的社会现实。在这个时期，社会秩序混乱，诸侯争霸，君臣上下往往不守礼义名分。孔子认为，只有恢复礼制和维护名分，才能重建社会秩序和道德规范。因此，他提出了"君君，臣臣，父父，子子"的主张，强调君臣父子之间应该各守礼义名分。

12.12 子曰："片言可以折狱者，其由也与？"子路无宿诺。

【白话文】

孔子说："只听了只言片语就可以判决案件的，大概只有仲由能够做到吧？"子路从不拖延兑现诺言。

【郭干辉开心陪读】

这段对话是关于子路的性格和能力的描述。孔子称赞子路能够只听了只言片语就可以判决案件，这说明子路具有敏锐的判断力和果断的决策能力。同时，子路从不拖延兑现诺言，说明他行事果断，不会拖延或犹豫不决。

这段对话反映了孔子的教育理念和对于子路的能力的评价。孔子认为，一个好的领导者应该具备敏锐的观察力和判断力，能够在短时间内做出正确的决策。同时，一个好的领导者还应该具备果断的性格，能够迅速地做出决策并付诸行动。

此外，这段对话也告诉我们，一个人的能力和性格是由多方面因素决定的。子路的判断力和果断性并不是天生的，而是通过不断学习和实践培养出来的。因此，我们应该注重学习和实践，不断提高自己的能力和素质。

12.13　子曰："听讼，吾犹人也。必也使无讼乎。"

【白话文】

孔子说："审理诉讼，我与别人一样。重要的是必须使诉讼不再发生。"

【郭干辉开心陪读】

这段对话描述的是孔子的法律观念和纠纷解决方式。孔子认为，审理诉讼并不是目的，而是要通过法律手段来解决社会矛盾和纠纷。但是，更重要的是要采取措施预防纠纷的发生，使社会更加和谐稳定。

孔子的这种观念体现了"以德治国、以法治国"的思想。他认为，法律是解决社会矛盾和纠纷的手段之一，但是只有提高人民的道德水平和法律意识，才能从根本上预防纠纷的发生。因此，他强调了道德教化的作用，认为只有通过道德教化来提高人民的道德素质和法律意识，才能实现社会的和谐稳定。

12.14　子张问政，子曰："居之无倦，行之以忠。"

【白话文】

子张问怎样治理政事，孔子回答："居于官位不懈怠，执行政令要忠诚。"

【郭干辉开心陪读】

这段对话是关于如何治理政事的讨论。孔子认为，治理政事的关键在于勤勉而不懈怠，忠诚地执行国家的政策和法令。这是维护社会秩序和公正的基础，也是实现国家繁荣和人民幸福的关键。

子张的提问反映了当时人们对于政治问题的关注和思考。在孔子的思想中，政治是一个重要的领域，通过正确的治理方式，可以实现社会的和谐与稳定。

此外，这段对话也提醒我们，治理政事需要具备高度的责任感和忠诚度。一个优秀的领导者应该以国家和人民的利益为重，不懈地努力工作，同时保持忠诚和诚信，维护公正和公平。只有这样，才能实现良好的治理效果，推动社会的发展和进步。

12.15 子曰："博学于文，约之以礼，亦可以弗畔矣夫。"

【白话文】

孔子说："广泛地学习文化典籍，用礼来约束自己，就可以不违背君子之道了。"

【郭干辉开心陪读】

这句话是关于学习与修身的建议。孔子认为，学习是一个人成长的必经之路，通过广泛学习文化典籍，可以获取各种知识和智慧。但是，学习的目的不仅是获取知识，更重要的是要学会做人，遵守社会规范和道德准则。因此，孔子提出了"约之以礼"的建议，即用礼来约束自己的行为，使自己的言行符合君子的标准。

在孔子的时代，礼是一种重要的社会规范和道德准则，它规定了人们在社会生活中的行为方式和礼仪规范。孔子认为，遵守礼是成为一个君子的必要条件。只有通过学习和实践礼，才能真正理解文化的内涵和价值，同时也能够提高自己的道德素质和修养。

12.16 子曰："君子成人之美，不成人之恶；小人反是。"

【白话文】

孔子说："君子成全别人的好事，而不助长别人的恶处。小人则与此相反。"

【郭干辉开心陪读】

这句话是对君子和小人行为方式的比较和区分。孔子认为，君子应该具备高尚的品德和行为，应该成全别人的好事，而不助长别人的恶处。这意味着君子应该具备助人为乐、成人之美的品质，同时也应该具备是非分明、正直正义的品质。而小人则与此相反，他们往往为了一己之私而助长别人的恶处，破坏别人的好事。

这种行为方式的比较和区分，是孔子对社会道德和人性的深刻洞察和思考。他认为，一个人的行为方式应该符合道德规范和伦理准则，应该具备正直正义、助人为乐等品质。只有这样，才能成为一个真正的君子，受到社会的尊重和赞誉。

12.17 季康子问政于孔子，孔子对曰："政者，正也。子帅以正，孰敢不正？"

【白话文】

季康子向孔子询问为政之道，孔子回答："'政'就是'正'的意思。你自己带头端正，谁敢不端正呢？"

【郭干辉开心陪读】

这段对话与政治的定义和领导者的责任有关。孔子认为，政治的本质就是端正，即领导者必须以身作则，带头端正自己的行为和思想。只有这样，下面的官员和百姓才会遵守道德规范，社会才能实现公正和稳定。

季康子作为鲁国的权臣，对于如何治理国家自然十分关注。孔子对于为政之道的回答，强调了领导者的责任和表率作用。如果领导者能够以身作则，带头端正自己的行为和思想，那么下面的官员和百姓自然会效仿，从而形成良好的社会风气。反之，如果领导者不正，下面的官员和百姓也会受到不良影响，导致社会风气败坏。

此外，这段对话也提醒我们，作为领导者要时刻关注自己的行为和思想是否符合道德规范和伦理准则。只有这样，我们才能真正发挥领导者的作用，带领团队走向成功。同时，我们也要时刻关注社会风气的好坏，及时采取措施加以改善，为社会的和谐稳定做出积极的贡献。

12.18 季康子患盗，问于孔子。孔子对曰："苟子之不欲，虽赏之不窃。"

【白话文】

季康子担忧盗贼，向孔子请教对策。孔子回答："假如你自己不贪图财利，即使你奖励偷窃，也不会有人偷窃。"

【郭干辉开心陪读】

这段对话描述的是为政者的品德和社会风气之间的关系。季康子担忧盗贼，向孔子请教对策，但孔子却指出，问题的根本在于为政者的品德。如果为政者贪图财利，那么即使采取严厉的惩罚措施，也不能从根本上解决盗贼问题。相反，如果为政者具备高尚的品德，那么社会风气自然会好转，盗贼问题也会得到缓解。

在孔子的思想中，为政者的品德对于社会风气的影响至关重要。一个具备高尚品德的为政者，会以身作则，带头端正自己的行为和思想，从而形成良好的社会风气。反之，如果为政者品德低下，贪图私利，那么就会破坏社会风气，导致各种问题的出现。

此外，这段对话也提醒我们，作为领导者要时刻关注自己的品德修养。只有自己具备高尚的品德，才能对社会产生积极的影响，带领团队走向成功。同时，我们也要时刻关注社会风气的好坏，及时采取措施加以改善，为社会的和谐稳定做出积极的贡献。

12.19 季康子问政于孔子曰："如杀无道以就有道，何如？"孔子对曰："子为政，焉用杀？子欲善而民善矣。君子之德风，小人之德草，草上之风必偃。"

【白话文】

季康子向孔子询问为政之道说："如果杀掉无道的人来成就有道的人，怎么样？"孔子回答："你治理政事，为什么要用杀呢？你想做好人，老百姓就跟着做好人。君子之德如风，小人之德如草，草上之风必定会顺着风吹的方向倒。"

【郭干辉开心陪读】

这段对话是对为政者的品德和领导艺术的讨论。季康子询问如何通过杀戮来建立有道的政治秩序,孔子认为这种做法不可取。相反,他强调为政者应该具备高尚的品德,以身作则,通过自身的榜样力量来影响和改变社会风气。

此外,孔子还提出了"君子之德风,小人之德草"的观点。他认为,为政者的品德就像风一样,影响着下面官员和百姓的行为。而下面的人的品德就像草一样,随着为政者的风向而倒。这意味着,为政者的品德和行为对于下面的人具有决定性的影响。

我们应该时刻关注社会风气的好坏,及时采取措施加以改善,为社会的和谐稳定做出积极的贡献。

12.20　子张问:"士何如斯可谓之达矣?"子曰:"何哉尔所谓达者?"子张对曰:"在邦必闻,在家必闻。"子曰:"是闻也,非达也。夫达也者,质直而好义,察言而观色,虑以下人。在邦必达,在家必达。夫闻也者,色取仁而行违,居之不疑。在邦必闻,在家必闻。"

【白话文】

子张问孔子:"士怎样做才可以称得上通达?"孔子说:"你说的通达是什么意思?"子张答道:"在诸侯国一定有名望,在大夫家也一定有名望。"孔子说:"这只是虚有其表的名声,不是通达。所谓达,要品质正直,遵从礼义,善于揣摩别人的话语,观察别人的脸色,经常想着谦恭待人。这样的人,在诸侯国必定通达,在大夫家也必定通达。至于那些有名望的人,只是表面上装作仁的样子,行动上却违背了仁,自己还以仁人自居不惭愧。但这种人无论在诸侯国还是在大夫家,都必定会获取名望。"

【郭干辉开心陪读】

这段对话发生在孔子和他的学生子张之间,探讨了一个人的品质如何影响其社会地位和声誉。孔子通过对比"达"和"闻"两个概念,阐述了真正有品德的人应该具备哪些特质。

子张问孔子,一个士(古代的知识分子或官员)应该具备哪些条件才能被称为"达"（通达、成功）。子张的理解是，一个人如果在诸侯国和大夫家都享有名望，那么就可以被认定为通达。

然而，孔子并不认同这种看法。他认为，真正的"达"不仅具有表面的名声和地位，而且具有很好的内在品质。一个真正通达的人，应该具备以下三个特质：

一是质直而好义。品质正直，坚守道义。这意味着一个通达的人不仅要有诚实的品格，还要坚持做正确的事情，即使面对困难和压力也不妥协。

二是察言而观色。善于观察和揣摩别人的话语和表情。这意味着一个通达的人应该具备敏锐的洞察力和同理心，能够理解和适应不同人的需求和期望。

三是虑以下人。在与人相处时，总是考虑如何让别人感到舒适和受到尊重。这反映了通达之人的谦逊和包容心态，他们不会自以为是或傲慢自大，而是愿意倾听和尊重他人的意见和感受。

孔子进一步指出，具备这些品质的人，无论在诸侯国还是在大夫家中，都能够实现真正的通达。他们不仅赢得了别人的尊重和信任，也为自己创造了和谐、稳定的环境。相反，那些只是表面上装作仁人君子，实际上却违背仁道、行为不端的人，虽然可能在短时间内获得名声和地位，但这种虚有其表的名声并不是真正的通达。他们可能会因为自己的虚伪和欺诈行为而最终失去别人的信任和支持。

12.21　樊迟从游于舞雩之下，曰："敢问崇德、修慝（tè）、辨惑。"子曰："善哉问！先事后得，非崇德与？攻其恶，无攻人之恶，非修慝与？一朝之忿，忘其身，以及其亲，非惑与？"

【白话文】

樊迟陪着孔子在舞雩台下游玩，他说："请问怎样提高自己的品德，怎样改正自己的恶习，怎样辨别迷惑？"孔子说："问得好！首先付出努力去做，然后才能得到收获，不就是提高自己的品德吗？多批评自己的错误，少指责别人的错误，不就是改正自己的恶习吗？因一时的愤怒就忘记自己和亲戚的安危，不就是迷惑吗？"

【郭千辉开心陪读】

这段对话是关于个人品德修养和如何辨别的讨论。在孔子看来，要提高自己的品德，首先要付出努力去做事，然后才能有所收获。这意味着，只有通过实际行动，才能真正提高自己的品德修养。同时，孔子也强调了自我反省的重要性，要多批评自己的错误，少指责别人的错误。这样才能真正改正自己的恶习。

此外，孔子还指出了"一朝之忿，忘其身，以及其亲"的危害性。这种因为一时的愤怒而忘记自己和亲戚的安危的行为，是导致社会纷争和个人悲剧的重要原因之一。因此，我们应该时刻保持冷静和理智，不要因为一时的情绪而做出冲动的决定。

12.22　樊迟问仁，子曰："爱人。"问知（zhì），子曰："知人。"樊迟未达，子曰："举直错诸枉，能使枉者直。"樊迟退，见子夏，曰："乡（xiàng）也吾见于夫子而问知（zhì），子曰：'举直错诸枉，能使枉者直'，何谓也？"子夏曰："富哉言乎！舜有天下，选于众，举皋陶（gāo yáo），不仁者远矣。汤有天下，选于众，举伊尹，不仁者远矣。"

【白话文】

樊迟问什么是仁，孔子回答："爱人。"樊迟又问什么是知，孔子回答："知人。"樊迟不明白，孔子就回答："选拔正直的人置于邪恶的人之上，能够使邪恶的人变得正直。"樊迟退出去，见到子夏，说："刚才我见到夫子，问什么是知，夫子回答：'选拔正直的人置于邪恶的人之上，能够使邪恶的人变得正直'，是什么意思？"子夏说："意义多么深远的话啊！舜拥有天下，从众人中选拔人才，推举皋陶，不仁的人就离去了。汤拥有天下，从众人中选拔人才，推举伊尹，不仁的人就离去了。"

【郭千辉开心陪读】

这段对话是对什么是仁和知的讨论。在孔子看来，仁的核心是爱人，即对他人关心和爱护。而知则包括知人，即了解和理解他人。在这里，孔子强调选拔正直的人置于邪恶的人之上，能够使邪恶的人变得正直。这对社会治理来说是一种理想状态，也是选拔人才的一种标准。

子夏对于孔子的回答的理解是，选拔正直的人才，可以引导社会风气向好的方向发展。这种思想在古代社会中是非常重要的，因为选拔人才不仅是为了维护社会秩序，更是为了推动社会进步和发展。

12.23 子贡问友，子曰："忠告而善道（dǎo）之，不可则止，毋自辱焉。"

【白话文】

子贡问如何交朋友，孔子说："忠诚地劝告他并好好地引导他，他不听从就停止，不要自取其辱。"

【郭干辉开心陪读】

这段对话是关于交友和处世之道的讨论。在孔子看来，交朋友要遵循劝告和善道的原则。当朋友有错误时，我们应该尽自己的能力去劝告和引导他，让他认识到自己的错误并加以改正。但是，如果朋友不接受我们的忠告或善道，我们就应该适可而止，不要自取其辱。

此外，孔子还强调了自我保护的重要性。在交朋友时，我们不仅要有为朋友着想的责任感，也要有保护自己的意识。如果朋友不接受我们的忠告或善道，我们应该适可而止，不要强求。同时，我们也要学会接受不同的意见和看法，不要因为自己的意见被否定而感到受辱或生气。

只有这样，我们才能建立起健康、稳定的人际关系。

12.24 曾子曰："君子以文会友，以友辅仁。"

【白话文】

曾子说："君子用文章学问来结交朋友，用交友来辅助仁德修养。"

【郭干辉开心陪读】

这句话是关于君子如何交朋友和如何通过交友来提高自己的修养的。在古代，人们认为君子应该通过文章学问来结交朋友，这是为了共同探讨和提高学问。同时，君子也应该通过与朋友的交流来辅助自己的仁德修养。通过与朋友交流，可以更好地了解自己，发现自己的不足之处，从而不断提高自己的品德修养。

子路第十三

13.1 子路问政，子曰："先之，劳之。"请益。曰："无倦。"

【白话文】

子路问孔子如何为政，孔子回答："要先给百姓做出榜样，并努力工作。"子路请求多讲一些。孔子说："永远不要懈怠。"

【郭干辉开心陪读】

在这段对话中，孔子强调了为政者的责任和勤奋。作为为政者，首先要给百姓树立良好的榜样，以身作则，以自己的行为和言行为百姓树立标准和榜样。通过自己的行动来引导和激励百姓，让他们感受到为政者的诚信和责任心。

同时，为政者还要勤奋工作，尽心尽力地治理国家。治理国家并不是一件容易的事情，需要付出大量的时间和精力。为政者要时刻关注国家的各种事务，及时发现和解决问题，同时也要积极推动国家的各项发展计划和政策。只有勤奋工作和不断努力，才能实现良好的治理效果，让国家更加繁荣富强。

在孔子看来，"无倦"是最重要的品质之一。无论在什么岗位上，我们都应该始终对工作保持热情和投入，不因困难和挫折而放弃。只有坚持不懈地努力，才能取得成功并为社会做出贡献。为政者更是如此，只有时刻保持敬业和勤奋的态度，才能造福百姓，推动国家的发展。

13.2 仲弓为季氏宰，问政，子曰："先有司，赦小过，举贤才。"曰："焉知贤才而举之？"曰："举尔所知。尔所不知，人其舍诸？"

【白话文】

仲弓做了季氏的家臣，问怎样为政。孔子说："先给主管们做出表率，原谅他们的小错误，提拔贤德有才能的人。"仲弓说："怎样识别人才而提拔他们呢？"孔子说："提拔你所知道的。至于你不知道的贤德有才能的人，别人难道会埋没他吗？"

【郭干辉开心陪读】

在这段话中，孔子提到了为政者应该如何选拔人才。他认为，选拔人才应该先从自己身边的主管开始，观察他们的表现和行为，对表现优秀的人才要给予肯定和提拔。同时，对于一些小错误要适当地原谅和包容，不要过于苛求完美。

在选拔人才的过程中，孔子强调"举尔所知"的重要性。也就是说，我们首先应该关注和提拔自己身边的人才，因为他们是我们所了解和熟悉的。同时，我们也要意识到，自己不可能知道所有的人才，因此要相信其他人也会发现和推荐人才。

此外，孔子还强调了"贤才"的重要性。他认为，一个优秀的为政者必须具备贤德和才能，只有这样才能为国家和百姓做出贡献。因此，在选拔人才时，应该注重选拔那些具备贤德和才能的人才，而不是只注重他们的背景和关系。

13.3 子路曰："卫君待子而为政，子将奚先？"子曰："必也正名乎！"子路曰："有是哉，子之迂也！奚其正？"子曰："野哉由也！君子于其所不知，盖阙如也。名不正，则言不顺；言不顺，则事不成；事不成，则礼乐不兴；礼乐不兴，则刑罚不中；刑罚不中，则民无所措手足。故君子名之必可言也，言之必可行也。君子于其言，无所苟而已矣。"

【白话文】

子路说："卫国国君等待您去治理国家，您打算首先做什么？"孔子说："必须先正名分。"子路说："有这样做的吗？您太迂腐了！要纠正什么名分？"孔子说："仲由啊，你还真粗野！君子对于他所不知道的事情，总是采取存疑的态度。名分不正，说起话来就不顺当合理；说话不顺当合理，事情就办不成；事情办不成，礼乐就不能兴盛；礼乐不能兴盛，刑罚的执行就不会得当；刑罚不得当，百姓就不知怎么办好。所以，君子一定要定下一个名分，必须能够说得明白，说出来一定能够行得通。君子对于自己的言行，是从不马虎随便的。"

【郭干辉开心陪读】

在这段话中，孔子强调了"正名"的重要性。他认为，一个国家的治理需要从"正名"开始，只有名正言顺才能够顺利地开展各项事务。在当时的社会背景下，由于周天子衰落，各个诸侯国之间相互争斗，名分不正的情况比比皆是。因此，孔子认为只有纠正了名分，才能够让国家回归正轨。

在纠正名分的过程中，孔子强调了"言行一致"的重要性。他认为，一个君子应该对自己的言行认真负责，不能随意马虎。只有言行一致，才能够让人信服并得到尊重。同时，他也强调了"礼乐"的重要性。他认为，礼乐是一个国家文化的重要组成部分，只有具有正确的礼乐制度才能够让国家更加有序和稳定。

此外，孔子还强调了刑罚对百姓的影响。他认为，如果刑罚不得当，百姓就会无所适从，不知道如何是好。因此，一个国家的刑罚制度必须公正合理，才能够让百姓信服并遵守法律。

总之，这段话启示我们在治理国家时应该注重纠正名分、言行一致、礼乐制度和刑罚公正合理等方面。只有这样才能够让国家更加有序和稳定，让百姓安居乐业。同时也要注重自身的修养和言谈举止，以身作则，成为百姓的楷模和榜样。

13.4 樊迟请学稼，子曰："吾不如老农。"请学为圃，曰："吾不如老圃。"樊迟出，子曰："小人哉，樊须也！上好礼，则民莫敢不敬；上好义，则民莫敢不服；上好信，则民莫敢不用情。夫如是，则四方之民襁负其子而至矣，焉用稼？"

【白话文】

樊迟向孔子请教如何种庄稼，孔子说："我不如老农。"樊迟又请教如何种菜，孔子说："我不如老菜农。"樊迟退出后，孔子说："樊迟真是个干粗活的人！领导者好礼，百姓不敢不尊敬；领导者好义，百姓不敢不服从；领导者好信，百姓不敢不真诚相待。如果做到这样，四面八方的老百姓就会背负着他们的子女前来投奔，哪里用得着自己去种庄稼呢？"

【郭干辉开心陪读】

在这段对话中，孔子与他的学生樊迟就农业问题进行了交流。当樊迟向孔子请教如何种庄稼和种菜时，孔子的回答是"吾不如老农"和"吾不如老圃"。这表明孔子认为农业方面的具体操作是经验性的知识，需要向有经验的农民和园丁学习。

然而，当樊迟退出后，孔子对樊迟的评价是"小人哉，樊须也！"。这表明孔子不赞同樊迟只关注农业技能的学习，而忽视了领导者应该具备的更重要的品质。

礼仪：领导者应该具备高尚的道德品质和行为规范，成为社会的楷模和榜样。通过自身的行为和举止，树立良好的社会风气和道德风尚。

道义：领导者应该具备正确的价值观和道德标准，以身作则，引导百姓的行为。通过自身的言行来传递正确的价值观和道德观念，让社会更加有序和稳定。

诚信：领导者应该具备诚实守信的品质，赢得百姓的信任和尊重。只有建立了信任关系，才能够让百姓更加忠诚和拥护领导者。

此外，孔子还强调了领导者的责任和使命。他认为，一个领导者应该具备远大的眼光和宽广的胸怀，关注国家和社会的发展。同时也要注重自身素质的提高，不断学习和进步，为国家和人民做出更大的贡献。

13.5 子曰："诵《诗》三百，授之以政，不达；使于四方，不能专对；虽多，亦奚以为？"

【白话文】

孔子说："熟读《诗经》三百篇，交给他政务，却办不通；派他出使外国，又不能独立做主出面应酬。虽然诗背得很多，又有什么用处呢？"

【郭干辉开心陪读】

在这句话中，孔子强调了学以致用的重要性。他认为，熟读《诗经》三百篇虽然能够让人记住许多诗歌，但如果不能将其中的道理和方法应用到实际生活中去，那么学习就变得毫无意义。

具体来说，孔子所说的"诵《诗》三百，授之以政，不达"指的是熟读《诗经》后，如果不能将其中所学的道理应用到政务上，不能理解并执行政策，那么读诗再多也是没有用的。这说明学习知识不仅是为了积累知识，更重要的是要将其应用到实际生活中去，解决实际问题。

此外，孔子还强调了"使于四方，不能专对"的重要性。这意味着熟读《诗经》后，如果不能独立自主地应对各种问题，不能独立地完成任务，那么读诗再多也是没有用的。这说明学习知识不仅是积累知识，还要注重培养自主应对问题的能力，能够独立思考并自主解决问题。

从孔子的角度来看，学习《诗经》的目的并不仅是背诵诗歌，更重要的是要将其中的道理应用到实际生活中去，培养出能够独立思考和自主应对问题的人才。因此，我们应该在学习中注重实践和应用，将所学知识转化为实际能力，不断提高自己的综合素质和能力水平。

13.6　子曰："其身正，不令而行；其身不正，虽令不从。"

【白话文】

孔子说："如果自身行为端正，不下命令百姓也会跟着行动；如果自身行为不端正，即使下了命令百姓也不会服从。"

【郭干辉开心陪读】

在这句话中，孔子强调了领导者自身行为的重要性。他认为，一个领导者如果自身行为端正，能够做到诚实守信、公正无私、以身作则，那么即使他不下命令，他的下属也会跟着行动。这是因为领导者的影响力和示范作用会激励下属积极行动，提高工作效率。

相反，如果领导者自身行为不端正，比如言行不一、不守信用、处事不公等，即使他下了命令，下属也不会服从。这是因为领导者的不良行为会破坏团队的信任和合作氛围，导致下属失去信任和合作意愿。

因此，作为一个领导者，首先要注重自身的行为表现，以身作则，做到诚实守信、公正无私、以身作则等基本要求。只有这样才能够赢得下属的信任和尊重，激发团队的凝聚力和战斗力。

13.7　子曰："鲁卫之政，兄弟也。"

【白话文】

孔子说："鲁国的政治与卫国的政治，就像兄弟一样。"

【郭干辉开心陪读】

鲁国是周公旦的封地，而卫国是康叔的封地，周公旦和康叔是兄弟。在孔子的时代，鲁国和卫国的政治情况有些相似，都处于衰败的境况中。因此，孔子用"兄弟"来形容鲁卫两国的政治情况，表达了它们之间的相似性。

13.8　子谓卫公子荆，"善居室。始有，曰：'苟合矣。'少有，曰：'苟完矣。'富有，曰：'苟美矣。'"

【白话文】

孔子评论卫国的公子荆时说："他善于治理家业。当他开始拥有时，他说：'差不多就行了。'当他稍有增加时，他说：'差不多完备了。'当他更富有时，他说：'差不多可以说是完美无缺了。'"

【郭干辉开心陪读】

在这段话中，孔子对卫公子荆的评论体现了他的生活态度和价值观。孔子认为，一个人在追求物质财富时，应该保持适度和节制，不要贪心不足。公子荆的态度表明他对自己的财富有足够的满足感，不追求过度扩张，而是以一种平和的心态来对待物质生活的变化。

我们应该根据自己的实际需求和情况来合理规划自己的物质生活，不要被过度消费和物质欲望所左右。同时也要学会珍惜已有的东西，不要轻易放弃或忽视它们的重要性。只有这样才能够更好地享受生活的美好和幸福。

13.9　子适卫，冉有仆，子曰："庶矣哉！"冉有曰："既庶矣，又何加焉？"曰："富之。"曰："既富矣，又何加焉？"曰："教之。"

【白话文】

孔子到卫国去，冉有为他驾车。孔子说："人口真多呀！"冉有说："人口已经够多了，还要再增加什么呢？"孔子说："使他们富起来。"冉有说："富了以后还要增加什么呢？"孔子说："使百姓接受教育。"

【郭干辉开心陪读】

在这段对话中，孔子提出了对治理国家的重要思想的见解。他认为，一个国家的人口数量是衡量其繁荣程度的重要指标，但仅仅增加人口是不够的。为了让国家更加繁荣昌盛，必须让百姓富裕起来，之后更重要的是要教育百姓，提高他们的素质和文化水平。

教育是实现国家长治久安、社会进步的重要途径。通过教育，可以提高人民的素质和文化水平，培养他们的道德观念、法律意识和社会责任感。这样可以使人民更好地适应社会发展的需要，为国家的发展做出更大的贡献。

同时，教育也是实现社会公平和减小贫富差距的重要手段。教育可以让更多的人获得知识和技能，提高他们的就业能力和收入水平，从而缩小贫富差距，促进社会的稳定和谐。

13.10 子曰："苟有用我者，期（jī）月而已可也，三年有成。"

【白话文】

孔子说："如果有人用我治理国家，一年便可以搞出个样子，三年就会有成效。"

【郭干辉开心陪读】

在这句话中，孔子表达了自己对于治理国家的自信和期许。他相信以自己的能力和智慧可以很好地治理国家，使国家得到发展。同时，他也强调了治理国家需要一定的时间和耐心，不能急于求成。只有长期努力和积累，才能够实现国家的长治久安和繁荣昌盛。

此外，孔子的这段话也启示我们要有远大的目标和理想，同时要有实现这些目标和理想的耐心和决心。

13.11 子曰："'善人为邦百年，亦可以胜残去杀矣。'诚哉是言也！"

【白话文】

孔子说："'善人治理国家一百年，也可以克服残暴、免除刑杀。'这句话说得真对啊！"

【郭干辉开心陪读】

在这段话中，孔子引用了一句话："善人为邦百年，亦可以胜残去杀矣。"表达了孔子期望有仁德的人来治理国家的思想。

孔子的评价是"诚哉是言也！"他认为如果有人能够用道德治理国家一百年，就可以让国家更加繁荣稳定，减少暴力和刑杀。

此外，孔子也强调了道德品质在治理国家中的重要性。他认为，一个善良的人应该以道德为基础来治理国家，通过教育和引导来促进社会的和谐稳定和发展，而不是通过暴力和刑杀等手段来强制管理国家。

总之，这段话告诉我们良好治理和道德品质在治理国家中的重要性。只有长期努力和积累，才能够实现国家的长治久安和繁荣昌盛。因此我们应该重视道德品质的培养和良好治理的实施。

13.12 子曰："如有王者，必世而后仁。"

【白话文】

孔子说："如果有王者兴起，一定需要三十年才能推行仁政。"

【郭干辉开心陪读】

在这句话中，孔子强调了推行仁政需要时间，不是一蹴而就的。他认为，即使有实行仁政的君主，也需要一代代努力才有希望达到仁的境界。这表明推行仁政需要长期努力和积累，不能急于求成。

同时，孔子的这句话也反映了他对于当时社会现实的不满和对于良好治理的渴望。在那个时代，诸侯国之间经常发生战争和争斗，国家内部也存在很多不公正和混乱的现象。因此，孔子希望有一个实行仁政的君主来治理国家，通过长期的努力和积累，实现国家的长治久安和繁荣昌盛。

13.13 子曰："苟正其身矣，于从政乎何有？不能正其身，如正人何？"

【白话文】

孔子说："如果端正了自身的言行，治理国家还有什么困难呢？如果不能端正自身的言行，怎么能使别人端正呢？"

【郭干辉开心陪读】

在这句话中，孔子强调领导者必须先正自身的言行，才能够有效地管理和引导他人。如果领导者本身言行不一、不守信用、处事不公等，那么他的管理效果就会大打折扣，甚至会引起他人的反感和不满。

因此，作为一个领导者，首先要注重自身的言行表现，以身作则，做到诚实守信、公正无私。只有这样，才能够赢得他人的信任和尊重，激发团队的凝聚力和战斗力。

同时，孔子也强调领导者必须具备管理和引导他人的能力。如果领导者不能有效地管理和引导他人，那么他的管理效果就会受到影响，甚至会导致团队的混乱和失败。

13.14 冉子退朝，子曰："何晏也？"对曰："有政。"子曰："其事也。如有政，虽不吾以，吾其与闻之。"

【白话文】

冉有退朝回来，孔子问："为什么这样晚呢？"冉有回答："有政事。"孔子说："是事务方面的事情吧？如果有政事，虽然国君不让我管，我也会了解的。"

【郭干辉开心陪读】

在这段对话中，孔子通过问话的方式了解冉有为何晚归，冉有回答说是政事。孔子进一步指出，如果只是事务性的工作，那就不需要太担心，因为这是正常的工作内容。但如果涉及国家政治方面的事务，即使国君不让他参与，他也会关注并了解。

这段对话表明了孔子对于政治事务的关注和参与态度。他强调关心和参与国家政治事务是每个有责任心的臣子的义务，尤其是那些有才能和智慧的人。同时，他也表达了自己对于政治事务的敏感和关注，展现了他对于国家事务的责任感和使命感。

此外，这段对话也提醒我们要关注身边的事物和环境，尤其是对那些涉及公共利益和国家利益的事务更要加以关注和参与。作为公民，我们有义务关心国家事务和社会问题，并通过合法途径表达自己的意见和建议，为社会的进步和发展做出自己的贡献。

13.15 定公问:"一言而可以兴邦,有诸?"孔子对曰:"言不可以若是,其几也。人之言曰:'为君难,为臣不易。'如知为君之难也,不几乎一言而兴邦乎?"曰:"一言而丧邦,有诸?"孔子对曰:"言不可以若是其几也。人之言曰:'予无乐乎为君,唯其言而莫予违也。'如其善而莫之违也,不亦善乎?如不善而莫之违也,不几乎一言而丧邦乎?"

【白话文】

鲁定公问孔子:"一句话就可以使国家兴盛,有这样的话吗?"孔子回答说:"不可能有这样的话。不过,有近乎这样的话。人们常说:'做君主难,做臣子也不容易。'如果知道了做君主的难处,这不近乎一句话就可以使国家兴盛吗?"鲁定公又问:"一句话就可以使国家灭亡,有这样的话吗?"孔子回答说:"不可能有这样的话。不过,有近乎这样的话。人们常说:'我对做君主这件事没有什么高兴的,只是因为我说的话没有人敢违抗。'如果说得对而没有人违抗,不也好吗?如果说得不对而没有人违抗,那不近乎一句话可以使国家灭亡吗?"

【郭干辉开心陪读】

在这段对话中,孔子通过对于君主和臣子的职责和责任的理解,阐述了言论对于国家兴亡的重要性。他认为,一个国家的兴衰往往取决于君主的行为和言论。如果君主的言论正确且没有人敢违抗,那么国家就会向好的方向发展;而如果君主的言论不正确且没有人敢违抗,那么国家就会向坏的方向发展。

同时,孔子也强调了为君的难度和不易,认为为君需要具备智慧和德行等多方面的素质,才能够胜任这个重任。因此,他主张君主应该三思而后言,谨慎发表言论,以避免因为不当的言论而使国家衰亡。

此外,这段对话也提醒我们要注意自己的言谈举止,尤其是那些有决策权或影响力的人更应该谨言慎行。因为他们的言行往往会直接影响到一个团队、组织或国家的命运。因此,我们应该时刻保持清醒的头脑和正确的价值观,以避免因为不当的言行而产生不良后果。

13.16　叶(shè)公问政,子曰:"近者说(yuè),远者来。"

【白话文】

叶公问孔子怎样为政。孔子说:"使近处的人民感到喜悦,使远处的人民前来归附。"

【郭干辉开心陪读】

在这段对话中,孔子提出了为政的两个重要方面。首先是"近者说",即要使身边的人民感到喜悦和满足,这可以通过为他们提供良好的生活条件、保护他们的权益、促进社会公平正义等方式来实现。只有当身边的人民感到满意和幸福时,才能够稳定社会、凝聚人心,为国家的长远发展打下坚实的基础。

其次是"远者来",即要吸引远方的人民前来归附。这可以通过发展经济、提高国家综合实力、加强国际交往等方式来实现。只有当国家具备了吸引力和凝聚力时,才能够吸引更多的人才和资源,促进国家的繁荣和进步。

因此,为政者需要同时关注身边的人民和远方的人民,通过制定合适的政策和措施来促进国家和社会的稳定发展。同时,也需要注重公平正义、发展经济和提高国家综合实力等方面的工作,以实现国家的长远发展和人民的福祉。

13.17　子夏为莒父宰,问政,子曰:"无欲速,无见小利。欲速则不达,见小利则大事不成。"

【白话文】

子夏做了莒父的县长,问怎样为政。孔子说:"不要图快,不要贪图小利。图快反而达不到目的,贪图小利就做不成大事。"

【郭干辉开心陪读】

在这段对话中,孔子通过指导为政,强调了两个方面的重要性。首先是"无欲速",即不要急功近利,不要过于追求快速的成功和短期效益。只有稳健发展和持续努力才能够实现长期的成功和稳定。

其次是"无见小利",即不要被眼前的利益所迷惑,而要注重长远和大局。只有把握全局和进行长远规划,才能够实现可持续发展和长期利益的最大化。

因此,为政者需要具备远见卓识和全局思维,制定合适的政策和措施来实现长期发展和稳定。同时,也需要注重民意和人民利益,以实现国家和人民的共同发展。

13.18 叶公语孔子曰:"吾党有直躬者,其父攘羊,而子证之。"孔子曰:"吾党之直者异于是。父为子隐,子为父隐,直在其中矣。"

【白话文】

叶公告诉孔子说:"我的家乡有个正直的人,他的父亲偷了别人的羊,他告发了父亲。"孔子说:"我们那里的正直人和你说的不同。父亲为儿子隐瞒,儿子为父亲隐瞒,正直就在其中了。"

【郭干辉开心陪读】

在这段对话中,叶公和孔子对于"直"的理解存在分歧。叶公认为,如果父亲犯了错误,儿子应该站出来告发,这是正直的表现。而孔子则认为,在一个家庭中,父子之间应该互相隐瞒对方的错误,这是基于亲情和伦理的考虑。因此,正直并不是简单地告发对方,而是要在维护家庭关系的前提下,通过沟通和教育等方式来解决问题。

此外,这段对话也涉及道德和伦理的问题。在现实生活中,我们经常会遇到各种复杂的道德困境和伦理抉择。有时候,我们需要在个人利益和集体利益之间做出选择;有时候,我们需要在亲情和法律之间做出抉择。在这种情况下,我们需要审慎地考虑各种因素,做出符合自己价值观和社会公义的选择。

13.19 樊迟问仁,子曰:"居处恭,执事敬,与人忠。虽之夷狄,不可弃也。"

【白话文】

樊迟问怎样才是仁。孔子说:"平常在家规规矩矩,办事严肃认真,待人忠心诚意。即使到了夷狄之地，也不能废弃。"

【郭干辉开心陪读】

在这段对话中，孔子提出了三个方面的要求，即"居处恭""执事敬""与人忠"。这些要求都是实现仁的重要方面，无论在什么情况下都不能忽视。

首先，"居处恭"是指在日常生活中的态度要端庄谨慎，不骄不躁，不妄自尊大。这不仅是个人修养的重要方面，也是实现仁的基本要求。只有具备了这种态度，才能够更好地待人接物，并获得他人的尊重。

其次，"执事敬"是指在做事情的时候要认真负责，尽心尽力，不敷衍塞责。这种态度是实现仁的重要体现，只有做事严谨认真，才能够得到他人的信任和尊重，也才能够为社会做出更多的贡献。

最后，"与人忠"是指在与他人相处时要忠诚守信，不欺骗他人，不背叛他人。这种态度是实现仁的基本要求，只有具备了这种态度，才能够建立起良好的人际关系，促进社会的和谐稳定。

总之，这段对话告诉我们实现仁需要在多个方面下功夫，尤其是在日常生活中要注重自己的言谈举止和态度表现。只有具备了这些基本素质，才能够在实现仁的道路上不断前进。

13.20　子贡问曰："何如斯可谓之士矣？"子曰："行己有耻，使于四方不辱君命，可谓士矣。"曰："敢问其次。"曰："宗族称孝焉，乡党称弟（tì）焉。"曰："敢问其次。"曰："言必信，行必果，硁硁（kēng）然小人哉！抑亦可以为次矣。"曰："今之从政者何如？"子曰："噫！斗筲之人，何足算也！"

【白话文】

子贡问孔子说："怎样才可以称为士？"孔子说："做事有羞耻之心，出使外国不辜负君命，就可以称为士了。"子贡说："敢问次一等的。"孔子说："宗族称赞他孝顺，乡亲们称赞他友爱。"子贡说："敢问再次一等的。"孔子说："言必信，行必果，硁硁然像小人一样急切固执，那也可以算是次一等的士了。"子贡又说："现在执政的那些人怎么样？"孔子说："噫！只是一些器量狭小的人，哪里值得一提！"

【郭干辉开心陪读】

在这段对话中，孔子对于士的定义和要求进行了详细的阐述。他强调了士应该具备的品质和素养，包括做事有羞耻之心、不辜负君命、孝顺、友爱、言必信、行必果等。这些品质不仅体现了个人修养和道德水平，也符合社会对于人才的要求。

在孔子的观念中，一个真正的士应该具备"行己有耻"的品质，即要有自己的道德底线和价值观，不做出违背良知和道德的行为。同时，士也应该具备"使于四方不辱君命"的品质，即要有责任感和使命感，为国家和社会做出贡献。

此外，孔子也强调士应该具备孝顺和友爱等品质。他认为，一个孝顺的人懂得尊重长辈和关爱家人，而一个友爱的人懂得尊重他人和关心他人。这些品质都是构建和谐社会的重要基石。

在对话的最后，孔子对于当时执政者的评价并不高。他认为这些人只是一些器量狭小的人，不值得称道。这表明孔子对于政治领袖的要求非常高，认为他们应该具备远见卓识和全局思维，以推动社会的进步和发展。

13.21 子曰："不得中行而与之，必也狂狷（juàn）乎！狂者进取，狷者有所不为也。"

【白话文】

孔子说："如果不能得到合乎中庸之道的人与之交往，那一定要结交狂放的人和狷介的人。狂放的人积极进取，狷介的人有所不为。"

【郭干辉开心陪读】

在这段对话中，孔子提出了与不同类型的人交往的原则。他认为，如果找不到合乎中庸之道的人交往，那么可以优先考虑与狂放的人和狷介的人交往。

狂放的人积极进取，有开拓创新的精神，能够带来新的思想和观念；狷介的人则有所不为，能够坚守自己的原则和价值观，保持独立自主的个性。

在现实生活中，我们也需要与不同类型的人交往。有些人性格开朗、积极向上，有些人则比较内向、沉稳。与不同的人交往可以让我们获得不同的经验和知识，开拓我们的视野和思路。同时，我们也需要保持自己的独立性和原则性，不随波逐流，不被他人左右。

总之，这段对话提醒我们要在与他人交往时保持开放的心态和灵活的思维，同时也要坚守自己的原则和价值观。只有这样，我们才能够建立起健康、稳定的人际关系，实现个人和社会的双赢。

13.22　子曰："南人有言曰：'人而无恒，不可以作巫医。'善夫！""不恒其德，或承之羞。"子曰："不占而已矣。"

【白话文】

孔子说："南方人有句话说：'人如果做事没有恒心，就不能做巫医。'这句话说得真好啊！"《易经》说："不能恒久地保持自己的德行，必遭羞辱。"孔子说："没有恒心的人不用去占卦了。"

【郭干辉开心陪读】

在这段对话中，孔子引用了南方的一句谚语和《易经》中的一句话，强调了恒心和德行的重要性。他认为，一个人如果没有恒心和毅力，就做不好任何事情，包括做巫医。同时，如果不能恒久地保持自己的德行，就容易遭受羞辱和挫折。

在现实生活中，我们也应该注重恒心和德行的培养。只有具备了坚定的意志和毅力，才能够坚持不懈地追求自己的目标；只有具备了良好的品德和道德素养，才能够赢得他人的尊重和信任。

此外，孔子还提到了占卦的问题。他认为，如果一个人不能恒久地保持自己的德行，那么即使去占卦也不能得到好的结果。因为占卦只是一种手段，而不是目的。只有自身努力和保持恒心，才能够实现自己的梦想和目标。

总之，这段对话提醒我们要注重恒心和德行的培养，只有具备了这些基本的素质，才能够在人生中取得成功。同时也要明确自己的目标和方向，不要过分依赖占卦等外部手段，要相信自己的能力且不断努力。

13.23　子曰："君子和而不同，小人同而不和。"

【白话文】

孔子说："君子讲求和谐而不同流合污，小人同流合污而不讲求和谐。"

【郭干辉开心陪读】

在这句话中，孔子对君子和小人进行了对比和区分。他认为，君子追求的是和谐而不是盲目追求一致，而小人往往同流合污，缺乏独立思考和自主选择的能力。

在现实生活中，我们也应该注重和谐与独立的平衡。在与人交往中，要尊重他人的观点和意见，寻求共同点，同时也要保持自己独立思考和自主选择的能力。在工作中，要注重团队的协作和和谐，但也要有自己的专业素养和独到的见解。

13.24　子贡问曰："乡人皆好之，何如？"子曰："未可也。""乡人皆恶之，何如？"子曰："未可也。不如乡人之善者好之，其不善者恶之。"

【白话文】

子贡问孔子说："如果一个人，乡里的人都喜欢他，这个人怎么样？"孔子说："不可以。"子贡又问："如果一个人，乡里的人都厌恶他，这个人怎么样？"孔子说："也不可以。最好是乡里的好人都喜欢他，乡里的坏人都厌恶他。"

【郭干辉开心陪读】

在这段对话中，孔子强调了评价一个人的复杂性。不能仅仅因为大家都喜欢他或者大家都厌恶他就轻易下结论。因为人是很复杂的，一个人不可能得到所有人的喜欢或者厌恶。

所以，孔子提出了一个更加合理的方法，那就是看好人对他的评价是好还是坏，坏人对他的评价是好还是坏。只有这样，才能够更加客观地评价一个人。

在现实生活中，我们也应该坚持这种评价方法。尤其是在评价一个人的时候，不能只看表面现象，要深入了解他的内在品质和行为表现。只有这样，才能够做出更加准确和客观的评价。

13.25　子曰:"君子易事而难说(yuè)也。说(yuè)之不以道,不说(yuè)也,及其使人也,器之。小人难事而易说(yuè)也。说(yuè)之虽不以道,说(yuè)也,及其使人也,求备焉。"

【白话文】
孔子说:"为君子做事很容易,但讨他欢喜很难,如果你不以正道说服他,他就不会接受;君子用人,很少求全责备,即使你有短处,他也能根据你的特长加以重用。为小人做事很难,但很容易讨他欢喜,如果你说一些华而不实的言语来讨好他,他也能接受;小人用人求全责备,即使你有特长,他也不轻易放过你的缺点。"

【郭干辉开心陪读】
在这段对话中,孔子对君子和小人的行为特点进行了比较和描述。君子做事踏实认真,不善于用华丽的言辞来讨好人,而注重以实际的行动来赢得他人的信任和尊重。在用人方面,君子注重的是人的实际能力和品德,而不是追求完美无缺的人。

相反,小人做事往往追求表面上的华丽和虚荣,而忽视了实际的效果和质量。在用人方面,小人往往追求完美无缺的人,注重的是人的外在条件和表现,而忽视了人的内在品质和实际能力。

在现实生活中,我们也应该注重区分君子和小人的行为特点,学会如何正确地评价一个人。只有真正了解一个人的实际能力和品德,才能够做出更加准确和客观的评价。同时也要注重自己的行为和言语,不要追求表面上的华丽和虚荣,而要注重实际的效果和质量。只有这样,我们才能成为一个真正有价值的人。

13.26　子曰:"君子泰而不骄,小人骄而不泰。"

【白话文】
孔子说:"君子安详舒泰,却不骄傲凌人;小人骄傲凌人,却不安详舒泰。"

【郭千辉开心陪读】

在这段对话中，孔子对君子和小人的行为特点进行了比较。君子做事安详舒泰，不骄傲凌人，待人以诚；小人则骄傲凌人，难以保持内心的平静和谦逊。

在现实生活中，我们也应该注重区分君子和小人的行为特点，学习如何保持内心的平静和谦逊。只有真正了解自己的内心世界，才能够更好地与他人相处和合作。同时也要注重自己的行为和言语，不要骄傲凌人，而要待人以诚、谦逊有礼。只有这样，我们才能成为一个真正有价值的人。

13.27　子曰："刚、毅、木、讷近仁。"

【白话文】

孔子说："一个人如果能做到刚强、果敢、朴实、言语谨慎，那他就是一个有仁德的人。"

【郭千辉开心陪读】

孔子在这里提出的"刚、毅、木、讷近仁"是对一个人性格和气质的描述，其中涵盖了几个重要的品质。

"刚"和"毅"是指一个人的性格坚韧、果断，有决心和毅力。这种刚毅的性格能够让人在面对困难和挑战时保持坚定的态度，不轻易放弃。

"木"在这里是形容一个人朴实无华，没有过多的矫饰和虚浮。这种朴实的性格能够让人保持真诚和坦率，不善于撒谎或欺骗他人。

"讷"则是指一个人言语谨慎，不轻易发表言论或做出决定。这种谨慎的态度能够让人三思而后行，避免因为言语不当而造成不必要的麻烦或误解。

当一个人具备这些品质时，他就趋于仁的最高境界了。这里的"仁"是一种广义的概念，可以理解为对人类普遍价值和道德标准的追求。因此，孔子认为一个刚毅、朴实、言语谨慎的人就是一个有仁德的人。

在现实生活中，我们也可以看到这些品质对于一个人的成长和成功的重要性。一个具备刚毅、朴实、言语谨慎品质的人往往能够赢得他人的信任和尊重，更容易取得成功。同时，这些品质也与孔子的思想体系相一致，强调了人的内在品质和道德修养的重要性。

因此，我们可以把这句话理解为孔子对于人的性格和气质的一种理想状态，鼓励人们通过培养这些品质来提高自己的道德境界和实现人生价值。

13.28 子路问曰："何如斯可谓之士矣？"子曰："切切偲偲，怡怡如也，可谓士矣。朋友切切偲偲（sī），兄弟怡怡。"

【白话文】

子路问孔子说："怎样才可以称为士？"孔子说："互相督促勉励，互相亲切爱护，可以称其为士了。朋友之间互相督促勉励，兄弟之间互相亲切爱护。"

【郭干辉开心陪读】

在这段对话中，子路询问了关于"士"的标准。孔子回答说，一个真正的士应该是互相督促勉励、互相亲切爱护的。这里的"切切偲偲"是指朋友之间相互督促、勉励，"怡怡如也"则是指兄弟之间相互亲切、爱护。

孔子的回答强调了朋友和兄弟之间的情感纽带对于成为士的重要性。一个真正的士不仅应该具备才华和技能，还应该注重人与人之间的情感纽带和相互支持。只有这样，才能够建立起真正的信任和友谊，实现个人和社会的双赢。

在现实生活中，我们也应该注重朋友和亲人之间的情感纽带。只有与亲朋好友保持良好的关系，才能够建立起真正的信任和支持。同时也要注重自己的情感表达和沟通技巧，学会与他人建立良好的人际关系，实现个人和社会的和谐发展。

13.29 子曰："善人教民七年，亦可以即戎矣。"

【白话文】

孔子说："让善人教导人民，经过七年的训练，也可以让他们拿起武器保卫国家了。"

【郭干辉开心陪读】

在这句话中，孔子强调了教育和训练对于提高人民素质和军队战斗力的重要性。他认为，如果让善人教导人民，经过七年的训练，他们就可以具备保卫国家的能力，即可以拿起武器抵御外敌的入侵。

在现代社会，这种思想依然具有重要意义。通过教育和训练提高人民的素质和能力，不仅可以帮助他们获得更好的职业机会和生活质量，还可以提高整个国家的竞争力和发展水平。因此，我们应该注重教育事业的发展，让更多的人接受良好的教育，为国家的发展做出贡献。

13.30　子曰："以不教民战，是谓弃之。"

【白话文】

孔子说："让未经训练的人民去作战，这等于抛弃他们。"

【郭干辉开心陪读】

在这句话中，孔子强调了教育和训练对于提高人民战斗力和军队素质的重要性。他认为，如果让未经训练的人民去作战，他们不仅缺乏必要的技能和经验，还容易在战场上失去斗志和信心，这等于将他们置于危险之中。

在现代社会，这种思想同样具有重要意义。军队的战斗力和人民的素质是衡量一个国家综合实力的重要标准之一。只有不断地教育和训练，才能够提高人民的素质和军队的战斗力，为国家的发展做出贡献。

宪问第十四

14.1 宪问耻,子曰:"邦有道,谷;邦无道,谷,耻也。""克、伐、怨、欲不行焉,可以为仁矣?"子曰:"可以为难矣,仁则吾不知也。"

【白话文】

宪问孔子什么是可耻,孔子说:"国家有道时,你还领着俸禄,这是可耻的;国家无道时,你仍然领着俸禄,这更是可耻的。""能够把夸耀、骄傲、怨恨、贪欲这些都克制住,不让它们表现出来,这就可以算是做到仁了吗?"孔子回答说:"这可以说是很难得了,但至于是不是真正的仁,那我就不知道了。"

【郭干辉开心陪读】

在这段对话中,孔子强调了道德标准和个人行为的重要性。他认为,在国家有道时,人们应该积极贡献自己的力量,为国家做出贡献;而在国家无道时,人们更应该坚守道德底线,不做出违背良心和道德的行为。因此,如果一个人在国家有道或无道时都能保持高尚的道德品质,没有好胜、自夸、怨恨和贪欲等不良行为,那么这个人就可以被认为是难能可贵的。

"邦有道,谷;邦无道,谷"是孔子的一个著名观点。谷在这里可以理解为俸禄或者薪水。这句话的意思是,当国家政治清明、社会和谐稳定的时候,你仍然享受着高薪待遇或者丰厚的俸禄,这是可耻的。因为在这个时候,你应该为国家的繁荣发展做出自己的贡献。相反,当国家政治混乱、社会动荡不安的时候,你仍然享受着高薪待遇或者丰厚的俸禄,这更是可耻的。因为在这个时候,你更应该为国家的安定和繁荣做出自己的贡献。

这段话告诉我们,在不同的社会背景下,我们应该有不同的行为准则和道德标准。在国家繁荣稳定的时候,我们应该积极工作、创造价值;在国家遭遇困难和挑战的时候，我们应该勇于承担责任、为国家的繁荣稳定做出自己的贡献。无论何时何地，我们都应该坚守自己的道德底线，不做出违背良心和道德的行为。

14.2 子曰："士而怀居，不足以为士矣。"

【白话文】

孔子说："士人如果留恋安逸的生活，就不足以做士人了。"

【郭干辉开心陪读】

孔子理想中的士，具有安贫乐道的美好品格。他认为，如果士人贪图安逸的生活，就失去了作为士的资格，这与前面他所说的"士志于道，而耻恶衣恶食者，未足与议也"的思想是一脉相承的。

在孔子的观念中，"士"是处于社会中下层的知识分子，他们有一定的文化知识，有道德理想，能坚守自己的行为准则。而"怀居"则是指留恋家室的安逸，贪图物质享受。如果一个人只关心个人的利益，沉溺于安逸的生活，那么他就失去了作为士的资格。

这句话也体现了孔子的道德观和人生观。他认为，人生的价值不在于物质财富的追求，而在于对道德理想的坚守和追求。一个真正的士人，应该具备高尚的道德品质和坚定的信念，不为个人利益所动摇，不沉溺于安逸的生活，而是要以天下为己任，为社会做出贡献。

14.3 子曰："邦有道，危言危行；邦无道，危行言孙（xùn）。"

【白话文】

孔子说："国家有道时，要正言正行；国家无道时，讲话要谦逊顺从。"

【郭干辉开心陪读】

这句话是孔子对于不同社会背景下人们言谈举止的要求。他认为，在国家有道时，人们应该以正直和正义为行为准则，保持言行一致，不偏不倚；而在国家无道时，人们更应该保持谦逊和顺从的态度，避免因为言语不慎而招致灾祸。

14.4 子曰:"有德者必有言,有言者不必有德。仁者必有勇,勇者不必有仁。"

【白话文】

孔子说:"有道德的人,一定有好的言论;有好的言论的人,不一定有道德。仁德的人,一定有勇气;有勇气的人,不一定有仁德。"

【郭干辉开心陪读】

这段话是孔子对于道德、言论、勇气和仁德之间关系的探讨。他认为,有德者必有言,也就是说,一个真正有道德的人,会通过言论来表达自己的道德观念和思想。这种言论不仅是有价值的,而且能够影响他人,引导社会朝着更加美好的方向发展。因此,好的言论可以被认为是道德的体现。

然而,有言者不必有德。也就是说,有些人可能擅长言辞,能够用言语来吸引人、说服人,但这并不意味着他们本身就具有道德品质。言论只是表达思想的一种方式,并不代表一个人的真实品德。因此,我们不能仅仅根据一个人的言论来判断他是否具有道德。

对于勇气和仁德的关系,孔子认为仁者必有勇,也就是说,一个具有仁德的人,会具备勇气和坚定的意志。这种勇气不是指好勇斗狠,而是指在面对困难和挑战时能够保持镇定,坚定不移地追求正义和真理的勇气。

但是,勇者不必有仁。有些人可能因为天赋或者后天环境的影响而具有勇气,但并不一定具有仁德。勇气是一种个性特征,并不一定与仁德相关联。因此,我们不能仅仅根据一个人的勇气来判断他是否具有仁德。

总之,这段话告诉我们,一个人的言论和勇气只是其外在的表现,不能完全代表其内在的道德品质。我们应该通过观察一个人的言谈举止来判断其是否具有道德和勇气,同时也要认识到一个人的价值观念和行为准则与其外在表现不一定完全一致。

14.5 南宫适（kuò）问于孔子曰："羿善射，奡（ào）荡舟，俱不得其死然；禹、稷躬稼而有天下。"夫子不答。南宫适出，子曰："君子哉若人！尚德哉若人！"

【白话文】

南宫适问孔子："羿擅长射箭，奡擅长水战，都没有得到好死；禹和稷亲自种庄稼，却拥有了天下。"孔子没有回答。南宫适出去后，孔子说："这个人真是个君子！这个人真是崇尚道德啊！"

【郭干辉开心陪读】

这段话是孔子对南宫适的称赞，表达了孔子对君子和道德的重视。

南宫适提到的羿和奡都是历史上有名的人物。羿是古代传说中的神射手，擅长射箭，但在政治上不得人心，最终因得罪了寒浞而被杀。奡则是有名的水战将军，擅长水战，但同样在政治上不得人心，最终被夏桀所杀。禹和稷则是历史上的两位贤君，他们亲自种庄稼，关注农业，推行德政，最终获得了天下。

南宫适用这两个历史人物来表达自己的观点，认为羿和奡由于只关注军事和武力，不得人心，最终不得好死；而禹和稷则通过推行德政和关注农业获得了天下。这个观点反映了南宫适对道德和政治的看法，他认为只有推行德政、关注民生才能获得真正的成功。

孔子对南宫适的称赞表达了他对这个观点的认同。他认为南宫适是一个君子，因为他崇尚道德和德政，这与孔子的思想相符合。孔子一直强调道德的重要性，认为只有推行德政、关注民生才能实现社会的和谐稳定和发展。因此，他对南宫适的称赞也是对这种思想的肯定和认同。

14.6 子曰："君子而不仁者有矣夫，未有小人而仁者也。"

【白话文】

孔子说："君子中没有仁德的人是有的，而小人中有仁德的人是没有的。"

【郭干辉开心陪读】

在这句话中，孔子表达了对于君子和小人不同道德品质的看法。他认为，虽然君子在道德上有着较高的要求和标准，但其中也有一些人没有达到这个标准，即没有做到仁德。这是不可避免的情况。然而，对小人来说，其本身道德品质较低，因此不可能有具备仁德的人。

在这里，孔子强调了仁德的重要性，认为它是区分君子和小人的主要标准。君子因为其较高的道德标准和自我要求，往往能够具备仁德的品质；而小人则往往缺乏这种品质。

14.7　子曰："爱之，能勿劳乎？忠焉，能勿诲乎？"

【白话文】

孔子说："爱他，能不为他劳碌吗？忠于他，能不教诲他吗？"

【郭千辉开心陪读】

这段话体现了孔子的教育思想，他认为对一个人或事物的热爱和忠诚，需要体现在行动上，为其劳碌和教诲都是爱的体现。这种思想可以应用于家庭、社会和国家等各个层面，提醒我们在热爱和忠诚的同时，也要有实际的行动和付出。

在家庭中，父母对子女的爱是毋庸置疑的，但仅仅有爱是不够的，还需要为子女劳碌和付出。比如，父母要为子女提供基本的生活条件和教育环境，关心他们的成长和发展，给予他们必要的指导和帮助。同时，子女也应该尽力回报父母的养育之恩，孝顺和尊敬他们。

在社会中，人们对事业、国家或者某种信仰的热爱和忠诚，也需要通过实际的行动来体现。比如，为了事业的成功，人们需要付出努力和汗水；为了国家的繁荣发展，人们需要尽职尽责、贡献自己的力量；为了信仰的实现，人们需要坚持不懈、勇往直前。

总之，这段话告诉我们，爱和忠诚都需要通过实际的行动来体现，只有在行动中付出努力和汗水，才能获得更好的回报和发展。同时，也提醒我们要珍惜身边的人和事物，用心去爱和付出。

14.8　子曰："为命，裨谌草创之，世叔讨论之，行人子羽修饰之，东里子产润色之。"

【白话文】

孔子说："郑国撰写外交辞令，由裨谌创意草拟，世叔提出意见进行讨论，由外交官子羽加以文饰，最后由东里子产进行润色加工。"

【郭干辉开心陪读】

这句话描述了郑国撰写外交辞令的过程。在这个过程中，不同的人扮演了不同的角色，共同完成了这个任务。

首先，裨谌提出了创意草拟，这是外交辞令的基础。在这个阶段，裨谌的职责是提供外交辞令的初步方案，这个方案可能还不太完善，需要进一步加工和修改。

其次，世叔对这个初步方案进行讨论和提出意见。他的职责是对裨谌的初步方案进行分析和评估，提出修改和完善意见。在这个阶段，世叔的作用是对方案进行深入研究和讨论，以确保方案的可行性和有效性。

再次，行人子羽对外交辞令进行修饰和完善。在这个阶段，子羽的职责是对方案进行文饰加工，使其更加符合外交礼仪和规范。他的作用是对方案的文字进行润色加工，使其更加准确、流畅和得体。

最后，东里子产进行润色加工。在这个阶段，子产的职责是对整个方案进行最后的审查和修改，以确保其在外交场合的得体性和有效性。他的作用是对方案的文字进行最后的润色加工，使其更加完美和符合外交要求。

总之，这句话告诉我们，郑国撰写外交辞令的过程是一个团队合作的过程，需要不同的人共同参与和协作。每个人都有自己的职责和作用，只有团队协作才能最终完成高质量的外交辞令。这也提醒我们在工作中要注重团队合作和协作精神，这样才能取得更好的成果。

14.9　或问子产，子曰："惠人也。"问子西，曰："彼哉，彼哉！"问管仲，曰："人也。夺伯氏骈邑三百，饭疏食，没齿无怨言。"

【白话文】

有人问子产是个怎样的人，孔子说："他是一个施惠于百姓的人。"问子西是个怎样的人，孔子说："他呀，他呀！"问管仲是个怎样的人，孔子说："他是一个有才能的人。他夺取了伯氏骈邑三百户的封地，使伯氏终生吃粗茶淡饭，可到老死也没有怨言。"

【郭干辉开心陪读】

这段话是孔子对三位政治家的评价和比较。子产、子西和管仲都是春秋时期著名的政治家,他们在各自的领域中有着卓越的表现和成就。

首先,孔子对子产的评价是"惠人",即对百姓有恩惠的人。这说明子产在治理国家方面非常注重人民的利益,推行了诸多有益于民生的政策和措施。这种评价表明了孔子认为政治家应当以人民利益为重的理念。

其次,孔子对子西的评价是"彼哉,彼哉!",即他呀,他呀!这种评价有些模糊和不确定,可能表明孔子对于子西的政治成就和个人品质并不是很了解或者不是很满意。

最后,孔子对管仲的评价是"人也",即他是一个有才能的人。这种评价表明了孔子对管仲的认可和赞赏。管仲在齐桓公时期担任宰相,推行了一系列重要的改革政策,使齐国成为春秋时期的霸主之一。孔子认为管仲是一个有才能的政治家,能够在国家治理方面取得显著的成就。

总之,这段话强调政治家应当以人民利益为重,注重民生福祉;同时赞赏有才能的政治家能够在国家治理方面取得显著的成就。此外,这也提醒我们在评价一个人时应该全面、客观、公正地考虑其品德、能力和成就等方面。

14.10　子曰:"贫而无怨难,富而无骄易。"

【白话文】

孔子说:"贫穷而没有怨恨很难做到,富有而不骄傲容易做到。"

【郭干辉开心陪读】

在这句话中,孔子表达了他对贫穷和富有两种不同状态下的心态和行为的看法。他认为,贫穷时能够不产生怨恨的情绪是很难做到的,在贫困的情况下,人们可能会面临各种困难和挑战,导致心态上的不满和抱怨。但是,如果一个人能够在贫穷时保持积极乐观的心态,不抱怨命运的不公,而是努力奋斗改变自己的处境,那么这种心态和行为是值得赞赏的。

相比之下,孔子认为富有时保持不骄傲的态度是相对容易做到的。因为当一个人拥有财富和地位时,很容易产生骄傲自满的情绪,认为自己比别人优越,从而放松对自己的要求。但是,如果一个人能够在富有时保持谦虚和开放的心态，不因自己的优势而骄傲自满，那么这种心态和行为也是值得赞赏的。

总之，这句话告诉我们，无论贫穷还是富有，保持积极、平和、谦虚的心态和行为是非常重要的。在贫穷时，我们要学会不抱怨、不放弃，坚持努力奋斗；在富有时，我们要学会不骄傲、不放纵，保持谦虚和开放的心态。只有这样，我们才能在人生的道路上走得更远、更稳健。

14.11 子曰："孟公绰为赵、魏老则优，不可以为滕、薛大夫。"

【白话文】

孔子说："孟公绰担任赵国、魏国的长官是绰绰有余的，但不能让他担任滕国、薛国的大夫。"

【郭干辉开心陪读】

在这句话中，孔子评价了春秋时期的一位重要人物孟公绰。孟公绰是鲁国的大夫，为人正直、廉洁，受到孔子的赞赏。然而，孔子认为他并不适合担任滕国、薛国这样的小国的大夫。

孔子之所以做出这样的评价，是因为孟公绰的性格和才能决定了他更适合担任赵国、魏国这样的大国的长官。赵国和魏国都是春秋时期的大国，需要处理的事务繁杂且重要，孟公绰的性格正直、廉洁，具备处理这些事务的能力和品质。滕国和薛国这样的小国需要的是能够灵活应对各种复杂情况的大夫，孟公绰的性格和才能并不适合担任这样的职务。

孔子的评价告诉我们，一个人的性格和才能决定了他适合担任什么样的职务。在选择职业或担任职务时，我们应该充分了解自己的性格和才能，选择适合自己的领域和岗位；同时，对于他人的评价也要理性看待，了解其背后的含义和背景，不要盲目跟从或轻信。

14.12 子路问成人，子曰："若臧武仲之知、公绰之不欲、卞庄子之勇、冉求之艺，文之以礼乐，亦可以为成人矣。"曰："今之成人者何必然？见利思义，见危授命，久要（yāo）不忘平生之言，亦可以为成人矣。"

【白话文】

子路问怎样做才是一个完美的人。孔子说："如果能够有臧武仲的智慧，有孟公绰的清心寡欲，有卞庄子的勇敢，有冉求的多才多艺，再用礼乐来增加他的文采，也就可以算是一个完美的人了。"又说："现今的所谓完美的人何必要这样呢？见到利益就想到道义，遇到危险就舍身不顾，长期以来不负自己的诺言，也可以算是一个完美的人。"

【郭干辉开心陪读】

在这段对话中，孔子对于"成人"的定义是十分独特的。他提出了四个条件：智慧如臧武仲，清心寡欲如公绰，勇敢如卞庄子，多才多艺如冉求。这些条件都是孔子对完美人才的描绘和期待。然而，孔子也意识到现实生活中很难找到这样完美的人，因此他又提出了一个相对简单的标准：见到利益要想到道义，遇到危险要有担当，长期以来不违背自己的诺言。这些条件虽然简单，却是做人的基本原则和道德底线。

总之，这段对话告诉我们，做人应该具备基本的道德底线和原则，同时也要追求优秀人才的特质和标准。只有具备了这些素质和原则，才能成为一个真正优秀的人。

14.13 子问公叔文子于公明贾曰："信乎，夫子不言、不笑、不取乎？"公明贾对曰："以告者过也。夫子时然后言，人不厌其言；乐然后笑，人不厌其笑；义然后取，人不厌其取。"子曰："其然？岂其然乎？"

【白话文】

孔子向公明贾问到公叔文子时说："是真的吗？他老人家不言语、不笑、不取钱财？"公明贾回答说："那是告诉你的那个人说得过分了。先生该说话时才说话，因此别人不厌恶他说话；真高兴时才笑，因此别人不厌恶他笑；合乎正义的钱财他才取，因此别人不厌恶他取。"孔子说："是这样吗？难道真是这样吗？"

【郭干辉开心陪读】

在这段对话中，孔子向公明贾询问公叔文子的为人处世原则。据传，公叔文子在当时以"三不"著名，即不言、不笑、不取钱财。然而，公明贾却认为这些传闻并不准确。他告诉孔子，公叔文子并非从不说话、从不笑、从不取钱财，而是要根据时机和情况来行事。该说话时才说话，高兴时才笑，合乎正义时才取钱财。这样的行为方式，别人自然不会厌恶他。

孔子的回应"其然？岂其然乎？"表达了他对公明贾所说的话的重视和认可。他似乎在思考并接受公明贾的解释，认为公叔文子的行为方式是正确的、合理的。

这段对话告诉我们，为人处世应该根据时机和情况来行事，而不是盲目地遵循某种固定的规则或原则。只有灵活应对各种情况，才能获得别人的尊重和理解。同时，也要注意不要轻易相信传闻或流言蜚语，只有了解事情的真相和背景，才能做出正确的判断和评价。

14.14 子曰："臧武仲以防求为后于鲁，虽曰不要君，吾不信也。"

【白话文】

孔子说："臧武仲凭借防邑请求鲁君立臧氏之后为鲁国的卿大夫，虽然有人说不是要挟国君，我是不相信的。"

【郭干辉开心陪读】

臧武仲是春秋时期鲁国的卿大夫，他曾凭借防邑请求鲁君立臧氏之后为鲁国的卿大夫，这被认为是一种要挟国君的行为。孔子认为，臧武仲的这种行为是有违臣子之道的，他不可能不知道这是在要挟国君。

这句话表达了孔子对臣子之道的看法。他认为，臣子应该忠诚于君王，不应当有任何损害国君的言行。如果臣子做出有违这一原则的行为，就应当受到谴责和惩罚。

同时，这句话也提醒我们，做人做事应该遵循一定的原则和规矩，不要做出有违道德和法律的行为。无论在什么情况下，我们都应当坚守自己的原则和信念，不要轻易违背。

14.15 子曰："晋文公谲（jué）而不正，齐桓公正而不谲。"

【白话文】

孔子说："晋文公诡谲而不正直，齐桓公正直而不诡谲。"

【郭干辉开心陪读】

晋文公和齐桓公都是春秋时期著名的霸主，他们的行事风格和道德品质有所不同。晋文公诡谲而不正,善于运用权谋和策略来达到自己的目的,但他的行为常常违背正直的原则。而齐桓公则公正而不谲,他注重公正和诚信,不善于运用权谋和策略,但他的行为常常符合正直的原则。

孔子的评价是基于他的道德标准和对历史事件的理解。他认为,一个好的领导者应当遵循正直的原则,不应当使用诡谲的手段来达到自己的目的。因此,他对晋文公的行为持批评态度,而对齐桓公的行为持肯定态度。

这句话也提醒我们,做人做事应当遵循正直的原则,不要使用诡谲的手段来达到自己的目的。正直是我们应该遵循的基本道德准则,只有正直的人才能赢得别人的信任和尊重。

14.16 子路曰:"桓公杀公子纠,召忽死之,管仲不死,曰未仁乎?"子曰:"桓公九合诸侯,不以兵车,管仲之力也。如其仁,如其仁!"

【白话文】

子路说:"齐桓公杀了公子纠,召忽自杀殉难,但管仲却没有自杀,这能算得上仁爱吗?"孔子说:"齐桓公多次召集各诸侯国盟会,不用武力,都是管仲的力量。这就是他的仁爱,这就是他的仁爱!"

【郭干辉开心陪读】

在这段对话中,子路对管仲的评价产生了疑问。他觉得管仲在公子纠被杀后没有自杀殉难,似乎不符合儒家强调的"杀身成仁"的观念。然而,孔子对管仲的评价却非常高。他认为,齐桓公之所以能够多次召集各诸侯国盟会,不用武力,都是管仲的功劳。这种贡献和努力,充分体现了管仲的仁爱之心和卓越能力。

孔子的评价并不是忽视管仲的缺点或瑕疵,而是在充分肯定他的能力和贡献的基础上,指出他的优点和长处。这种评价方式是全面而客观的,既看到了管仲在公子纠被杀后没有自杀殉难的不足,又看到了他在齐桓公称霸过程中的巨大贡献和价值。

这段话告诉我们,评价一个人应该全面而客观,既要看到他的优点,也要看到他的缺点和不足。只有这样,才能真正了解一个人,做出正确的判断和评价。

>>> 宪问第十四

14.17 子贡曰:"管仲非仁者与？桓公杀公子纠，不能死，又相之。"子曰:"管仲相桓公，霸诸侯，一匡天下，民到于今受其赐。微管仲，吾其被发左衽矣。岂若匹夫匹妇之为谅也，自经于沟渎而莫之知也。"

【白话文】

子贡问:"管仲不能算是有仁德的人吧？齐桓公杀了公子纠，他不能为公子纠殉死，反而做了齐桓公的宰相。"孔子说:"管仲辅佐齐桓公，称霸诸侯，匡正天下，老百姓到如今还享受他的恩惠。如果没有管仲，我们恐怕要披头散发，左衽而坐了。难道要管仲像普通百姓那样守小节，自杀在小巷里，而不被人知道吗？"

【郭干辉开心陪读】

在这段对话中，子贡和孔子对管仲的评价存在分歧。子贡认为管仲没有为公子纠殉死，因此不能算是有仁德的人。而孔子则认为，管仲在辅佐齐桓公称霸诸侯、匡正天下的过程中，做出了巨大的贡献，使老百姓至今仍受其恩惠。如果没有管仲，老百姓可能会遭受更多的苦难。因此，孔子认为不能仅仅以殉死来判断一个人的仁德，而应该看到他的贡献和价值。

孔子的评价并不是忽视普通百姓的价值观和道德标准，而是在更高的层面上肯定了管仲的贡献和价值。他认为，像管仲这样的大丈夫，应该在更广阔的范围内做出贡献，而不是拘泥于小节和私利。因此，孔子强调了管仲的功绩和价值，认为他是一个有仁德的人。

这段话告诉我们，评价一个人应该从多个角度出发，看到他的贡献和价值。我们也要认识到，不同的人有不同的价值观和道德标准，应该尊重和理解他人的选择，在做出评价时，应该具备全局观念和大局意识，不要局限于小节和局部利益。

14.18 公叔文子之臣大夫僎(xùn)，与文子同升诸公，子闻之，曰:"可以为'文'矣。"

【白话文】

公叔文子的臣子大夫僎和公叔文子一起升任为卫国的公卿。孔子听到此消息后说:"他可以谥为'文'了。"

【郭干辉开心陪读】

这句话描述了公叔文子的品行和能力。公叔文子是春秋时期卫国的一位卿大夫,他以正直、忠诚和智慧著称。据传,他的臣子大夫僎在他的推荐下也得以进入公卿之位。孔子对此表示赞赏,认为公叔文子具备了"文"的品质,可以谥为"文"。

孔子的评价是基于他对公叔文子的观察和了解,以及谥号的定义和要求。他认为,谥为"文"的人应该具备正直、忠诚、智慧等品质,能够推荐人才并为国家做出贡献。公叔文子符合这些要求,因此可以谥为"文"。

这句话提醒我们,做人做事应该具备正直、忠诚、智慧等品质,为国家和社会做出贡献。同时,我们也应该注重推荐人才,让更多有才能的人得到机会展现自己的价值。

14.19 子言卫灵公之无道也,康子曰:"夫如是,奚而不丧?"孔子曰:"仲叔圉治宾客,祝鮀治宗庙,王孙贾治军旅,夫如是,奚其丧?"

【白话文】

孔子讲到卫灵公的无道,季康子问:"既然如此,他为何不败亡?"孔子说:"他有仲叔圉接待宾客,祝鮀管理宗庙祭祀,王孙贾管理军队,像这样,他凭什么败亡?"

【郭干辉开心陪读】

在这段对话中,孔子对卫灵公的评价有些矛盾。一方面,他承认卫灵公的无道,但另一方面,他又强调卫灵公拥有仲叔圉、祝鮀、王孙贾等贤臣,因此卫灵公不会轻易败亡。这些贤臣分别负责接待宾客、管理宗庙祭祀和军队,都是非常重要的职责。

孔子的评价并非完全肯定卫灵公的无道,而是强调即使一个君主无道,如果拥有贤臣辅佐,也可以维持国家的稳定和繁荣。这种看法体现了孔子对君臣关系的认识和理解,他认为君臣之间应该相互依赖、相互扶持,才能共同治理国家。

这段对话提醒我们，一个国家的繁荣和稳定不仅需要君主的英明和智慧，也需要臣子的忠诚和才能。只有君臣一心，才能共同实现国家的繁荣和人民的福祉。

14.20 子曰："其言之不怍，则为之也难。"

【白话文】

孔子说："一个人如果说话大言不惭，那么他实践起来一定很困难。"

【郭干辉开心陪读】

这句话是孔子对言行的观察和评论。他认为，如果一个人在说话时表现出大言不惭、自大的态度，那么他在实践自己的话语时往往会遇到困难。这是因为，大言不惭的人往往缺乏对自己言行的审视和反思，容易过高估计自己的能力，从而在实践中遇到挫折。

孔子的这句话提醒我们，言行一致是一种基本的道德要求。如果一个人在言行上不一致，不仅会失去他人的信任和尊重，也会让自己在实践中遇到很多困难。因此，我们应该时刻保持谦虚、谨慎的态度，对自己的言行负责，做到言行一致。

14.21 陈成子弑简公，孔子沐浴而朝，告于哀公曰："陈恒弑其君，请讨之。"公曰："告夫三子。"孔子曰："以吾从大夫之后，不敢不告也，君曰'告夫三子'者！"之三子告，不可。孔子曰："以吾从大夫之后，不敢不告也。"

【白话文】

陈成子（陈恒）杀了齐简公。孔子斋戒沐浴后去朝见鲁哀公，报告说："陈恒杀了他的君主，请出兵讨伐他。"鲁哀公说："你去向季孙、叔孙、孟孙三家报告吧！"孔子退朝后说："因为我曾经做过大夫，不敢不报告。君主说'你去向三家报告'！"孔子到三家去报告讨伐陈恒的事，三家都不肯出兵讨伐。孔子说："因为我曾经做过大夫，不敢不报告呀！"

【郭干辉开心陪读】

这段对话主要讲述了孔子对齐国内部政治动荡的反应和他的责任感。

"陈成子弑简公"指的是齐国大夫陈成子杀了齐简公。这是一个严重的政治事件,因为弑君在古代被视为大逆不道的行为。孔子作为一位有德行的士人,对此感到非常愤慨。

"孔子沐浴而朝,告于哀公曰:'陈恒弑其君,请讨之。'"孔子为了表达对此事的严肃态度,特地斋戒沐浴后去朝见鲁哀公,请求出兵讨伐陈恒。他认为,作为诸侯国的鲁国,有义务维护周朝的礼制和道德秩序,因此对这种弑君的行为不能坐视不管。然而,鲁哀公并没有同意孔子的请求,而是说:"告夫三子。"这里的"三子"指的是鲁国的三位卿大夫:季孙氏、叔孙氏、孟孙氏。这句话的意思是让孔子去找这三位卿大夫商议此事。

孔子对此感到无奈和失望,他说:"以吾从大夫之后,不敢不告也,君曰'告夫三子'者!"这句话的意思是,因为我曾经做过大夫,所以有责任向君主报告这种大事。但是,现在君主却让我去找三位卿大夫商议,这让我感到很困惑。

接着,孔子去找了三位卿大夫,但他们都不同意出兵讨伐陈恒。孔子对此感到非常失望,他说:"以吾从大夫之后,不敢不告也。"这句话的意思是,我仍然坚持我的立场和责任感,即使没有人支持我,我也会尽我所能去维护正义和道德秩序。

这段对话展现了孔子的正义感和责任感。他认为,作为一位有德行的士人,应该积极维护正义和道德秩序,即使面对困难和挫折也不能放弃。同时,他也表达了对当时政治环境的失望和无奈。这种态度和立场对于我们今天的生活和工作也有着重要的启示意义。

14.22 子路问事君,子曰:"勿欺也,而犯之。"

【白话文】

子路问怎样侍奉君主。孔子说:"不能欺骗他,但可以犯颜直谏。"

【郭千辉开心陪读】

这句话是孔子对侍奉君主的建议。他认为,作为一个臣子,不应该欺骗君主,而应该坦诚相告,即使这可能会触犯君主。这种思想体现了孔子对忠诚和诚信的重视,同时也强调了臣子在政治中的责任和角色。

14.23 子曰:"君子上达,小人下达。"

【白话文】

孔子说:"君子向上通达仁义,小人向下通达财利。"

【郭干辉开心陪读】

这句话是孔子对君子和小人行为方式的描述。他认为,君子追求的是道德和精神上的进步,通过学习和实践来提升自己的修养和境界;而小人则追求物质和利益上的满足,往往忽视道德和精神的价值。

这种思想体现了孔子对道德和精神价值的重视,同时也强调了君子和小人在行为方式上的区别。

14.24 子曰:"古之学者为己,今之学者为人。"

【白话文】

孔子说:"古代的人学习是为了提升自己,现代的人学习是为了炫耀给别人看。"

【郭干辉开心陪读】

这句话是孔子对学习动机的观察和评论。他认为,古代的人学习是为了提升自己的修养和境界,是一种自我完善和成长的过程;而现代的人学习往往是为了向别人展示自己的学识和能力,忽视了自己的内在需求和成长。

这种思想体现了孔子对内在修养和自我提升的重视,同时也强调了正确的学习动机对学习效果的影响。

14.25 蘧伯玉使人于孔子,孔子与之坐而问焉,曰:"夫子何为?"对曰:"夫子欲寡其过而未能也。"使者出,子曰:"使乎!使乎!"

【白话文】

蘧伯玉派使者去拜访孔子,孔子让使者坐下,然后问道:"先生最近在做什么?"使者回答说:"先生想要减少自己的错误,但还没能做到。"使者出去后,孔子说:"好使者啊!好使者啊!"

【郭干辉开心陪读】

蘧伯玉是孔子的朋友，也是一位贤人。这段对话中，蘧伯玉的使者回答孔子的问题时，表现出对蘧伯玉的尊敬和谦虚，同时也展示了蘧伯玉的追求和自我要求。孔子的赞赏则表现了他对于蘧伯玉和使者的尊重和认可。

这段话提醒我们，在与人交往中，应该注重自我要求和追求，不断提升自己的能力和修养；同时也要尊重他人，欣赏他人的优点。这样才能建立良好的人际关系，实现个人和社会的共同进步。

14.26 子曰："不在其位，不谋其政。"曾子曰："君子思不出其位。"

【白话文】

孔子说："不在那个职位上，就不要考虑那个职位上的事。"曾子说："君子考虑问题从不超出自己的职位范围。"

【郭干辉开心陪读】

这两句话都强调君子应该做好自己的本职工作，不要越权去考虑自己职责之外的事情。这是对君子的一种道德要求，也是对社会秩序的维护。在今天的社会中，我们也可以从中得到启示，做好自己的本职工作，不越权、不越位，保持谦虚谨慎的态度，才能更好地为社会做出贡献。

14.27 子曰："君子耻其言而过其行。"

【白话文】

孔子说："君子认为说得多而做得少是可耻的。"

【郭干辉开心陪读】

这句话是孔子对言行一致的强调。他认为，一个真正的君子应该注重实际行动，而不是空谈和言辞。如果一个人说得太多而做得太少，那么这种行为就是可耻的。这种思想体现了孔子对实际行动的重视，同时也强调了言行一致的道德要求。

在今天的社会中，我们也可以从这句话中得到启示，注重实际行动，少说多做，才能更好地实现自己的价值和目标。

14.28　子曰："君子道者三，我无能焉：仁者不忧，知者不惑，勇者不惧。"子贡曰："夫子自道也。"

【白话文】

孔子说："君子之道有三条，我都未能做到：仁德的人不忧愁，聪明的人不迷惑，勇敢的人不畏惧。"子贡说："正是对先生的最好描述。"

【郭干辉开心陪读】

这段话是孔子对君子之道的描述。他认为，一个真正的君子应该具备三种品质：仁德、智慧和勇敢。然而，他承认自己并未完全达到这些要求。这种自谦和自我反思的态度体现了孔子的道德境界和人格魅力。同时，子贡对孔子的评价也表明了孔子所具备的这些品质是值得称道的。

这段话提醒我们，作为一个君子，应该不断追求自己的品质和修养，努力做到仁、智、勇；同时也要保持自谦和自我反思的态度，不断超越自己，实现个人和社会的共同进步。

14.29　子贡方人，子曰："赐也贤乎哉？夫我则不暇。"

【白话文】

子贡议论别人，孔子说："端木赐，你就什么都好吗？我就没有闲暇去议论别人。"

【郭干辉开心陪读】

这段话是孔子对于议论别人的态度。他认为，议论别人并不是一件值得称道的事情，因为这会分散自己的注意力和时间，无法专注于自我提升和修养。

这种态度体现了孔子对个人修养和自我提升的重视，同时也强调了不要过于关注别人的缺点，而应该专注于自己的成长和进步。

14.30　子曰："不患人之不己知，患其不能也。"

【白话文】

孔子说："不担心别人不知道自己，担心自己没有能力。"

【郭干辉开心陪读】

在这句话中，孔子强调了一个人应该更关注自身的能力和价值，而不是过于担心别人是否认可自己。

在现实生活中,有些人常常会陷入自我怀疑和焦虑的情绪中,认为自己不够好或没有能力。而孔子的这句话则提醒我们,不要过于关注别人的看法和认可,而应该更加关注自己的能力和价值。只有当我们具备了足够的能力和价值,才能得到别人的认可和尊重。因此,我们应该不断努力提升自己的能力和素质,而不是仅仅关注别人是否认可自己。

14.31　子曰:"不逆诈,不亿不信,抑亦先觉者,是贤乎!"

【白话文】

孔子说:"不预先怀疑别人欺诈,不凭空臆测别人不诚实,却能先行察觉别人的欺诈和不诚实,这才是贤人啊!"

【郭干辉开心陪读】

首先,孔子所说的"不逆诈",意思是不要预先怀疑别人欺诈。在现实生活中,有些人会先入为主地认为别人会欺诈自己,而产生一种防范心理。这种心理会影响他们的判断力和决策能力,甚至导致他们错过一些机会。因此,一个贤者不应该轻易怀疑别人,而是应该通过观察和了解来及早发现欺诈的行为。

其次,孔子所说的"不亿不信",意思是不要凭空猜测别人不诚实。在现实生活中,有些人会因为缺乏证据而凭空猜测别人不诚实,这种猜测不仅会浪费时间和精力,还会影响自己与别人的关系。因此,一个贤者不应该凭空猜测别人,而是应该通过观察和了解来及早发现不诚实的行为。

最后,孔子所说的"抑亦先觉者",意思是能够及早发现欺诈和不诚实的行为。他认为,一个贤者应该具备这种能力,能够通过观察和了解来及早发现欺诈和不诚实的行为。这种能力需要不断学习和实践才能获得,因此一个贤者应该不断努力提升自己的观察力和判断力。

总之,孔子的这句话告诉我们,不要轻易怀疑和猜测别人,而应该通过观察和了解来及早发现欺诈和不诚实的行为;同时也要不断努力提升自己的观察力和判断力,以成为能够及早发现欺诈和不诚实行为的贤者。

14.32 微生亩谓孔子曰:"丘何为是栖栖者与？无乃为佞乎？"孔子曰:"非敢为佞也，疾固也。"

【白话文】

微生亩对孔子说:"你为何这样忙碌奔波呢？不会是为了施展佞技吧？"孔子说:"不敢施展佞技，而是讨厌那些固执不通晓事理的人。"

【郭干辉开心陪读】

在这段对话中，微生亩对孔子的忙碌和奔波进行了质疑，并暗示他是在施展佞技，即通过花言巧语来取悦他人或谋取私利。然而，孔子明确回应说，他并不是为了施展佞技而忙碌，而是因为讨厌那些固执不通晓事理的人。

首先，我们可以从孔子的回应中看出他的坦诚和坚定。他没有回避或否认微生亩的质疑，而是直接表达了自己的立场和价值观。他明确表示自己并不是为了施展佞技而忙碌，这意味着他不会为了取悦他人或谋取私利而违背自己的原则和价值观。他的行为是出于对那些固执不通晓事理的人的反感，这是他对人类价值观和道德标准的坚守。

其次，我们可以从这段对话中看出孔子对人类价值观和道德标准的重视。在孔子的思想中，道德是人类社会的基础和人类行为的标准。他认为，一个真正的君子应该坚守道德原则，并以道德标准来衡量自己的行为。在这段对话中，孔子明确表达了自己对那些固执不通晓事理的人的反感，这是因为他们违背了道德标准，他们的行为是不道德的。

最后，我们可以从这段对话中得出结论：我们应该坚守自己的原则和价值观，不因为外界的压力和质疑而改变自己的信仰和行为；同时也要尊重他人的选择和决定，并通过了解和沟通来理解别人的想法和行为。只有这样，我们才能建立一个和谐、稳定、有秩序的社会。

14.33 子曰:"骥不称其力，称其德也。"

【白话文】

孔子说:"称赞千里马不是称赞它的力气，而是称赞它的品德。"

【郭干辉开心陪读】

在这句话中,孔子强调了品德的重要性。他指出,评价一个人才时,应该更注重其品德和道德素养,而不是仅仅关注其外在的能力和表现。

首先,孔子所说的"骥不称其力",意味着在评价千里马时,不能仅仅以它的奔跑速度和力量为标准。千里马虽然具有强大的奔跑能力和力量,但如果它没有良好的品德和忠诚的品质,那么它就不能被视为一匹真正优秀的马。

其次,孔子所说的"称其德也",强调了品德和道德素养的重要性。一个真正优秀的人才,应该具备高尚的品德和道德素养,能够以身作则、恪守信用、关心他人等。只有这样的人才,才能得到他人的尊重和信任,也才能真正发挥自己的能力和价值。

最后,孔子的这句话告诉我们,评价一个人才时,应该更注重其品德和道德素养,而不是仅仅关注其外在的能力和表现。只有具备高尚品德和道德素养的人才,才能真正发挥自己的能力和价值,为社会做出更大的贡献。

14.34 或曰:"以德报怨,何如?"子曰:"何以报德?以直报怨,以德报德。"

【白话文】

有人说:"用恩德来回报怨恨,怎么样?"孔子说:"那用什么来回报恩德呢?应该用正直来回报怨恨,用恩德来回报恩德。"

【郭干辉开心陪读】

在这段对话中,有人提出了一种观点"以德报怨",即用恩德来回报怨恨。这种观点在某些文化传统中是存在的,但在孔子的价值观中并不被认可。

孔子的回应是"何以报德?以直报怨,以德报德"。他认为,不能用恩德来回报怨恨,因为这样会混淆了道德标准。在孔子看来,正确的做法是"以直报怨",即用正直的行为来回应怨恨;同时,用恩德来回报恩德,即对那些对自己好的人或事给予回报。

这里,孔子强调了正直和道德行为的重要性。他认为,一个真正的君子应该坚守道德原则,用正直的行为来处理问题,而不是用恩德来回报怨恨。这样做不仅符合道德标准,也能够建立健康的人际关系和社会秩序。

14.35 子曰:"莫我知也夫!"子贡曰:"何为其莫知子也?"子曰:"不怨天,不尤人,下学而上达。知我者其天乎!"

【白话文】

孔子说:"没有人了解我啊!"子贡说:"为什么没有人了解您呢?"孔子说:"不怨恨上天,不责怪别人,下学人事而上达天命。了解我的大概只有天吧!"

【郭干辉开心陪读】

首先,孔子所说的"不怨天,不尤人",意味着他不抱怨命运的不公,也不责怪别人。他认为,一个人的命运是由天命决定的,而个人的成长和发展也应该顺应天命。

其次,孔子所说的"下学而上达",意味着他主张通过不断学习来了解自己的使命和目的。他认为,一个人应该从基础的学习开始,逐渐掌握各种知识和技能,然后才能逐渐了解自己的使命和目的。这种看法体现了孔子对个人成长和发展的重视。

最后,孔子所说的"知我者其天乎",意味着他认为只有天才能真正了解他。这是因为他认为自己的使命和目的是由天命决定的,即使是他自己也无法完全了解这些使命和目的。这种看法体现了孔子的宿命论思想和对个人命运的无奈。

14.36 公伯寮愬子路于季孙。子服景伯以告,曰:"夫子固有惑志于公伯寮,吾力犹能肆诸市朝。"子曰:"道之将行也与,命也;道之将废也与,命也。公伯寮其如命何?"

【白话文】

公伯寮在季孙面前诽谤子路。子服景伯把这件事告诉孔子,说:"先生已经被公伯寮迷惑了,我的力量还能把他的尸首在集市上示众。"孔子说:"我的主张如果会实行,那就是命;我的主张如果被废弃,也是命。公伯寮能把命怎么样呢?"

【郭干辉开心陪读】

在这段对话中,子服景伯告诉孔子,公伯寮试图诽谤子路,并且他认为自己有力量为子路伸张正义。然而,孔子并没有表现出同样的决心和行动,而是以一种宿命论的观点来看待这个问题。

首先，孔子认为，一个人的成功或失败、主张的实行或废弃，都是命中注定的。他说："道之将行也与，命也；道之将废也与，命也。"这意味着他并不认为通过个人努力或行动可以改变命运。

其次，尽管公伯寮的行为让子服景伯感到愤怒和不满，但孔子并没有责备或惩罚公伯寮。相反，他表现出一种超脱的态度，认为公伯寮无法改变命中注定的命运。他说："公伯寮其如命何？"意思是公伯寮能做什么来改变命运呢？

最后，这种态度反映了孔子对个人和社会命运的看法。他认为，个人的行为和努力在很大程度上受到命运的限制，试图改变命运是不现实的。因此，他主张人们应该顺应天命，不要过于执着于个人的得失和荣辱。

这种态度反映了孔子对人生和命运的深刻思考和理解。

14.37　子曰："贤者辟世，其次辟地，其次辟色，其次辟言。"子曰："作者七人矣。"

【白话文】

孔子说："贤者避开乱世而隐居，次一等的避开祸乱之地而远走，再次一等的避开凶恶的脸色而躲开，再次一等的避开恶言而离去。"孔子说："这样做的人已经有七位了。"

【郭干辉开心陪读】

这段话反映了孔子对于避世、避地、避色、避言的态度和看法。他认为，贤者应该避开乱世而隐居，远离祸乱之地，避免与凶恶的人交往，同时也应该避免听到恶言。这种看法体现了孔子对于人生处世的智慧和警觉。

首先，孔子所说的"贤者辟世"，意味着真正的贤者会选择远离乱世和纷争，保持自己的独立和清净。他们不会因为外界的干扰和诱惑而失去自己的原则和价值观。

其次，孔子所说的"其次辟地"，意味着选择一个好的环境和地方对一个人的成长和发展也是非常重要的。人们应该选择一个远离祸乱和危险的地方居住和工作，这样可以减少不必要的麻烦和风险。

再次，孔子所说的"其次辟色"，意味着人们应该远离那些面带凶恶表情的人，避免与他们发生矛盾和冲突。与这些人交往不仅会带来不必要的麻烦，还可能会影响到自己的情绪和心态。

最后，孔子所说的"其次辟言"，意味着人们应该远离恶言和不良的言论，不要轻易相信别人的谣言和诽谤。这些言论不仅会伤害到别人的感情和声誉，也会影响到自己的判断和决策。

总之，这段话告诉我们，人生处世需要具备智慧和警觉，应该学会选择环境和交往对象，避免与不良的人和事物接触；同时也要保持独立，选择清净的地方居住，远离恶言和诽谤，以维护自己的尊严和声誉。

14.38 子路宿于石门，晨门曰："奚自？"子路曰："自孔氏。"曰："是知其不可而为之者与？"

【白话文】

子路在石门住宿一夜，早晨开城门的人问："从哪里来？"子路说："从孔子家来。"城门守卫说："就是那个知道做不到却还要做的人吗？"

【郭干辉开心陪读】

这段对话中的"自孔氏"表明了子路是从孔子家中来的。而"知其不可而为之者与"则是指出了孔子明知自己的主张可能不会被社会所接受，但仍坚持自己的信念和理想。这种坚持和执着的精神是孔子的特点之一，也是他对自己使命拥有坚定信念的体现。

然而，这种坚持和执着并不意味着孔子不会面对现实和调整自己的行动。相反，他非常清楚自己的主张可能不会被社会所接受，但他仍然坚持自己的信念和理想，并尝试通过教育和引导来改变社会的观念和行为。这种坚持和执着的精神与灵活性和现实性相结合，使得孔子能够成为一位伟大的思想家和教育家。

14.39 于击磬于卫，有荷蒉（kuì）而过孔氏之门者，曰："有心哉，击磬乎！"既而曰："鄙哉，硁硁乎！莫己知也，斯己而已矣。深则厉，浅则揭（qì）。"子曰："果哉！末之难矣。"

【白话文】

孔子在卫国击磬，有个挑着草筐的人经过孔子门前，说："有心啊，击磬！"过一会儿又说："浅薄啊，硁硁地敲个没完。没有人了解自己，就自己放弃好了。水深就穿着衣服涉水过去，水浅就撩起衣服涉水过去。"孔子说："果然啊，末世的君子想自己振奋起来也难啊！"

【郭干辉开心陪读】

在这段对话中，荷蒉者对孔子的击磬行为进行了评价和指导。他认为孔子的击磬行为缺乏实际意义，过于执着于自己的追求，而没有考虑到社会的现实和需要。他建议孔子灵活变通，根据不同的情况和环境来调整自己的行为和态度。

荷蒉者的看法反映了其对处世智慧的理解。这种看法与孔子的执着精神有所不同。孔子坚持自己的信念和理想，并尝试通过教育和引导来改变社会的观念和行为。

然而，荷蒉者的看法也提醒我们，一个人的追求应该与社会的现实和需要相符合。如果过于执着于自己的理想和追求，而忽略了社会的现实和需要，那么这种追求是没有实际意义的。因此，我们应该在坚持自己的理想和追求的同时，也要考虑到社会的现实和需要，灵活变通地处理问题。

总之，这段对话反映了荷蒉者与孔子对处世智慧的不同看法。荷蒉者强调灵活变通，根据不同的情况和环境来调整自己的行为和态度；而孔子则坚持自己的理想和追求，并尝试通过教育和引导来改变社会的观念和行为。这两种看法各有其优点和局限性，我们应该在实践中灵活运用，以实现自己的理想和追求。

14.40 子张曰："《书》云：'高宗谅（liáng）阴（ān），三年不言。'何谓也？"子曰："何必高宗，古之人皆然。君薨，百官总己以听于冢宰三年。"

【白话文】

子张说："《尚书》上说：'殷高宗守丧，三年不言语。'这是什么意思？"孔子说："不只是殷高宗，古人守丧都是这样。君主死了，百官放下自己的事情去听从冢宰三年。"

【郭干辉开心陪读】

这段对话涉及古代中国的礼仪和文化传统。高宗谅阴，三年不言，是古代文献中记载的一种礼仪制度。

这种礼仪制度的存在，表达了古人对于逝者的尊重和哀悼之情，也体现了古人对于国家治理的智慧和谨慎态度。在守丧期间，百官需要放下自己的事务，听从冢宰的安排和处理政务，以确保国家的正常运转。这种制度也体现了古人对于集体决策和集体行动的重视。

然而，这种礼仪制度并不是一成不变的。在不同的历史时期和文化背景下，这种制度可能会有所变化和调整。因此，孔子在回答子张的问题时，强调了这种礼仪制度的普遍性和历史性。他指出，不仅是殷高宗，古人在君主去世后都会守丧三年不言。这种制度是普遍存在的，并且被历史证明是有效的。

总之，通过了解和分析礼仪制度，我们可以更好地理解古代社会的文化、政治和历史背景。

14.41　子曰："上好礼，则民易使也。"

【白话文】

孔子说："居上位的人喜好礼，那么老百姓就容易役使了。"

【郭干辉开心陪读】

这句话是孔子对于领导者的一种建议。他认为，如果领导者能够注重礼仪，那么他们就能更好地领导和指挥民众。因为当领导者具备了礼仪之后，他们就能够更好地与民众建立良好的关系，增强自己的权威和影响力，从而更容易指挥民众。

此外，孔子的这句话也暗示了民众对礼仪的重视和尊重。他认为，如果领导者能够以身作则地遵守礼仪，那么民众也会逐渐接受和遵循这些礼仪规范，从而形成良好的社会秩序和道德风尚。

14.42　子路问君子，子曰："修己以敬。"曰："如斯而已乎？"曰："修己以安人。"曰："如斯而已乎？"曰："修己以安百姓。修己以安百姓，尧、舜其犹病诸！"

【白话文】

子路问孔子怎样做才能成为君子。孔子回答说："修养自己，保持谦逊有礼的态度。"子路问:"这样就足够了吗?"孔子回答说:"修养自己,使周围的人们感到安乐。"子路又问:"这样就足够了吗?"孔子回答说:"修养自己,使所有的百姓都感到安乐。修养自己以使所有的百姓都感到安乐,尧、舜恐怕也难做到吧!"

【郭干辉开心陪读】

在这段对话中,孔子向子路阐述了君子的定义和行为准则。孔子认为,作为一个君子,首先,要注重自身的修养,保持谦逊有礼的态度。其次,他要关注周围的人们,使他们的生活安乐。最后,更为重要的是,一个君子应该以天下为己任,努力使所有的百姓都感到安乐。

在孔子的观念中,修养自己不仅是为了提高自身的素质和品德,更是为了能够更好地为他人和社会做出贡献。因此,一个真正的君子不仅要关注自身的修养,还要积极投身于社会实践和公益事业中,以实现个人价值和社会价值的统一。

此外,这段对话还体现了孔子的仁爱思想。孔子认为,一个君子应该关注他人的福祉和利益,尽自己最大的努力去帮助他们实现幸福和安乐。这种仁爱思想也是儒家思想的核心之一,对中国传统文化和社会道德观念产生了深远的影响。

14.43　原壤夷俟,子曰:"幼而不孙(xùn)弟(tì),长而无述焉,老而不死,是为贼!"以杖叩其胫。

【白话文】

原壤叉开双腿坐着等待孔子,孔子说:"你小时候不谦逊,长大后没有什么值得称述的成就,老来死不及时,真是祸害啊!"于是用拐杖敲打他的小腿。

【郭干辉开心陪读】

在这段话中,孔子对原壤的行为进行了批评。原壤叉开双腿坐着等待孔子,这在古代被视为不礼貌和不尊重的行为。因此,孔子言语批评他,并进一步用拐杖敲打他的小腿,这既是惩罚他的不敬行为,也是提醒他要注重礼节和尊重长辈。

从孔子的言行中我们可以看到他对礼节的重视和对长辈的尊重。作为一个长辈和有地位的人，孔子以身作则，用行动来传达对他人的尊重和关爱。这种行为对社会和个人都有着积极的影响。

首先，对社会而言，注重礼节和尊重长辈是维护社会秩序和道德规范的重要方面。只有当每个人都能够遵循这些规范，社会才能够更加和谐稳定。

其次，对个人而言，注重礼节和尊重长辈可以提升自己的修养和品格。通过表现出谦逊和尊重他人的态度，我们可以建立良好的人际关系，为自己创造更多的机会和资源。

最后，这段对话还提醒我们要珍惜时间和生命。孔子批评原壤"幼而不孙弟，长而无述焉，老而不死，是为贼"，意味着一个人如果小时候不谦虚谨慎，长大后没有成就，老来不死，就是祸害。这告诫我们要珍惜时间和生命，努力追求成就和做出贡献。

总之，这段话传达了注重礼节、尊重长辈、珍惜时间和生命等重要的价值观。我们应该从中汲取智慧和启示，将这些价值观融入自己的生活和实践中。

14.44 阙党童子将命，或问之曰："益者与？"子曰："吾见其居于位也，见其与先生并行也。非求益者也，欲速成者也。"

【白话文】

阙党的一个童子来传达信息。有人问孔子："这个童子是个好学求上进的人吗？"孔子说："我看见他坐在成人的席位上，又看见他与长辈并肩而行。他不是个求上进的人，而是一个想迅速成功的人。"

【郭干辉开心陪读】

在这段对话中，孔子对阙党童子的行为进行了评价。孔子观察后认为这个童子虽然表现出对成人的模仿和追求，但他并没有真正理解"求益"的内涵；相反，他只是想要快速成功，追求表面的成就。

孔子的观察和评价提醒我们，真正的进步和成功需要时间和努力。只有通过不断的学习、实践和积累经验，我们才能够真正获得成长和进步。而那些只追求速度和表面成就的人，往往忽视了过程和细节，最终难以实现真正的成功。

此外，这段对话也强调了尊重长辈和传统礼仪的重要性。在古代社会中，尊重长辈和传统礼仪是一种普遍的价值观念。通过观察童子与先生的行为，我们可以看到这种价值观念在孔子心中的地位。即使在现代社会，我们仍然应该尊重传统礼仪和长辈的经验智慧，以维护社会秩序和人际关系。

卫灵公第十五

15.1　卫灵公问陈（zhèn）于孔子，孔子对曰："俎豆之事，则尝闻之矣；军旅之事，未之学也。"明日遂行。

【白话文】

卫灵公问孔子军事方面的问题，孔子回答说："祭祀礼仪方面的事情，我还听说过；用兵打仗的事，从来没有学过。"第二天孔子便离开了卫国。

【郭干辉开心陪读】

在这段话中，孔子表达了自己对军事的看法和态度。他认为，军事战争不是解决问题的最佳方式，而应该注重礼仪、道德和教化等方面的建设。因此，他对卫灵公问及的军事问题没有兴趣，甚至没有学习过。

在现代社会，这种思想同样具有重要意义。战争带来的破坏和伤害是难以估量的，而通过和平、合作和交流等方式来解决争端和问题更加有效和可持续。因此，我们应该注重和平、合作和交流等方面的建设，而不是将战争和暴力作为解决问题的首选。只有这样，我们才能够建立起更加和谐、稳定和繁荣的社会。

15.2　在陈绝粮，从者病，莫能兴。子路愠见（xiàn）曰："君子亦有穷乎？"子曰："君子固穷，小人穷斯滥矣。"

【白话文】

在陈国时，孔子师徒断了粮食，随从的弟子们都饿病了不能起身。子路生气地来见孔子说："君子也有困窘没有办法的时候吗？"孔子说："君子在困窘时还能固守正道，小人一困窘就会胡作非为。"

【郭干辉开心陪读】

在这段对话中，子路对孔子一行陷入困境感到不满和失望，认为君子不应该遭受如此困窘的境遇。然而，孔子却告诉他，君子在困窘时能够坚守正道，小人则会因为困窘而失去理智，做出不道德的行为。

这段对话告诉我们，无论在何种情况下，坚守正道和道德底线都是非常重要的。君子应该具备坚定的信仰和原则，不因困境而放弃自己的追求和价值观。小人往往会在困境中失去理智，做出错误的决定和行为。

在现代社会，我们同样应该坚持自己的信仰和原则，不因困境而放弃自己的追求和价值观。在面对困难和挑战时，我们应该保持冷静和理智，寻找解决问题的方法和途径，而不是采取不道德的行为来获取自己的利益。只有这样，我们才能够成为一个真正的君子，赢得他人的尊重和信任。

15.3　子曰："赐也，女（rǔ）以予为多学而识之者与？"对曰："然，非与？"曰："非也，予一以贯之。"

【白话文】

孔子说："赐啊，你以为我是多多地学习并能牢记所学知识的人吗？"子贡回答说："是的，难道不是这样吗？"孔子说："不是的，我是用一个基本观念把它们贯穿起来。"

【郭干辉开心陪读】

在这段对话中，孔子强调了学习的连贯性和整体性。他告诉子贡，他并不是多多地学习并能牢记所学知识的人，而是用一个基本观念把所学知识贯穿起来。

这种学习方式强调对知识的整体把握和理解，而不是仅仅停留在表面的知识点上。深入思考和归纳，将所学知识整合成一个有机的整体，可以更好地掌握知识和理解其内涵。

在现代教育中，我们也应该注重学习的连贯性和整体性。学生应该在学习过程中逐渐建立起完整的知识体系，将不同学科的知识进行整合和联系。同时，老师也应该帮助学生培养整体把握知识的能力，提高学生的思维能力和创新能力。

15.4 子曰:"由,知德者鲜矣。"

【白话文】

孔子说:"由啊,见识道德高尚的人实在少啊。"

【郭干辉开心陪读】

在这句话中,孔子表达了自己对当代人的道德追求的担忧。他认为,现代社会中,越来越少人重视和追求道德,这是一个令人担忧的现象。

道德是人类社会的基本准则和规范,是人们行为和言行的标准。一个道德高尚的人应该具备诚实、正直、有责任感、尊重他人等品质。然而,现代社会中,随着物质主义和功利主义的盛行,人们对于道德的追求逐渐淡漠,这导致了社会风气的恶化和社会问题的增多。

孔子的言论提醒我们,道德是人类社会的基础和灵魂,我们应该重视道德的追求和建设。只有通过培养自己的道德品质和提高对于道德的认识,我们才能够成为一个真正有价值的人,为社会做出贡献,才能够建立起一个更加和谐、稳定、繁荣的社会。

15.5 子曰:"无为而治者其舜也与!夫何为哉?恭己正南面而已矣。"

【白话文】

孔子说:"能够无所作为而治理天下的人,大概只有舜吧!他做了什么呢?只是恭敬郑重地面向南方守住自己的位置罢了。"

【郭干辉开心陪读】

在这句话中,孔子强调了"无为而治"的治理理念。他认为,舜能够实现"无为而治",即保持恭敬、郑重和严谨的态度来治理国家,不需要过多地干预和操劳。

这种治理理念强调了领导者的态度和行为对于治理国家的重要性。领导者应该具备高尚的道德品质和正确的治理理念,通过以身作则和正确引导来推动国家的发展和进步。同时,领导者也应该善于授权和放权,鼓励下属积极参与治理过程,发挥团队的力量和智慧。

在现代社会中,"无为而治"的治理理念同样具有重要意义。领导者应该通过制定正确的战略和政策,引导下属积极参与实现组织目标的过程。同时,领导者也应该善于授权和放权,激发下属的创造力和创新精神,推动组织的持续发展和进步。

15.6 子张问行,子曰:"言忠信,行笃敬,虽蛮貊之邦行矣;言不忠信,行不笃敬,虽州里行乎哉?立则见其参于前也;在舆则见其倚于衡也,夫然后行。"子张书诸绅。

【白话文】

子张问如何才能使自己到处都能行得通。孔子说:"言语忠诚老实,行为忠厚严肃,即使到了别的国家也行得通。言语不忠诚老实,行为不忠厚严肃,难道在本乡本土,就行得通吗?站立时,就好像看见'忠实、恭敬'这几个字显现在面前;在车上时,就好像看见这几个字靠在车前横木上,这样才能处处行得通。"子张把这些话写在衣带上。

【郭干辉开心陪读】

在这段话中,孔子强调了言行一致和尊重他人的重要性。他认为,一个人如果能够保持忠诚老实、忠厚严肃的态度,不仅可以在本乡本土行得通,而且即使到了其他国家也能够得到认可和尊重。

在现代社会中,这种价值观同样具有重要意义。一个人应该具备诚信、正直、尊重他人的品质,言行一致,才能够建立起良好的人际关系和社会信任。同时,这种价值观也提醒我们,在人际交往中应该保持真诚和坦率的态度,不欺骗他人,不虚伪做作,以建立更加健康、稳定的人际关系。

15.7 子曰:"直哉史鱼!邦有道,如矢;邦无道,如矢。君子哉蘧伯玉!邦有道,则仕;邦无道,则可卷而怀之。"

【白话文】

孔子说:"正直啊,史鱼!国家政治清明时他的言行像箭一样直;国家政治黑暗时他的言行也像箭一样直。君子啊,蘧伯玉!国家政治清明时就要出来做官，国家政治黑暗时就可以把自己的主张藏在心里。"

【郭干辉开心陪读】

在这段话中，孔子通过史鱼和蘧伯玉两个人的表现，强调了君子应该具备的品质和行为。

史鱼是一个非常正直的人，不管国家政治清明还是黑暗，他都保持了自己的原则和立场，一直像箭一样直。这种正直和坚定不移的品质是非常可贵的，也是孔子所推崇的。

蘧伯玉则是一个非常有智慧的君子，他能够根据国家政治的变化来调整自己的行为。当国家政治清明时，他就会出来做官，为国家服务；而当国家政治黑暗时，他就会把自己的主张藏在心里，保全自己。这种智慧和灵活性也是孔子所赞赏的。

在现代社会中，我们同样应该具备这种正直和灵活的品质。在面对挑战和变化时，我们应该坚定自己的原则和立场，同时也要具备适应变化的能力。只有这样，我们才能够在这个复杂多变的社会中立足并取得成功。

15.8 子曰："可与言而不与之言，失人；不可与言而与之言，失言。知（zhì）者不失人，亦不失言。"

【白话文】

孔子说："可以同他谈的话，却不同他谈，就会失去这个朋友；不可以同他谈的话，却同他谈，这就是说错了话。有智慧的人既不失去朋友，又不说错话。"

【郭干辉开心陪读】

在这段话中，孔子强调了与人交流时应该具备智慧和谨慎的态度。他认为，在与他人交流时，我们应该根据对方的性格、背景和情境等因素来判断是否可以与之交流某些话题。如果对方不适合听到某些话语，我们就应该保持沉默，不要说错话。同时，我们也应该注意不要失去朋友，要与合适的人保持联系。

在现代社会中，这种智慧和谨慎同样重要。在人际交往中，我们应该根据对方的特点和背景来选择交流的话题和方式。不要与不合适的人交流过于敏感或私密的话题,以免引起不必要的误会或冲突。同时,我们也应该与合适的人保持联系,建立健康、稳定的人际关系。

15.9　子曰:"志士仁人无求生以害仁,有杀身以成仁。"

【白话文】

孔子说:"志士仁人决不为了自己活命而做出损害仁义的事情,而是宁可牺牲自己也要恪守仁义的原则。"

【郭干辉开心陪读】

在这句话中,孔子强调了志士仁人应该具备的道德和精神。他认为,一个真正的志士仁人应该以仁义为准则,不为自己活命而做出损害仁义的事情。即使需要牺牲自己的生命,也要恪守仁义的原则。

在现代社会中,这种道德和精神仍然具有重要的意义。我们应该以正义和公正为准则,不为了一己私利而做出损害他人或社会的事情。同时,我们也应该具备自我牺牲的精神,为了更高尚的目标和信仰而奋斗。这种精神不仅是一种高尚的品质,也是推动社会进步和发展的重要力量。

15.10　子贡问为仁,子曰:"工欲善其事,必先利其器。居是邦也,事其大夫之贤者,友其士之仁者。"

【白话文】

子贡问怎样去培养仁德,孔子说:"工匠要想做好自己的工作,必须先磨快工具。住在这个国家,就要侍奉大夫中的那些贤者,与士人中的仁者交朋友。"

【郭干辉开心陪读】

这段对话中,孔子通过工匠工作的比喻,告诉子贡培养仁德需要具备的条件和途径。要想成为一个有仁德的人,就要像工匠想要做好自己的工作必须先磨快工具一样,需要先具备贤者和仁者的朋友和良师。

在现代社会中,这种思想同样具有重要意义。要想成为一个有品德和有成就的人,需要有良好的教育和环境,与优秀的人为伍和学习他们的优点。

同时，也需要不断反思和修正自己的行为，不断提高自己的素质和能力。只有这样，我们才能够在人生中取得成功和成就。

15.11 颜渊问为邦，子曰："行夏之时，乘殷之辂，服周之冕，乐则《韶》《舞》；放郑声，远佞人。郑声淫，佞人殆。"

【白话文】

颜渊问怎样治理国家。孔子说："实行夏代的历法，乘坐殷代的车子，戴周代的礼帽，音乐就用《韶》和《舞》，舍弃郑国的乐曲，远离谄媚的人。郑国的乐曲浮靡淫秽，谄媚的人危险。"

【郭干辉开心陪读】

这段对话中，孔子通过回答颜渊的问题，提出了治理国家的建议。他认为，一个理想的国家应该遵循夏、商、周三代的历法、服饰和音乐传统，同时要舍弃淫秽的郑国乐曲和远离谄媚的人。这种思想体现了孔子对传统文化的尊重和对国家治理的看法。

在现代社会中，这种思想仍然具有一定的启示意义。一个国家应该保持自己的文化和传统特色，同时也要汲取其他国家的优点和经验。在治理国家时，应该注重法治和道德教育，倡导诚信、公正和责任感的价值观，远离谄媚和腐败的行为。只有这样，才能够建立一个健康、稳定、和谐的社会和国家。

15.12 子曰："人无远虑，必有近忧。"

【白话文】

孔子说："如果一个人没有长远的考虑，近期的事情就会变得困难。"

【郭干辉开心陪读】

这句话的意思是，如果一个人只关注眼前的事情，没有考虑到未来的影响和可能性，那么他将会面临未来的问题和困难。在现实生活中，这种思想方法是非常有用的。

例如，在职业规划中，如果一个人只关注眼前的薪水和职位，而没有考虑自己的职业发展和未来的可能性，那么他可能会错过更好的机会或职业发展。同样，在财务管理中，如果一个人只关注眼前的收支平衡，而没有考虑到长期的理财规划和投资，那么他可能会面临未来的财务困难。

此外，这个道理也可以应用在我们的日常生活中。如果我们只关注眼前的事情，没有考虑到未来的影响和可能性，可能会做出错误的决策或行为。例如，如果我们只考虑眼前的快乐和满足，而没有考虑到长期的健康和幸福，可能会对我们的身体和心理健康造成负面影响。

因此，我们应该要有远见，不仅要考虑眼前的事情，还要考虑未来的影响和可能性。只有这样，我们才能做出更明智的决策，避免未来的问题和困难。无论是在职业规划、财务管理还是日常生活中，我们都需要牢记这个道理，以便更好地应对未来的挑战和机遇。

15.13 子曰："已矣乎！吾未见好德如好色者也。"

【白话文】

孔子说："罢了，罢了！我没见过喜爱道德像喜爱美色一样的人。"

【郭干辉开心陪读】

这句话是孔子的一句名言，表达了他对人们追求道德的看法。他认为，人们往往更倾向于追求物质和感官上的满足，而对道德和精神上的追求相对缺乏热情和动力。

这句话中的"已矣乎"表达了孔子的无奈和失望，他对人们的道德追求感到失望和沮丧。他觉得人们对道德的追求并不像对美色的追求那样真诚和执着。

这个观点在当今社会依然具有启示意义。现代社会中，人们往往更注重物质和感官上的满足，而对道德和精神上的追求相对淡漠。这种现象在各个领域都有所体现，包括政治、经济、文化等方面。

然而，道德和精神上的追求对人类社会的发展和进步至关重要。只有当人们对道德和精神上的追求有足够的重视和关注，才能促进人类社会的进步和发展。因此，我们应该时刻提醒自己，不仅要关注物质和感官上的满足，还要注重道德和精神上的追求。

15.14　子曰："臧文仲其窃位者与！知柳下惠之贤而不与立也。"

【白话文】

孔子说："臧文仲是一个偷窃官位的人！他明知道柳下惠具有贤能，却不向国君推荐。"

【郭干辉开心陪读】

在这句话中，孔子批评了臧文仲的行为。在孔子看来，臧文仲虽然身居高位，却没有推荐贤能的柳下惠，因此被称为"窃位者"。

在现实生活中，我们也常常会遇到类似的情况。有些人在自己的职位上，却没有发现和培养身边的人才，导致团队的整体素质无法提升。这种行为不仅会影响团队的工作效率和质量，也会让其他人才感到失望和沮丧。

因此，作为一个领导者，应该具备发现和推荐身边人才的能力。一个优秀的领导者不仅自己有才华和能力，而且能够带领团队不断发展和进步。只有这样，才能让团队更加团结、高效，取得更好的成绩。

15.15　子曰："躬自厚而薄责于人，则远怨矣。"

【白话文】

孔子说："多责备自己而少责备别人，就能远离怨恨了。"

【郭干辉开心陪读】

这句话是孔子的一句名言，表达了他对人际关系的看法。他认为，如果一个人能够多责备自己而少责备别人，就能够远离怨恨。换句话说，如果我们能够反思自己的错误和不足，而不是一味地责备别人，就能够减少人际矛盾和冲突，维护和谐的人际关系。

这个道理在我们现实生活中也非常实用。当我们遇到问题时，如果能够先反思自己的错误和不足，就能够更加客观地看待问题，找到更好的解决方案。同时，也能够减少与他人的矛盾和冲突，增强人际关系的和谐和稳定。

15.16　子曰："不曰'如之何，如之何'者，吾末如之何也已矣。"

【白话文】

孔子说："不提问'怎么办，怎么办'的人，我对他也不知道该怎么办了。"

【郭干辉开心陪读】

在这句话中，孔子强调了思考和提问的重要性。他认为，如果一个人不思考、不提问，那么他就不会有进步和成长。只有通过思考和提问，才能更好地理解问题并找到解决问题的方法。

因此，我们应该时刻保持好奇心和求知欲，对任何问题都要思考并提问。只有这样，我们才能不断进步并成为更好的自己。

15.17　子曰："群居终日，言不及义，好行小慧，难矣哉！"

【白话文】

孔子说："整天与朋友闲话家常，言谈不及道义，喜欢耍小聪明，这种人很难有出息啊！"

【郭干辉开心陪读】

在这句话中，孔子强调了道义、智慧和自律的重要性。他批评了那些整天聚集在一起闲聊、言不及义、喜欢耍小聪明的人，认为这些人缺乏真正的才华和思想，只关注眼前的事情，而忽视了道德和智慧的价值。

在现实生活中，我们也可以看到这样的例子。有些人只关注眼前的享乐和利益，而忽视了道德和智慧的重要性。他们缺乏长远的眼光和计划，也很难有大的成就。而那些真正有智慧和有道德的人，往往会更加注重自己的言谈举止，不断追求学习和成长，不断提高自己的素质和能力。

因此，我们应该注重自己的言谈举止，不要整天无所事事、言不及义、浪费时间。我们应该追求真正的智慧和道德，注重学习和成长，不断提高自己的素质和能力。只有这样，才能在未来的人生道路上走得更远、更高。同时，我们也应该学会自律和自我管理，不要沉迷于短暂的享乐和利益，要有长远的眼光和计划，为自己的未来打下坚实的基础。

15.18　子曰："君子义以为质，礼以行之，孙（xùn）以出之，信以成之。君子哉！"

【白话文】

孔子说："君子以义为根本，按照礼的规定去实行它，用谦逊的言语表达它,用诚信的态度来完成它。这才是君子啊!"

【郭干辉开心陪读】

首先,"义以为质"是指君子应以正义和道德为指导原则,以道义来约束自己的行为。在现实生活中,这意味着我们应该在做决定和行动时考虑到道德和伦理的因素。

其次,"礼以行之"是指君子应该遵循社会礼仪和规范来行事。这可以理解为对公共秩序和社会和谐的尊重。在现实生活中,这意味着我们应该遵守社会规则和道德准则,尊重他人的权利和利益。

再次,"孙以出之"是指君子应该用谦逊的言语来表达自己的想法和观点。这体现了君子的谦虚和谨慎,以及他们尊重他人和谦逊的态度。在现实生活中,这意味着我们应该避免过于自大或傲慢,保持对他人的尊重和谦逊。

最后,"信以成之"是指君子应该以诚信的态度做事。这意味着君子应该诚实守信,言行一致。在现实生活中,这意味着我们应该遵守承诺,对自己的行为负责,并始终保持诚实和透明。

综上所述,这句话所强调的品质对成为一个君子来说非常重要。在现实生活中,我们也应该将这些品质视为重要的价值观,以此来指导自己的行为和决策。

15.19 子曰:"君子病无能焉,不病人之不己知也。"

【白话文】

孔子说:"君子担心自己没有能力,不担心别人不知道自己。"

【郭干辉开心陪读】

在这句话中,孔子强调君子应该注重自我提升和修养,而不是过分关注外界的评价。他认为,君子应该追求自己的能力提升,而不是担心别人是否认可自己。

这种思想可以与现代社会中追求个人成长和价值实现的理念相呼应。通过不断学习和努力,我们能够提高自己的能力和价值,并获得他人的认可和尊重。

同时,我们也应该学会接受自己的不足和缺陷,并努力改进和完善自己。这样不仅可以提高自己的个人价值,也可以为周围的人和社会做出更多的贡献。

15.20　子曰："君子疾没世而名不称焉。"

【白话文】

孔子说："君子担心死后自己的名字不为人们所称颂。"

【郭干辉开心陪读】

在这句话中，孔子强调了君子对名声的重视。他认为，君子应该追求在历史上留下好的名声，而不是追求财富或权力。

这种思想可以与现代社会中追求个人成就和贡献的理念相呼应。通过努力工作和做出成绩，我们可以获得他人的尊重和认可，并在历史上留下自己的印记。

在现实生活中，我们也应该秉持这种态度。不要过于追求短暂的利益和享受，而是应该专注于做出自己的贡献和成就。

15.21　子曰："君子求诸己，小人求诸人。"

【白话文】

孔子说："君子总是从自身找原因，小人总是从别人那里找原因。"

【郭干辉开心陪读】

在孔子的这句话中，孔子阐述了君子与小人在处理问题时的不同态度和方法。君子，作为有德行、有修养的人，他们在面对问题或困难时，总是首先从自身找原因。他们会反思自己的言行举止，审视自己的思想和行为是否符合道义和规范，是否有什么地方做得不够好或不当。这种自省自察的态度，使君子能够不断完善自己，提升自己的品德和能力。

小人则相反，他们在遇到问题时，总是习惯性地从别人那里找原因。他们会把责任推给别人，抱怨别人做得不好或不对，却很少从自身找问题。这种推卸责任、怨天尤人的态度，使小人难以认识到自己的不足，也难以取得进步。

因此，这句话告诉我们，作为一个有追求的人，应该像君子一样，勇于承担责任，善于从自身找原因。只有这样，我们才能不断完善自己，提升自己的品德和能力，成为一个更好的人。同时，我们也应该警惕小人的做法，避免自己陷入推卸责任、怨天尤人的泥潭。

15.22 子曰:"君子矜而不争,群而不党。"

【白话文】

孔子说:"君子庄重而不与别人争执,合群而不结党营私。"

【郭千辉开心陪读】

这句话是孔子对君子在处理人际关系方面的描述。他认为,君子应该保持庄重和自持,不会轻易与他人发生争执或冲突。同时,君子也应该能够与他人和谐相处,但不会为了私利而结党营私。

15.23 子曰:"君子不以言举人,不以人废言。"

【白话文】

孔子说:"君子不因为一个人的言论而推举他,也不因为一个人的缺点而废弃他的言论。"

【郭千辉开心陪读】

这句话是孔子对君子在评价他人和处理他人意见时的要求。他认为,一个真正的君子,不应该仅仅因为一个人的口才或某一方面的好话而对他产生偏见或过度信任。同样,也不能因为一个人的品行或过去的错误,而完全否定他的一切言论。

在现实生活中,我们也需要遵循这样的原则。首先,我们需要有独立思考能力和判断能力,不轻易被他人的言语所左右。同时,也要保持开放的心态,愿意倾听并尊重他人的观点。但在这个过程中,我们也需要注意评价他人的言论是否基于事实和逻辑,而不过于偏听偏信。

此外,这个原则还可以应用于职场和社交场合。在选拔人才或评估同事时,我们应该从多个角度了解和评价一个人的能力和品行,而不是仅仅看重他的口才或某些方面的表现。

15.24 子贡问曰:"有一言而可以终身行之者乎?"子曰:"其恕乎!己所不欲,勿施于人。"

【白话文】

子贡问孔子:"有没有一个字可以终身奉行的呢?"孔子回答说:"那就是

'恕'吧！自己不想要的，也不要强加给别人。"

【郭干辉开心陪读】

这段对话体现了孔子的核心价值观之一："恕"。这里的"恕"是指宽恕、体谅他人的态度。孔子认为，人们应该以同样的标准来要求自己和他人，自己不希望受到伤害或承受不公平的待遇，也不要去伤害或歧视他人。

在现代社会中，"恕"这种价值观依然有着重要的意义。当我们面对冲突或矛盾时，试着从对方的角度去理解和体谅对方的感受和立场，或许能够找到更好的解决方案。同时，"恕"也提醒我们在人际交往中要保持平等和公正的态度，不要因为某些人的背景或观点而对他们产生偏见或歧视。

此外，"己所不欲，勿施于人"这个原则也可以指导我们在处理人际关系和解决问题时的行为。当我们面对纷争或矛盾时，可以从这个原则出发，思考自己不希望受到什么样的对待，然后尽量避免用同样的方式去对待他人。这样不仅可以减少冲突和矛盾，还可以建立更加和谐、平等的人际关系。

15.25 子曰："吾之于人也，谁毁谁誉？如有所誉者，其有所试矣。斯民也，三代之所以直道而行也。"

【白话文】

孔子说："我对于别人，诋毁过谁？赞美过谁？如果有所赞美的话，一定对他有所考察。用正道对待人民，所以夏、商、周三代都能直道而行。"

【郭干辉开心陪读】

这段话反映了孔子的中庸思想。他强调要根据实际情况来判断一个人，不要轻易地对他人进行毁誉褒贬。同时，他也认为夏、商、周三代之所以能够做到正直无邪，是因为其继承了祖先的品质。

在现实生活中，我们也应该秉持这样的思想。在评价一个人或事物时，我们应该尽可能地了解实际情况，不要轻易地做出过于极端或片面的判断。同时，我们也应该注重传承和发扬传统文化中的优秀品质和精神，以塑造更加健康、积极的社会风尚。

此外，这段话还提醒我们要保持谦虚和客观的态度。不要因为自己的主观感受或偏见而盲目地对他人进行褒贬或评价。我们应该时刻保持开放的心态，愿意倾听他人的意见和建议，并不断地学习和进步。

15.26 子曰："吾犹及史之阙文也，有马者借人乘之，今亡矣夫！"

【白话文】

孔子说："我还能够看到史书中存留着缺文的情况，有马的人愿意借给别人乘坐，但如今这样的风气已经没有了！"

【郭干辉开心陪读】

这句话体现了孔子的治学态度。他强调在研究历史时，要保持一种存疑求真的精神，对于那些没有确凿证据或存在争议的历史事件和人物，要保持谨慎和客观的态度，不要轻信或妄加评判。

同时，这段话也反映了孔子对于"借人乘马"这种无私奉献精神的赞赏。为了他人利益而付出自己时间和努力，在现代社会中也有着积极的意义。

我们可以从这段话中汲取启示，学会关注和尊重他人的权益和感受，同时也积极发挥自己的力量，为社会做出更多的贡献。

15.27 子曰："巧言乱德，小不忍，则乱大谋。"

【白话文】

孔子说："花言巧语会败坏道德，小事上不忍耐，会扰乱大的谋略。"

【郭干辉开心陪读】

这句话是孔子对人生哲学的深刻阐述之一。它提醒我们，在面对生活中的各种诱惑和挑战时，要保持清醒、理性和坚定。

首先，"巧言乱德"告诉我们要警惕那些花言巧语的人。在现实生活中，很多人喜欢用花言巧语来迷惑别人，以达到自己的目的。这些人可能会说得天花乱坠，让人一时感到非常受用，但是他们真正的心意却难以捉摸。如果我们对这些人没有足够的警惕，就会被他们的巧言所迷惑，最终败坏自己的道德。因此，我们要保持清醒的头脑，认真分析别人的言行，不要被花言巧语所迷惑。

其次，"小不忍，则乱大谋"告诉我们要在小事情上保持忍耐和宽容。

在现实生活中，我们会遇到很多小事情，如别人的批评、误解或者是一些微不足道的摩擦。如果我们过于斤斤计较或者情绪化，就会扰乱大的谋略和计划。因此，我们要学会在小事情上保持冷静和理性，不要过于冲动或者情绪化。

最后，"巧言乱德"和"小不忍，则乱大谋"还与现实生活中的社交、职场等场合密切相关。在职场中，我们要学会识别那些表面上看似友好、实际上却心怀叵测的人。同时，我们也要学会在小事情上保持忍耐和宽容，不要因为一些微不足道的事情而破坏了与同事、朋友之间的关系。

15.28　子曰："众恶之，必察焉；众好之，必察焉。"

【白话文】

孔子说："大家厌恶他，自己不去考察就跟着厌恶他；大家喜欢他，自己不去考察就跟着喜欢他。"

【郭干辉开心陪读】

这句话是孔子对如何判断一个人的品质和行为的告诫。他提醒我们，在评价一个人时，不能盲目地跟从众人的意见，而应该自己亲自去考察和判断。

在现实生活中，我们常常会遇到一些争议较大的人物或事件。有时候，大众的意见会趋于一致，但有时候也会出现截然不同的看法。这时，我们需要保持独立思考和判断的能力，不要盲目跟从众人的意见。

首先，对于那些被大众所厌恶的人或事件，我们需要仔细考察其真实情况和原因。不要因为别人都讨厌他，就跟着讨厌他。我们需要通过自己的观察和了解，做出客观的评价。

其次，对于那些被大众所喜欢的人或事件，我们也需要仔细考察其真实情况和原因。不要因为别人都喜欢他，就跟着喜欢他。我们需要通过自己的观察和了解，判断他的价值和品质是否真的值得欣赏和追随。

15.29　子曰："人能弘道，非道弘人。"

【白话文】

孔子说："人能够使道得以完善，道却不能使人得以完善。"

【郭干辉开心陪读】

这句话是孔子对于人与道的关系的阐述之一。他强调了人的主体性和能动性,认为人能够使道得以完善和发扬光大。而道本身只是一个抽象的概念,无法主动地去影响和改变人。因此,人的努力和行动才是关键的因素。

在现实生活中,我们也可以看到,人的主观能动性对于改变周围环境和实现自己的目标起着重要的作用。如果我们只是被动地接受现状,不主动去尝试和努力,那么我们就无法实现自己的梦想和目标。因此,我们应该充分发挥自己的主体性和能动性,去创造和改变自己的人生道路。

此外,这句话也提醒我们要明确自己的生活目标和价值观。我们要有意识地寻找机会和发展空间,去实现自己的梦想和目标。同时,我们也要关注和尊重他人的权利和感受,积极地与他人合作和交流,共同创造更加美好的未来。

15.30 子曰:"过而不改,是谓过矣。"

【白话文】

孔子说:"有了过错而不改正,这才是真的过错。"

【郭干辉开心陪读】

这句话表达了孔子对过错和改正过错的重要性的理解。在人生中,我们难免会犯各种各样的错误,对待错误的态度和行为是至关重要的。如果我们对错误视而不见,或者虽然知道错了但不采取积极的行动去改正,那么错误就会延续下去,给我们带来更多的困扰和问题。

这句话告诉我们要勇于面对自己的过错,积极地去改正错误。在现实生活中,我们常常会遇到各种挫折和困难,有时候我们会因为自己的错误而陷入困境。但是,只有积极地去改正错误,才能走出困境,实现自我救赎。

同时,这句话也提醒我们要在日常生活中保持谦虚和自省的态度,要时刻反省自己的行为和言论,发现自己的错误要及时改正,不要对自己的错误视而不见或者逃避责任。只有不断反省和改正自己的错误,才能不断进步、不断成长。

在当今社会,很多人为了自己的利益而不择手段,甚至违法乱纪。这些人虽然一时得利,但最终会因为自己的错误行为而付出沉重的代价。因此,我们要勇于揭露和纠正社会上的不正之风,维护社会的公正和正义。

15.31　子曰:"吾尝终日不食,终夜不寝,以思,无益,不如学也。"

【白话文】

孔子说:"我曾经整天不吃饭,整夜不睡觉,用来思考,这样做毫无益处,不如去学习。"

【郭干辉开心陪读】

这句话是孔子对自己学习经验的总结。他强调了学习和实践的重要性,认为只有不断地学习和实践,才能获得真正的知识和智慧。

在现实生活中,我们也可以看到,单纯思考和想象并不能解决实际问题。只有不断地学习和实践,才能提高自己的能力和素质,更好地应对各种挑战和问题。

此外,这句话也提醒我们要保持积极向上的学习态度。要时刻关注自己的成长和发展,不断学习新的知识和技能,提高自己的综合素质和竞争力。同时,我们也要善于从实践中总结经验,不断完善自己的认知和能力。

15.32　子曰:"君子谋道不谋食。耕也,馁在其中矣;学也,禄在其中矣。君子忧道不忧贫。"

【白话文】

孔子说:"君子谋求的是道而不去谋求衣食。耕作,常常会饥饿;学习,往往得到俸禄。君子担忧是否能学到道,不担忧贫穷。"

【郭干辉爱心陪读】

这句话是孔子对君子和道的一种深刻阐述。他强调了君子应该以追求道为己任,而不是过于关注自己的生活和物质利益。通过耕作和学习,我们可以领悟到这种思想的具体实践意义。

耕作是获取生活资料的方式之一,但是仅仅依靠耕作并不能解决所有的问题。如果过于追求耕作所带来的物质利益,就可能会忽略其他更为重要的方面,如个人成长和道德修养。因此,君子不应该将所有的时间和精力都投入谋求衣食中,而是要更加关注自己的成长和道德修养。

学习是获取知识、提高自己的途径之一。通过学习,我们可以掌握更多的知识和技能,提高自己的综合素质和竞争力。学习也是一种修身养性的过程,可以帮助我们更好地理解和实践道德准则和人生哲理。因此,君子应该将学习视为一种追求道的方式,不断努力提高自己的知识水平和道德修养。

在现实生活中,我们也应该以君子为榜样,追求更高层次的精神追求,而不是仅仅关注自己的物质利益。我们应该注重个人的成长和道德修养,努力实现自己的人生价值和社会价值。同时也要保持积极向上的心态,面对生活中的挑战和困难时不要轻易放弃,坚定自己的信念和目标。

15.33 子曰:"知(zhì)及之,仁不能守之,虽得之,必失之;知(zhì)及之,仁能守之,不庄以莅之,则民不敬;知(zhì)及之,仁能守之,庄以莅之,动之不以礼,未善也。"

【白话文】

孔子说:"依靠聪明才智得到它,但仁德不能保持它,即使得到了,也一定会失去;依靠聪明才智得到它,并且仁德能够保持它,但不以庄重的态度来治理它,那么民众就不会尊敬;依靠聪明才智得到它,并且仁德能够保持它,以庄重的态度来治理它,但动员百姓不按照礼的规定,那也是不完善的。"

【郭干辉开心陪读】

这句话是孔子对治理国家和个人行为的深刻阐述。他强调了聪明才智、仁德、庄重的态度和礼的规定的重要性。只有这些方面都得到充分的重视和运用,才能实现真正的治理和成就。

首先,孔子认为聪明才智是获取成功的重要因素之一。但是,只有聪明才智是不够的,还需要有仁德之心。仁德之心可以使人保持内心的平静和稳定,从而更好地应对各种挑战和困难。如果只有聪明才智而缺乏仁德之心,那么在得到成功之后很可能会失去它,因为个人的品德和道德修养不足以支撑起成功。

其次,孔子认为庄重的态度是治理国家和个人行为的重要因素之一。只有以庄重的态度来治理国家,才能赢得民众的尊敬和信任。如果态度不够庄重,即使有聪明才智和仁德之心也无法得到民众的真正支持和认可。

最后，孔子强调了礼的规定的重要性。礼是一种规范和准则，是社会秩序和稳定的基础。在治理国家和个人行为中，应该遵循礼的规定，以礼来动员和引导民众，才能实现真正的治理和成就。如果违背了礼的规定，即使有聪明才智、仁德之心和庄重的态度也无法实现真正的成功。

15.34 子曰："君子不可小知而可大受也，小人不可大受而可小知也。"

【白话文】

孔子说："君子不能让他们做那些小事，但可以让他们承担重大的使命；小人不能让他们承担重大的使命，但可以让他们做那些小事。"

【郭干辉开心陪读】

这句话是孔子对于君子和小人才能和德行的深刻认识。他指出，君子通常具备较高的才智和道德修养，能够处理复杂的问题和承担重任。相比之下，小人通常只有较小的才能和德行，只能处理简单的问题或从事一些琐碎的工作。因此，在用人时应该根据每个人的特点和能力来安排合适的职位和工作，充分发挥他们的优势和潜力。

此外，这句话也提醒我们要正确认识和评价一个人的才干和品德。我们不能仅仅根据一些表面现象或一时的表现来评判一个人的价值和能力，而应该通过长期的观察和实践来全面了解他们的特点和能力。只有这样，我们才能更好地发挥每个人的优势和潜力，实现人尽其才、才尽其用的目标。

15.35 子曰："民之于仁也，甚于水火。水火，吾见蹈而死者矣，未见蹈仁而死者也。"

【白话文】

孔子说："民众对于仁德的追求，比对于水火还要迫切。虽然我见过有人蹈火而死的，但没见过有人实行仁德而死的。"

【郭干辉开心陪读】

这句话是孔子对仁德在人民生活中的重要性的深刻认识。他指出，人民对仁德的追求是非常迫切的，因为仁德是一种高尚的道德品质，是人与人之间相处的基本原则。相比之下，水火虽然是人类生存的基本需求，但并没有像仁德一样对人类的生活产生深远的影响。

此外，这句话也提醒我们要注重道德建设和社会公益事业的发展。在追求物质利益的同时，我们不能忽视道德和社会责任的重要性。只有通过加强道德建设和社会公益事业的发展，才能实现经济和社会的可持续发展。

15.36　子曰："当仁，不让于师。"

【白话文】

孔子说："面对仁德时，即使是对老师，也不应过分谦让。"

【郭干辉开心陪读】

这句话是孔子关于人生哲学和道德观念的经典表述之一。在孔子看来，仁德是人生中最重要的追求，是实现个人价值和人际和谐的关键。因此，当面对仁德时，人们应该积极追求，而不是过分谦让。

这句话强调了积极面对人生、勇敢追求理想的重要性。在实现个人价值和追求幸福的过程中，人们不应该被传统的礼仪和观念所束缚，而应该勇于挑战困难、面对机遇。只有这样，才能不断成长和进步，实现自己的人生价值。

在现实生活中，这句话也具有重要意义。在面对工作、学习、生活等各种挑战时，我们应该勇于承担责任、积极应对困难。在追求自己的理想和价值时，我们不应该被传统的观念和压力所束缚，而应该坚持自己的信仰和追求。只有这样，才能在竞争激烈的社会中脱颖而出，实现自己的人生价值，为社会做贡献。

此外，这句话还提醒我们要正确处理师道尊严与追求真理之间的关系。虽然老师是人生中重要的导师和引路人，但面对仁德这一更高层次的追求时，我们不应该过分拘泥于传统的师生关系的礼仪，而应该勇于挑战老师的观点和思想。只有这样，才能不断拓展自己的视野，提高自己的综合素质和能力。

15.37　子曰："君子贞而不谅。"

【白话文】

孔子说："君子固守正道，而不拘泥于小信。"

【郭干辉开心陪读】

这句话是孔子对于君子的道德要求和行为准则的表述。在孔子看来，君子应该坚持正义和真理，而不是过分在意自己的利益得失。

"贞"在这里指的是坚守正义和真理，即固守正道。这意味着君子应该以正义和真理为指导，不受个人情感和私利的干扰，始终保持自己的信仰和原则。

而"谅"指的是过于拘泥于小信，即过于在意自己的利益得失，不愿意做出妥协和牺牲。这种行为在孔子看来是不符合君子品格的，因为君子应该以大局为重，不受个人得失的限制。

因此，在现实生活中，我们也应该以大局为重，勇于承担责任和风险，做出符合正义和真理的决策。只有这样，才能成为真正的君子，实现自己的人生价值，为社会做贡献。

15.38　子曰："事君，敬其事而后其食。"

【白话文】

孔子说："侍奉君主，必须先认真工作，尽职尽责，把领取俸禄的事放在后面。"

【郭干辉开心陪读】

这句话是孔子对"事君"的准则和要求。在孔子看来，侍奉君主应该尽心尽力，认真履行自己的职责，以忠诚和敬意为先，而不是过分在意自己的利益得失。

"敬其事"是指对自己的工作和承担的责任要怀着敬畏之心，全力以赴，尽职尽责。只有这样，才能得到君主的信任和尊重，也才能实现自己的价值，做出自己的贡献。

而"后其食"是指不要把领取俸禄放在第一位，而是要把工作放在首位，把尽职尽责地工作作为自己的首要任务。如果过于在意俸禄，就会失去工作的意义和价值，也会失去君主的信任和尊重。

因此，这句话告诉我们在工作中应该以忠诚和敬意为先，尽心尽力地工作，不要过于在意自己的利益得失。只有这样，才能实现自己的价值，做出贡献，才能得到更好的回报和认可。

15.39　子曰："有教无类。"

【白话文】

孔子说："人人都可以接受教育，不分族类。"

【郭干辉开心陪读】

孔子的教育对象、教学内容和培养目标都有自己的独特性。他办教育，反映了当时文化下移的现实，学在官府的局面得到改变，除了出身贵族的子弟可以受教育，其他各阶级、阶层都有了受教育的可能性和某种机会。他广招门徒，不分种族、氏族，都可以到他的门下受教育。

"有教无类"是孔子的一个重要思想，指的是在教育面前人人平等，每个人都有接受教育的权利和机会。这句话意味着教育的对象不应该局限于某个特定的人群或阶层，而是应该涵盖所有人类。

在孔子的时代，教育资源非常有限，主要集中在贵族阶层手中。但是孔子认为，每个人都有自己的潜力和价值，都应该有机会接受教育。因此，他开始招收不同阶层、不同种族、不同背景的学生，为他们提供平等的教育机会。

孔子的这一思想对于现代社会仍然具有重要意义。教育的目的是提高人们的素质和能力，促进人类的发展和进步。如果只针对特定的人群进行教育，就会导致其他人群的素质和能力得不到提高，进而影响整个社会的进步和发展。

因此，"有教无类"的思想提醒我们，在教育面前应该人人平等，每个人都应该有机会接受适合自己的教育。只有这样，才能实现真正的教育公平和社会进步。

15.40　子曰："道不同，不相为谋。"

【白话文】

孔子说："主张不同，不互相商议。"

【郭干辉开心陪读】

这是千古不易的箴言。道者，路也。引申为各人所走的人生大道，即人生志向。孔子认为，人生志向不一样的人，不能共同谋划事务。东汉时，管宁与华歆是坐在同一张席上读书的同学。一次，有个达官显贵乘坐轩经过门前，管宁视若无睹，华歆却放下书出去看。于是管宁将座席割成两半，与华歆分开坐，对华歆说："你不是我的朋友了。"管宁之所以这样做，想必是从华歆的行为中看到了其对权贵和金钱的贪欲。

道不同，不相为谋。后来的事实也说明，管宁确实看出了华歆的不良品质。唯有志向相投的人，才能患难与共，惺惺相惜。但需要强调的是，这里所说的"道不同，不相为谋"的"道"，指的是人生大志向、大道义的"道"。这个意义上的"道"涵盖了儒家的修己安人，修身平天下，包含最起码的仁义理念。在这一意义上，儒家才会强调它的相同。孔子认为，如果人们的志向、目标、价值观等不同，那么他们就不应该在一起谋划共同的事情。

这句话对于我们的现实生活也有很大的启示。在工作中，我们应该选择与我们志同道合的人一起合作共事，这样才能更好地实现共同的目标和价值。同时，我们也要意识到，每个人都有自己的价值观和理念，我们应该尊重并理解不同，这样才能更好地沟通和合作。

15.41 子曰："辞达而已矣。"

【白话文】

孔子说："言辞只要能表达意思就可以了。"

【郭干辉开心陪读】

这句话是孔子对于言辞的看法，强调了言辞的实用性和简洁性。在孔子看来，言辞不仅是表达思想和感情的工具，更是人与人之间交流的桥梁。因此，言辞应该能够准确地表达出意思，让听者能够理解和接受。

同时，孔子也强调了言辞的简洁性。在表达思想和感情时，不必用过多的言辞来修饰和夸张，简洁明了的言辞更能够传达出意思。过度的修饰和夸张不仅会浪费时间和精力，还可能让听者感到困惑和反感。

这句话对于我们的现实生活也有很大的启示。在日常生活中，我们应该选择简洁明了的言辞来表达自己的意思，避免使用过多修饰和夸张。同时，我们也应该注意听者的感受和理解能力，使用适合他们的言辞来传达信息。

15.42 师冕见，及阶，子曰："阶也。"及席，子曰："席也。"皆坐，子告之曰："某在斯，某在斯。"师冕出。子张问曰："与师言之道与？"子曰："然，固相师之道也。"

【白话文】

乐师冕来见孔子，走到台阶边，孔子说："这儿是台阶。"走到座席边，孔子说："这里是座席。"大家都坐下后，孔子告诉冕："某人在这里，某人在这里。"乐师冕出去后，子张就问："这就是与乐师谈话的道吗？"孔子说："是的，这就是帮助乐师的道。"

【郭干辉开心陪读】

首先，孔子对于乐师冕的接待体现了他的尊重和礼貌。他不仅告诉乐师冕台阶和席位在哪里，还向他介绍了在座的人，以便乐师冕能够更好地融入谈话。这种做法体现了孔子对人际交往的重视，他深知与人交往要尊重他人、以礼相待，这样才能建立起良好的人际关系。

其次，孔子与乐师冕的谈话内容更进一步地体现了他的"道"的理念。他告诉乐师冕，某人在这里，某人在那里，让乐师冕感受到自己受到了重视和关注。这种做法不仅让乐师冕感到舒适和愉悦，还体现了孔子对于人际关系的重视和对于礼仪的应用。

最后，孔子对"道"的理解和应用也值得我们深入思考。在这段文字中，"与师言之道"是指与乐师谈话的方法和技巧。但是，这个"道"的含义并不仅局限于此。孔子认为，"道"是一种以礼相待、尊重他人的态度和方法，是建立良好人际关系的基石。这种"道"的应用不仅是在与乐师的交往中，还可以应用到其他各种场合中，例如，工作、学习和生活中。

总之，这段对话不仅表现了孔子的待人之道和礼仪应用，更进一步地体现了他的"道"的理念和人际交往的重要性。我们应该深入学习和理解这些思想，将其应用到现实生活中，不断提高自己的人际交往能力和礼仪素养。

季氏第十六

16.1 季氏将伐颛臾。冉有、季路见于孔子，曰："季氏将有事于颛臾。"孔子曰："求，无乃尔是过与？夫颛臾，昔者先王以为东蒙主，且在邦域之中矣，是社稷之臣也。何以伐为？"冉有曰："夫子欲之，吾二臣者皆不欲也。"孔子曰："求，周任有言曰：'陈力就列，不能者止。'危而不持，颠而不扶，则将焉用彼相矣？且尔言过矣，虎兕出于柙（xiá），龟玉毁于椟中，是谁之过与？"冉有曰："今夫颛臾，固而近于费，今不取，后世必为子孙忧。"孔子曰："求，君子疾夫舍曰欲之而必为之辞。丘也闻，有国有家者，不患寡而患不均，不患贫而患不安。盖均无贫，和无寡，安无倾。夫如是，故远人不服则修文德以来之，既来之，则安之。今由与求也相夫子，远人不服，而不能来也，邦分崩离析，而不能守也，而谋动干戈于邦内。吾恐季孙之忧，不在颛臾，而在萧墙之内也。"

【白话文】

季氏打算进攻颛臾。冉有和季路去拜见孔子说："季氏将对颛臾采取军事行动了。"孔子说："求呀，这难道不是你的过错吗？颛臾，以前先王让它主持东蒙山的祭祀，而且它处在鲁国的疆域之中，是鲁国的臣属。为什么要进攻它呢？"冉有说："季氏想要这样做，我们两个人都不想这样做。"孔子说："求呀，周任有句话说：'尽自己的力量去担负职务，如果不能胜任就辞职。'如果处于危险却不去扶持，即将跌倒却不去搀扶，那么用辅助的人做什么呢？而且你说的话错了，老虎和犀牛从笼子里跑出来伤害人，龟甲和玉毁坏在匣子里，这是谁的过错呢？"冉有说："现在颛臾城墙坚固而且靠近费城，现在不夺取它，后世一定会成为子孙的忧虑。"孔子说："求呀，君子最痛恨那种不说自己想要什么东西但又装模作样的人。我听说，拥有国家和拥有封地的人，不担忧财富不多而担忧财富不均，不担忧人口稀少而担忧不安定。如果财富均等就没有贫穷，和平相处就不会人口稀少，安定就没有倾覆的危险。像这样，如果远方的人还不归服就修仁义礼乐的政教来使他们归服，已经使他们归服了就要使他们安定下来。现在你和冉有作为季氏的辅佐大臣，远方的人不归服却又不能使他们来归服，国家将要分裂却不能保全，而你们还在国内企图发动战争。我担心季孙的忧虑不在颛臾，而是在鲁国的内部。"

【郭干辉开心陪读】

这段对话是孔子对冉有和季路的一次深刻的教诲。他强调了几个重要的道德和人伦原则。

首先，他强调了尊重先王、尊重传统文化的重要性。他认为一个君主应该尊重先王的规定和传统，不能随意破坏和改变它们。其次，他强调了公正和平等的重要性。他认为一个君主应该公正地分配财富和权力，不应该让自己的亲信或家族享有特权和过多的财富。最后，他强调了修仁义礼乐的政教的重要性。他认为一个君主应该注重文化建设和人民的教育与道德培养，只有这样才能真正吸引远方的人归服并使国家更加安定。

此外，孔子还对冉有和季路的错误行为进行了批评。他们明知季氏的计划是错误的和不道德的，却没有勇气去反对和抵制它。孔子认为这种行为是君子所痛恨的。他还批评了冉有和季路的自私和短视行为。他们只看到了自己的利益和眼前的困难，而没有考虑到国家整体的利益和长远的规划。

孔子还指出了当时社会的现实问题和矛盾。他认为社会上存在着贫富不均、人口稀少、不安定等问题。这些问题需要通过修仁义礼乐政教，用公正和平等的方式来加以解决。同时他也指出了战争的危害和内部矛盾的存在。他认为这些问题是需要认真思考和解决的。

总之，这是一篇非常有深度和高度的重要文献。它不仅阐述了重要的道德和人伦原则，而且对当时社会的问题和矛盾进行了深刻的思考和分析。它对我们今天的生活和社会发展也有着重要的启示意义。

16.2 孔子曰："天下有道，则礼乐征伐自天子出；天下无道，则礼乐征伐自诸侯出。自诸侯出，盖十世希不失矣；自大夫出，五世希不失

矣；陪臣执国命，三世希不失矣。天下有道，则政不在大夫；天下有道，则庶人不议。"

【白话文】

孔子说："天下有道，制礼作乐、征伐的权力都属于天子；天下无道，制礼作乐、征伐的权力就属于诸侯。如果属于诸侯，大约十世之内很少有不失去的；如果属于大夫，五世之内很少有不失去的；如果是陪臣执掌国命，三世之内很少有不失去的。天下有道，国家政治权力不过分操诸大夫之手；天下有道，庶民不会议论国家政治的是非。"

【郭干辉开心陪读】

这段话是孔子对于古代社会秩序的描述和看法。

孔子认为，在理想的社会状态下，即"天下有道"，国家的政治权力应该集中于天子手中，礼乐和征伐的决策权也应该由天子来行使。这样的权力结构可以保证国家的统一和稳定，避免诸侯或大夫的权力滥用，从而维护社会的长期稳定和秩序。

然而，在现实的社会中，如果"天下无道"，礼乐和征伐的决策权就会转移到诸侯手中。孔子认为这种情况很少能维持超过十代，因为诸侯的权力过大，他们可能会追求自身的利益而忽视社会的整体利益，导致社会的不稳定和混乱。

如果权力进一步下放，从诸侯转移到大夫手中，那么这种情况能够维持的时间就会缩短到五代。这是因为大夫的权力过大，他们可能会追求自身的利益而忽视社会的整体利益，导致社会的不稳定和混乱。

至于陪臣执国命的情况，孔子认为这种情况能够维持的时间会更短，只有三代。这是因为陪臣的权力过大，他们可能会追求自身的利益而忽视社会的整体利益，导致社会的不稳定和混乱。

最后，孔子指出，如果天下有道，那么政治权力就不应该在大夫或陪臣手中，而应该在天子手中。同时，如果天下有道，普通百姓就不会对政治有所议论或者不满。这是因为在一个有道的社会中，权力应该由天子来掌握，以维护社会的整体利益和秩序。

孔子的这段话揭示了古代社会政治权力的分配和转移情况，以及他对理想社会状态的看法。他认为权力的集中和有序转移是维护社会稳定和秩序的关键。同时，他也强调了政治权力的责任和义务，即维护社会的整体利益和秩序。

这段话对我们今天的生活也有很大的启示意义。在一个现代社会中，虽然政治体制和社会环境已经发生了很大的变化，但是孔子的思想仍然具有指导意义。一个稳定的社会需要有一个合理的权力结构，使得政治权力能够得到有效的监督和控制。同时，政治权力也应该是为了维护社会的整体利益和秩序而存在的，而不是为了满足某些人的私利。只有这样，才能够实现社会的长期稳定和发展。

16.3 孔子曰："禄之去公室五世矣，政逮于大夫四世矣，故夫三桓之子孙微矣。"

【白话文】

孔子说："国家政权离开国君的控制已五代了，政权落在大夫手里已四代了，所以三桓的子孙也衰微了。"

【郭干辉开心陪读】

这段话是孔子对于春秋时期政治局势的评论和预测。孔子指出，鲁国的政权脱离国君的控制已经五代了，而掌握在大夫手中的政权也已经四代了。这表明当时的政治权力已经逐渐被大夫所掌握，而国君的权力逐渐衰微。

孔子的预测是，由于这种政治权力的转移，三桓的子孙将会逐渐衰微。三桓是指鲁国的三个大夫家族，即季孙氏、叔孙氏和孟孙氏。这些家族在春秋时期掌握了鲁国的政权，成了实际的统治者。然而，随着时间的推移，这些家族的子孙逐渐失去了对权力的控制，家族势力也逐渐衰微。

这段话揭示了春秋时期政治权力转移的趋势和结果。这种转移是社会变革和政治体制不完善导致的。在这个过程中，一些有实力的卿大夫逐渐掌握了国家政权，而国君的权力逐渐被削弱。这种趋势对于国家的稳定和社会的进步都产生了深远的影响。

这对我们今天的启示是，一个国家的政治稳定和社会进步需要有一个合理的权力结构和有效的政治体制。政治权力的转移和集中可能会导致社会动荡和不稳定，因此需要采取措施来防止权力的滥用和集中。同时，我们也需要认识到个人和家族的命运与国家政治的变迁密切相关。

在历史的长河中，个人的努力和家族的兴衰往往受到政治局势的影响，因此我们需要关注国家政治的发展变化，为自己的未来做出明智的决策。

16.4 孔子曰："益者三友，损者三友。友直、友谅、友多闻，益矣；友便（pián）辟（pì）、友善柔、友便（pián）佞，损矣。"

【白话文】

孔子说："有益的朋友有三种，有害的朋友有三种。结交正直的朋友、诚信的朋友、知识广博的朋友，是有益的；结交谄媚逢迎的人、表面奉承而背后诽谤人的人、善于花言巧语的人，是有害的。"

【郭干辉开心陪读】

这段话是孔子对交友的看法和建议。孔子认为，结交正确的朋友能够使人受益，而结交错误的朋友会对人有害。

首先，孔子提到了有益的朋友的三种类型：正直的朋友、诚信的朋友和知识广博的朋友。正直的朋友指的是那些性格正直、道德品质高尚的人，他们能够引导我们向善，帮助我们培养正直的品格。诚信的朋友是指那些言行一致、信守承诺的人，他们能够让我们感受到信任和友谊的温暖。知识广博的朋友是指那些知识渊博、见识广的人，他们能够拓宽我们的视野，增长我们的见识。

其次，有害的朋友包括谄媚逢迎的人、表面奉承而背后诽谤人的人，以及善于花言巧语的人。这些人的行为和言语往往带有欺骗性和恶意，会让我们受到伤害或损失。

孔子的这段话告诉我们，交友要慎重，要选择那些品质好、正直诚信、有见识的朋友，这样才能在人生的道路上得到有益的帮助和支持。同时，也要警惕那些有害的朋友，避免被他们的行为和言语所欺骗和伤害。

16.5 孔子曰："益者三乐（yào），损者三乐（yào）。乐（yào）节礼乐（yuè），乐（yào）道人之善，乐（yào）多贤友，益矣；乐（yào）

骄乐，乐（yào）佚游，乐（yào）宴乐（lè），损矣。"

【白话文】

孔子说："有益的快乐有三种，有害的快乐有三种。以礼乐调节自己为乐，以称道别人的好处为乐，以拥有许多贤德之友为乐，这是有益的；以骄傲为乐，以放荡无度为乐，以荒淫无耻为乐，这是有害的。"

【郭干辉开心陪读】

这段话是孔子对快乐的看法和建议。孔子认为，正确的快乐有益于人的身心健康和成长，而错误的快乐会对人有害。

孔子提到了有益的三种快乐：以礼乐调节自己、称道别人的好处、有许多贤德之友。这些快乐都是积极向上、健康有益的。以礼乐调节自己，可以让人在享受快乐的同时，也能够保持节制和礼貌，从而更好地维护自己和他人的关系。称道别人的好处，可以让人更加欣赏和尊重他人，增强人与人之间的友谊和信任。有许多贤德之友，可以让人在交友中得到益处，与有品质、有才华的人一起成长和进步。

而有害的三种快乐包括骄傲、放荡无度和荒淫无耻。这些快乐都是消极的、不健康的，会让人陷入自我满足和放纵的状态，从而失去成长和进步的机会。

孔子的这段话告诉我们，要追求积极向上、健康有益的快乐，避免追求消极的、不健康的快乐。我们应该以正确的快乐来调节自己的心态和生活方式，从而更好地实现自己的价值和目标。同时，我们也应该尊重他人、欣赏他人，与有品质、有才华的人交朋友，从而在交友中得到益处。

16.6 孔子曰："侍于君子有三愆：言未及之而言谓之躁，言及之而不言谓之隐，未见颜色而言谓之瞽。"

【白话文】

孔子说："侍奉君子，容易犯三种过失：话没轮到他说，他抢先说了，这叫急躁；轮到他说，他却不说，这叫隐匿；不看君子的脸色而贸然说话，这叫盲目。"

【郭干辉开心陪读】

这句话是孔子对于如何侍奉君子的建议和指导。孔子认为，在侍奉君子时，要注意避免三种过失：急躁、隐匿和盲目。

首先，孔子提到的第一种过失是急躁。在君子的面前，说话要谨慎、有序，不要抢话、急躁。因为君子往往注重礼节和次序，如果说话急躁，就会打破这种和谐的气氛，给君子留下不礼貌、不成熟的印象。

其次，孔子提到的第二种过失是隐匿。在君子的面前，要敢于表达自己的看法和意见，不要隐瞒自己的观点。虽然君子的决策往往需要慎重考虑，但如果你有好的建议或看法，应该及时表达出来，帮助君子做出更明智的决策。

最后，孔子提到的第三种过失是盲目。在君子的面前，要注意观察君子的脸色和反应，不要盲目说话。君子的心情和态度往往会影响到他们的行为和言语，如果你不看君子的脸色而贸然说话，可能会触犯君子的忌讳或引起君子的不满。

孔子的这句话告诉我们，在侍奉君子时，要注意言行的次序和礼节，不要急躁和隐匿；同时也要注意观察君子的脸色和反应，不要盲目说话。了解这些注意事项，我们可以更好地与君子相处，赢得君子的信任和尊重。

16.7 孔子曰："君子有三戒：少之时，血气未定，戒之在色；及其壮也，血气方刚，戒之在斗；及其老也，血气既衰，戒之在得。"

【白话文】

孔子说："君子有三件事应该警戒：青少年时期，血气未定，要警戒贪恋女色；到了壮年时期，血气方刚，要警戒争斗；到了老年时期，血气已经衰弱，要警戒贪得无厌。"

【郭干辉开心陪读】

这段话是孔子对于人生的不同阶段应该注意的事项的建议和指导。孔子认为，人在不同的年龄阶段有不同的生理和心理特点，因此需要注意不同的事项。

青少年时期，人的身体和心理都还没有发育完全，因此需要特别注意不要贪恋女色。贪恋女色可能会对身体和心理健康造成负面影响，同时也可能影响学业和未来的发展。

壮年时期,人的身体和心理都处于巅峰状态,因此需要警戒争斗。争斗不仅可能导致身体受到伤害,还可能引发心理问题,如愤怒、抑郁等。此外,争斗也可能会破坏人际关系和社会稳定。

老年时期,人的身体和心理逐渐衰弱,因此需要警戒贪得无厌。老年人可能会面临经济、医疗等方面的问题,如果贪得无厌,可能会陷入无尽的焦虑和不安之中。因此,老年人应该学会放下功利心,享受生活,珍惜眼前人。

孔子的这段话提醒我们,在不同的年龄阶段有不同的问题和挑战,我们应该根据自身的情况注意不同的事项。只有这样,才能更好地保持身心健康,实现人生的价值。

16.8 孔子曰:"君子有三畏:畏天命,畏大人,畏圣人之言。小人不知天命而不畏也,狎大人,侮圣人之言。"

【白话文】

孔子说:"君子有三件敬畏的事情:敬畏天命,敬畏位高权重的人,敬畏圣人的言语。小人不懂得天命,因此不知敬畏,对位高权重的人也不尊敬,还轻侮圣人的言语。"

【郭干辉开心陪读】

这段话是孔子对君子和小人对待敬畏的不同态度的描述。在孔子的思想中,敬畏是一种重要的道德情感,它能够使人保持谦虚、谨慎和尊重的态度。

君子有三件敬畏的事情:

首先,君子敬畏天命。这意味着君子认识到宇宙中存在着一种超越人类的力量和智慧,它决定着人类的命运和世界的运行规律。因此,君子不会妄自尊大或轻率行事,而是顺应天命,保持谦虚和谨慎的态度。

其次,君子敬畏位高权重的人。这意味着君子尊重那些在社会地位、知识或经验等方面高于自己的人。这种敬畏并不是对权力的畏惧,而是对权威和知识的尊重。通过敬畏位高权重的人,君子能够学习他们的优点和经验,提升自己的能力和素质。

最后，君子敬畏圣人的言语。圣人是孔子思想中的最高典范，他们具有卓越的智慧和道德品质。君子的敬畏并不是对圣人本身的崇拜，而是对圣人言语的尊重和信奉。通过敬畏圣人的言语，君子能够遵循道德规范、传承文化传统，成为有德行的君子。

相比之下，小人缺乏对天命的认识和敬畏，因此他们往往妄自尊大、轻率行事。同时，小人也不尊重位高权重的人和圣人的言语，这使得他们无法学习和借鉴他人的优点和经验，也无法遵循道德规范和文化传统。

孔子的这段话强调了敬畏的重要性。只有保持对天命、大人和圣人言语的敬畏之心，才能够成为有德行的君子，实现人生的价值和意义。

16.9　孔子曰："生而知之者，上也；学而知之者，次也；困而学之，又其次也；困而不学，民斯为下矣。"

【白话文】

孔子说："生来就知道的人，是上等人；学习然后知道的人，是次一等的人；遇到困难然后学习的人，是再次一等的人；遇到困难也不学习，这种人就是下等的人了。"

【郭干辉爱心陪读】

这句话是孔子对学习和认知能力的看法。在孔子的观念中，人的知识和智慧可以分为不同的层次，其中生而知之者是最高的层次，其次是学而知之者，最后是困而学之者。

生而知之者，是指那些天生就具有知识和智慧的人，他们不需要经过学习或努力就能掌握知识或理解复杂的道理。在孔子的时代，这种天赋被认为是最高层次的认知能力，但同时也被认为是非常罕见的。

学而知之者，是指那些通过学习和经验积累来获得知识和智慧的人。这种人需要经过一定的努力和学习才能掌握知识或理解复杂的道理，但他们的知识和智慧也是比较高的。

困而学之者，是指那些在遇到困难或挑战时才开始学习的人。这种人在遇到问题时才开始寻找答案，虽然他们的认知能力比那些困而不学者要高一些，但在孔子的观念中被认为是比较次等的。

最后，孔子提到困而不学者，这种人即使遇到困难也不愿意学习，他们缺乏求知欲和学习的动力，因此被认为是下等人。

孔子的这句话强调了学习和认知能力的重要性。只有不断学习和积累经验，才能提高自己的认知能力和知识水平。同时，孔子也强调了积极面对困难和挑战的重要性，只有勇敢面对困难并寻找解决问题的方法，才能不断提高自己的能力和智慧。

16.10 孔子曰："君子有九思：视思明，听思聪，色思温，貌思恭，言思忠，事思敬，疑思问，忿思难，见得思义。"

【白话文】

孔子说："君子有九种要思考的事：看的时候要思考是否看明白了；听的时候要思考是否听清楚了；待人的脸色要思考是否温和；容貌态度要思考是否庄重恭敬；说话要思考是否忠诚老实；做事要思考是否谨慎严肃；遇到疑难问题要思考是否应该向别人虚心请教；气愤发怒时要思考是否有后患；看到各方面的利益时要思考是否符合道义。"

【郭干辉开心陪读】

这句话是孔子对君子在日常生活中应该思考的事项的建议和指导。在孔子的观念中，君子应该具备高尚的品德和行为，而九思是君子应该遵循的重要行为准则之一。

视思明：看的时候要思考是否看明白了，这提醒我们要注意观察和理解事物的本质和细节。

听思聪：听的时候要思考是否听清楚了，这提醒我们要认真倾听他人的意见和建议，不要轻易错过重要信息。

色思温：待人的脸色要思考是否温和，这提醒我们要保持温和的态度，不要轻易发怒或表现出不耐烦的情绪。

貌思恭：容貌态度要思考是否庄重恭敬，这提醒我们要保持谦虚、恭敬的态度和行为，不要傲慢自大或轻浮放肆。

言思忠：说话要思考是否忠诚老实，这提醒我们要诚实守信、言行一致，不要说谎或虚伪。

事思敬：做事要思考是否谨慎严肃，这提醒我们要认真对待每一件事情，尽心尽力地完成每一个任务。

疑思问：遇到疑难问题要思考是否应该向别人虚心请教，这提醒我们要谦虚好学、不耻下问，不要不懂装懂或固执己见。

忿思难：气愤发怒时要思考是否有后患，这提醒我们要控制自己的情绪和脾气，不要轻易发怒或做出冲动的行为。

见得思义：看到各方面的利益时要思考是否符合道义，这提醒我们要遵循道德规范和伦理准则，不要为了一己私利而违背道德良心。

孔子的这句话对君子在日常生活中应该遵循的行为准则做了全面的阐述。只有时刻牢记并遵守这些准则，才能成为品德高尚、行为严谨的君子。

16.11 孔子曰："见善如不及，见不善如探汤。吾见其人矣，吾闻其语矣。隐居以求其志，行义以达其道。吾闻其语矣，未见其人也。"

【白话文】

孔子说："看到善良的行为，就担心达不到；看到不善良的行动，就好像把手伸到开水中一样赶快避开。我见到过这样的人，也听到过这样的话。隐居避世来保全自己的志向，施行道义来贯彻自己的主张。我听到过这种话，却没有见到过这样的人。"

【郭千辉开心陪读】

这段话是孔子对修德之道的看法和建议。孔子认为，修德之道应该注重自觉性和实践性的结合。

他列举了两种修德的方法：一种是"见善如不及，见不善如探汤"，即看到好的行为就努力追求，看到不好的行为就赶紧避开；另一种是"隐居以求其志，行义以达其道"，即隐居避世来保全自己的志向，施行道义来贯彻自己的主张。这两种方法都旨在修德，并无优劣之分，但有境界高低之别。

孔子认为，修德之道应该注重实践性和实用性。他强调了自觉性的重要性，即要自觉地追求好的行为和道德标准，同时也要自觉地避免不好的行为和道德标准。

此外，他还强调了行义的重要性，即要在行动中贯彻自己的主张和价值观，以实现自己的人生价值和意义。

总的来说，这段话是孔子对修德之道的精辟论述和指导。他认为，修德之道应该注重自觉性和实践性，同时要注重行义和实用性。只有不断实践和努力，才能达到修德的境界和实现自己的人生价值。

16.12 齐景公有马千驷，死之日，民无德而称焉；伯夷、叔齐饿于首阳之下，民到于今称之。其斯之谓与？

【白话文】

齐景公有四千匹马，但他死后，人民找不到他有什么德行可以称赞他。而伯夷和叔齐在首阳山下饿死，人民却到现在还在称颂他们。大概说的就是这个意思吧？

【郭干辉开心陪读】

这句话说明了历史评价和个人品德的关系。齐景公是春秋时期的齐国君主，他有很多马，但他的财富并没有得到人民的认可和称赞。这是因为他的品德不足以让人民敬仰。相反，伯夷和叔齐是两位贤人，他们为了坚守自己的信仰和道德底线，选择了饿死。这种坚守让人民敬仰，所以他们的名字被人们记住并称颂。

这句话告诉我们，一个人的品德和行为才是真正能够获得人们尊重和称赞的资本。财富和地位并不能让人们从内心深处尊敬一个人，只有品德和行为才能真正让人信服和敬仰。

16.13 陈亢问于伯鱼曰："子亦有异闻乎？"对曰："未也。尝独立，鲤趋而过庭，曰：'学《诗》乎？'对曰：'未也。''不学《诗》，无以言。'鲤退而学《诗》。他日，又独立，鲤趋而过庭，曰：'学《礼》乎？'对曰：'未也。''不学《礼》，无以立。'鲤退而学《礼》。闻斯二者。"陈亢退而喜曰:"问一得三,闻《诗》,闻《礼》,又闻君子之远其子也。"

【白话文】

陈亢向伯鱼问道:"你在老师那里听到过什么特别的教诲吗?"伯鱼回答说:"没有呀。他曾经独自站在那里,我快步走过庭中,问道:'学《诗》了吗?'我回答:'没有。'他说:'不学《诗》,就不懂得怎么说话。'我回去就学习《诗》。另一天,他又独自一人站在那里,我快步走过庭中,问道:'学《礼》了吗?'我回答:'没有。'他说:'不学《礼》,就不懂得怎样立身。'我回去就学习《礼》。我只听到过这些。"陈亢回去后高兴地说:"问一件事得知三件事,得知《诗》的道理,得知《礼》的道理,又得知君子不偏爱自己的儿子。"

【郭干辉开心陪读】

这段话讲述了孔子的教子故事,说明了孔子对于《诗》和《礼》的重视,以及对于教育的公平性和实用性的追求。

首先,陈亢向伯鱼询问孔子是否有特别的教诲,伯鱼回答没有。这表明孔子在教育儿子时并没有偏爱或者特殊的待遇,而是以一般的教育方式来教导他。

其次,孔子曾经独自站在那里,让伯鱼走过庭中,询问他学《诗》没有。当伯鱼回答没有时,孔子告诉他学《诗》的重要性,即不学《诗》就不懂得怎么说话。这表明孔子认为《诗》是语言和社交能力的基础,对人际交往和语言表达都非常重要。

再次,另一天,孔子再次独自站在那里,当伯鱼走过庭中,询问他学《礼》没有。当伯鱼回答没有时,孔子告诉他学《礼》的重要性,即不学《礼》就不懂得怎样立身。这表明孔子认为《礼》是道德和社会规范的基础,对个人的品德和社会的秩序都非常重要。

最后,陈亢回去后高兴地说:"问一得三,闻《诗》,闻《礼》,又闻君子之远其子也。"这表明陈亢对孔子的教育方式和理念非常赞赏和敬重,认为孔子是一位非常优秀的老师和领袖。

综上所述,这段话告诉我们:孔子非常重视《诗》和《礼》的教育,认为这两者是语言和社交能力、道德和社会规范的基础；同时，他也非常注重教育的公平性和实用性，不偏爱自己的儿子，而是以一般的教育方式来教导他。这些教育理念和思想对我们今天的教育也有着非常重要的启示和指导意义。

16.14 邦君之妻，君称之曰夫人，夫人自称曰小童；邦人称之曰君夫人，称诸异邦曰寡小君；异邦人称之亦曰君夫人。

【白话文】

国君的妻子，国君称她为夫人，夫人自称为小童；本国人称她为君夫人，但对外国人则称她为寡小君；外国人也称她为君夫人。

【郭干辉开心陪读】

这句话描述的是古代中国礼仪，涉及邦君之妻的不同称谓和自我称呼。

首先，邦君之妻在邦君面前自称为小童，这表明她谦逊地把自己置于较低的地位，以维护君臣之间的等级差异。同时，邦君之妻在邦人称她为君夫人时，也表现出她在本国人民面前的尊贵地位。其次，邦君之妻在异邦人面前被称为寡小君，这是对外国人的尊敬和礼貌。同时，异邦人也称她为君夫人，这表明她在外国人面前也保持了尊贵的地位和身份。

这些称谓的变化不仅反映了古代中国严格的等级制度和礼仪规范，也反映了不同身份和地位的人之间的差别。这些称谓的使用不仅是一种礼仪要求，更是一种身份和地位的象征。

阳货第十七

17.1 阳货欲见孔子,孔子不见,归(kuì)孔子豚。孔子时其亡也而往拜之,遇诸涂。谓孔子曰:"来,予与尔言。"曰:"怀其宝而迷其邦,可谓仁乎?"曰:"不可。""好从事而亟失时,可谓知(zhì)乎?"曰:"不可!""日月逝矣,岁不我与!"孔子曰:"诺,吾将仕矣。"

【白话文】

阳货想与孔子见面,孔子却不想见,阳货为了表达自己的心意,送给了孔子一只蒸熟的猪。孔子打听到阳货不在家的时候,才去他家拜谢,却在半路上遇到了他。阳货对孔子说:"过来,我有话对你说。"阳货问孔子:"一个人怀藏本领却听任国家迷乱,可以算作仁吗?"孔子回答:"不可以。"阳货又问:"一个人喜欢做大事却屡次失去机会,可以算作智吗?"孔子回答:"不可以。"阳货说:"时光一天天逝去,年岁是不等人的!"孔子回答:"好吧,我答应出仕了。"

【郭干辉开心陪读】

这段对话是阳货和孔子之间的一次交流。阳货想让孔子出仕,但孔子不愿意。阳货试图说服孔子出仕,但孔子坚守了自己的原则,即"有所为,有所不为"。他并不认为一个人只是因为有本领就应当出仕,而是需要把这种本领用在拯救国家上。此外,他也认为一个人不能仅仅因为喜欢做大事就去做,而是需要抓住时机。阳货提醒孔子时间不等人,希望他能够尽快出仕。最终,孔子答应出仕,但他的决定不是直接答应阳货的要求,而是基于自己的原则和判断。

这段对话中展现了孔子的灵活和智慧。他没有直接拒绝阳货的要求,而是通过对话来表达自己的立场和原则。同时,他也通过这种方式回应了阳货的要求,即他会出仕,但并不是因为阳货的要求,而是基于自己的原则和判断。这种灵活和智慧的表现也展现了孔子的道德立场和人格魅力。

17.2 子曰："性相近也，习相远也。"

【白话文】

孔子说："每个人在出生时的本性都是相近的，但是随着环境、教育和习惯的不同，人们的习性有了很大的差异。"

【郭干辉开心陪读】

这句话是孔子对人类本性的看法。他认为，每个人在出生时，其本性都是相近的，彼此之间没有太大的区别。然而，随着时间的推移，人们受到环境、教育、经验等因素的影响，养成了不同的习惯和习性，使得人与人之间的差距逐渐拉大。

这也提醒我们，在教育和成长过程中，应该注重个体的差异性和多样性，通过培养良好的习惯和习性，让每个人能够充分发挥自己的潜力和价值。

此外，这句话也强调了教育和环境对人类成长的重要性。教育和环境的改变，可以影响一个人的习性和行为，进而影响他们的人生轨迹。因此，在教育和社会生活中，应该注重营造良好的环境和氛围，提供适合每个人的教育和发展机会，帮助每个人实现自己的梦想和价值。

17.3 子曰："唯上知（zhì）与下愚不移。"

【白话文】

孔子说："只有最聪明的人和最愚蠢的人的本性是改变不了的。"

【郭干辉开心陪读】

这句话是说，大多数人的性格和行为习惯是可以通过教育和环境的影响而改变的。但是，对那些天生就非常聪明或者非常愚蠢的人来说，他们的性格和行为习惯是很难改变的。

这句话也强调了教育和环境对人类成长和发展的重要性。教育和环境的改变，可以影响一个人的性格和行为习惯，进而影响他们的人生轨迹。因此，在教育和社会生活中，应该注重营造良好的环境和氛围，提供适合每个人的教育和发展机会，帮助每个人实现自己的梦想和价值。

同时，这句话也提醒我们，人的本性是相近的，但由于后天的影响和习性的差异，人们的表现各不相同。在教育和成长过程中，应该注重个体的差异性和多样性，培养良好的习惯，让每个人能够充分发挥自己的潜力和价值。

17.4 子之武城，闻弦歌之声。夫子莞尔而笑，曰："割鸡焉用牛刀？"子游对曰："昔者偃也闻诸夫子曰：'君子学道则爱人，小人学道则易使也。'"子曰："二三子，偃之言是也！前言戏之耳。"

【白话文】

孔子到武城，听到管弦和歌唱的声音。孔子微笑着说："杀鸡何必用宰牛的刀呢？"子游回答说："以前我听夫子说过：'君子学习道就会爱人，小人学习道就容易听从指挥。'"孔子说："学生们，言偃的话是对的！我刚才说的话是开玩笑的。"

【郭干辉开心陪读】

这段对话非常有趣，展现了孔子对礼乐教化的重视，以及因材施教的教育原则。

孔子听到武城传来的弦歌之声，感到非常高兴。因为在他看来，礼乐教化是一种非常重要的教育方式，可以帮助人们培养道德品质和人文素养。他戏称杀鸡何必用宰牛的刀，意思是用礼乐教化这样的大道理来治理这样一个小地方，有点大材小用。

子游引用孔子以前的话，说明学习道的重要性。对君子来说，学习道就能爱人，也就是说，通过学习道，人们可以更好地理解他人、尊重他人、关心他人。对小人来说，学习道就容易听从指挥，也就是说，通过学习道，人们可以更好地遵守社会规则和道德规范。

孔子听到子游的回答，非常满意。他承认自己刚才的话是开玩笑的，也就是说，他并不是真的认为武城这个小地方不需要用礼乐教化这种大道理来治理。他肯定了子游的回答，说明子游已经深入理解了礼乐教化的重要性，并且能够灵活运用。

这段对话也反映了孔子的教育原则——因材施教。他知道每个学生都有不同的特点和需求，因此需要根据不同的学生采取不同的教育方法和策略。

对于子游这样已经理解了礼乐教化重要性并且能够灵活运用的学生，他给予了肯定和鼓励。

总之，这段对话反映了孔子对礼乐教化的重视，以及因材施教的教育原则。它也提醒我们，作为教育者，我们需要深入理解教育的重要性，根据学生的不同需求采取不同的教育方法和策略，帮助他们更好地成长和发展。

17.5 公山弗扰以费畔，召，子欲往。子路不说（yuè），曰："末之也已，何必公山氏之之也？"子曰："夫召我者而岂徒哉？如有用我者，吾其为东周乎！"

【白话文】

公山弗扰盘踞在费邑图谋叛乱，他召请孔子去，孔子想去。子路不高兴地说："没有地方去就算了，公山氏哪里值得去呢？"孔子说："他来召请我，难道白白地召请吗？如果有人用我，我将在东方复兴周礼！"

【郭干辉开心陪读】

这段对话展现了孔子对礼乐教化和周礼的坚定信念。公山弗扰是季氏的家臣，他占据费邑并图谋叛乱。当孔子得知公山弗扰召请他去时，他想去，这引起了子路的反对。子路认为没有地方去就算了，公山氏哪里值得去呢？然而，孔子对礼乐教化和周礼有着坚定的信念。他认为，如果有人用他，他将复兴周礼。这表明孔子对周礼的重视，以及他对自己能够重建周朝的信心。

此外，这段对话也反映了孔子对教育和道德教育的重视。他希望通过教育和道德教育来复兴周礼，使人们能够遵循道德规范和价值观。他相信，通过教育和道德教育，可以培养人们的品德和人文素养，从而建立一个和谐、稳定的社会。

17.6 子张问仁于孔子，孔子曰："能行五者于天下为仁矣。"请问之，曰："恭、宽、信、敏、惠。恭则不侮，宽则得众，信则人任焉，敏则有功，惠则足以使人。"

【白话文】

子张向孔子问仁，孔子说："能够在天下实行五种品德就可以算是仁了。"

子张问是哪五种品德，孔子说："庄重、宽厚、诚实、勤敏、慈惠。庄重就不会受辱，宽厚就能得到众人的拥护，诚实就能得到别人的任用，勤敏就能取得成功，慈惠就能更好地役使别人。"

【郭千辉开心陪读】

在这段对话中，孔子向子张传授了仁的核心内涵，即五种品德：恭、宽、信、敏、惠。这些品德分别是庄重、宽厚、诚实、勤敏、慈惠。孔子认为，如果一个人能够在日常生活中体现出这五种品德，那么他就可以被认为是仁人。

这些品德都有其内在的含义和重要性。庄重可以避免自己受到侮辱，宽厚可以获得更多人的支持和拥护，诚实可以得到别人的信任和任用，勤敏可以带来成功的机会，慈惠可以更好地役使别人。这些品德不仅在个人层面上具有重要意义，而且对社会的和谐和稳定也有积极的影响。

孔子的这段话不仅是对子张的教导，也是对所有人的教导。通过理解和实践这些品德，我们可以更好地成为一个有价值和有贡献的人。同时，这些品德也是构建和谐社会的基石，可以促进人与人之间的互信和合作，增强社会的凝聚力和向心力。

总之，在这段对话中孔子向子张传授了仁的核心内涵，即五种品德。这些品德对个人成长和社会发展都具有重要的意义，值得我们深入理解和实践。

17.7 佛肸（bì xī）召，子欲往。子路曰："昔者由也闻诸夫子曰：'亲于其身为不善者，君子不入也。'佛肸以中牟畔，子之往也，如之何？"子曰："然，有是言也。不曰坚乎，磨而不磷；不曰白乎，涅而不缁。吾岂匏瓜也哉？焉能系而不食？"

【白话文】

佛肸召孔子去，孔子打算前往。子路说："从前我听您说过：'亲自做坏事的人，君子是不会去他的国家的。'现在佛肸占据中牟反叛，您却要去，这如何解释呢？"孔子说："对，我是说过这样的话。但不是说坚硬的物体磨也磨不坏吗？不是说白色的东西染也染不黑吗？我难道是个苦味的葫芦吗？怎么能挂在那里而不让人吃呢?"

【郭干辉开心陪读】

佛肸是中牟的宰官,但他占据中牟并图谋反叛。当孔子得知佛肸召请他去时,他打算前往。这引起了子路的反对,子路认为君子不会去一个亲自做坏事的人的国家。然而,孔子坚信道德原则的力量。他以坚硬的物体和白色的东西为比喻,说明即使面临磨难和染污,真正的品德也不会改变。孔子认为,他不能像一个苦味的葫芦一样挂在那里而不让人吃,也就是说,他不能坐视不管,不发挥自己的作用。

这段对话也反映了孔子的教育理念和价值观。他相信通过教育和教化,可以改变一个人的行为和态度。他希望通过自己的言传身教,影响和改变世界。

总之,这段对话展现了孔子对道德原则的坚定信念,以及他希望通过教化来改变世界的决心。它也提醒我们,作为教育者,我们应该注重培养学生的品德和人文素养,通过教育和道德教育来建立一个和谐、稳定的社会。

17.8 子曰:"由也,女(rǔ)闻六言六蔽矣乎?"对曰:"未也。""居!吾语女(rǔ)。好仁不好学,其蔽也愚;好知不好学,其蔽也荡;好信不好学,其蔽也贼;好直不好学,其蔽也绞;好勇不好学,其蔽也乱;好刚不好学,其蔽也狂。"

【白话文】

孔子说:"仲由啊,你听说过六种品德和六种弊病吗?"子路回答:"没有。"孔子说:"坐下,我告诉你。爱好仁德却不爱好学习,弊病是容易被人愚弄;爱好智慧却不爱好学习,弊病是容易放荡不羁;爱好诚信却不爱好学习,弊病是危害亲人;爱好直率却不爱好学习,弊病是说话尖刻;爱好勇敢却不爱好学习,弊病是犯上作乱;爱好刚强却不爱好学习,弊病是狂妄自大。"

【郭干辉开心陪读】

在这段对话中,孔子向子路阐述了六种品德和六种弊病。他认为,如果一个人只注重某一种品德而不注重学习,就会存在相应的弊端。

孔子的这段话旨在强调学习和实践的平衡。他希望人们能够在实践中运用所学知识，避免出现偏执和片面的看法。同时，他也提醒人们不要只注重某一种品德而忽略了其他方面的发展。

17.9 子曰："小子何莫学夫《诗》？《诗》可以兴，可以观，可以群，可以怨。迩之事父，远之事君，多识于鸟兽草木之名。"

【白话文】

孔子说："学生们为什么不学习《诗》呢？《诗》可以激发心志，可以观察社会，可以结交朋友，可以怨刺不平。近可以侍奉父母，远可以侍奉君王，还可以知道不少鸟兽草木的名称。"

【郭干辉开心陪读】

在这段对话中，孔子强调了《诗》的重要性和功能。他认为，《诗》可以激发人的情感和志向，可以观察社会现实和人情世态，可以促进人与人之间的交流和沟通，可以表达对社会不公不满的情感。

同时，孔子还强调了《诗》在个人成长和社会功能方面的作用。他认为，学习《诗》可以帮助人们更好地了解和侍奉父母和君王，还可以让人们更多地了解鸟兽草木等自然物的名称和特性。这些知识和经验对个人的成长和未来的发展都是非常重要的。

此外，孔子的这段话也反映了他的教育思想。他认为教育的目的是培养人们的品德和人文素养，而不仅是传授知识。通过教育和道德教育，人们可以更好地理解和实践所学知识，从而成为一个有价值和有贡献的人。

17.10 子谓伯鱼曰："女（rǔ）为《周南》《召南》矣乎？人而不为《周南》《召南》，其犹正墙面而立也与！"

【白话文】

孔子对伯鱼说："你研究过《周南》和《召南》吗？人如果不研究《周南》和《召南》，就好像面对墙壁而站立啊！"

【郭干辉开心陪读】

在这段对话中，孔子强调了研究《周南》和《召南》的重要性。他认为，如果一个人不研究《周南》和《召南》，就好像面对墙壁而站立，无法前进也无法后退。这是因为《周南》和《召南》是《诗经》中的两篇，其中包含了道德、礼仪和人伦关系的道理，对人们的行为和思想有很大的指导意义。

孔子的这段话也反映了他的教育思想。他认为教育的目的是培养人们的品德和人文素养，而不仅是传授知识。通过教育和道德教育，人们可以更好地理解和实践所学知识，从而成为一个有价值和有贡献的人。

17.11 子曰："礼云礼云，玉帛云乎哉？乐云乐云，钟鼓云乎哉？"

【白话文】

孔子说："礼呀礼呀，只是说的玉器和丝帛吗？乐呀乐呀，只是说的钟鼓等乐器吗？"

【郭干辉开心陪读】

在这段对话中，孔子对礼和乐的本质进行了深入的探讨。他认为，礼不仅是玉器和丝帛等物质的象征，更是人们内心的敬意和思想的表达。同样，乐也不仅是钟鼓等乐器的演奏，更是人们情感的抒发和心灵的沟通。

孔子的这段话提醒我们，礼和乐都是人类文化的重要组成部分，它们代表了人们的思想、情感和精神追求。在实践中，我们应该注重内在的修养和思想的表达，而不仅是表面的形式和物质的追求。

17.12 子曰："色厉而内荏，譬诸小人，其犹穿窬之盗也与？"

【白话文】

孔子说："外表严厉而内心怯懦，用小人作比喻，大概像个挖洞爬墙的盗贼一样心虚吧。"

【郭干辉开心陪读】

在这句话中，孔子用生动的比喻来形容那些外表强硬而内心怯懦的人。他以小人为喻，将这种行为描述为像"穿窬之盗"一样心虚。这是对这种人的深刻揭露和批判。

"色厉内荏"这个成语便出自这段文字，它形象地描绘了那些外表强硬，但内心怯懦的人。这种人的行为和性格往往与他们真实的内心世界不符，他们可能因为内心的软弱和缺乏自信而害怕面对现实中的困难和挑战。

孔子的批评是基于他对人性的深刻洞察。他认为，真正的强者应该外表和内心是统一的，即所谓的"有志气"。只有内心强大的人，才能在面对困难时挺直腰板，坦然面对。而那些色厉内荏的人，尽管可能一时能吓退他人，但其实内心非常软弱，非常不自信。

对于这种人的行为和性格，我们可以从两个角度来分析。一方面，他们可能是出于自我保护的目的而表现出强硬的态度。他们可能感到自己在某些方面不如他人，因此试图通过外在的强势来掩盖内心的虚弱。另一方面，他们可能只是盲目地追求所谓的"强大"，而忽视了内心的修炼和成长。

无论出于何种原因，这种行为和性格都不值得我们去学习和模仿。我们应该追求的是真正的强大和自信，而不是外表的虚张声势。正如孔子所说，"有志气"的人应该具备强大的内心和坚定的信念，才能在人生的道路上勇往直前。

17.13　子曰："乡愿，德之贼也。"

【白话文】

孔子说："没有道德修养的伪君子，就是败坏道德的人。"

【郭干辉开心陪读】

孔子所说的"乡愿"，指的是那些表里不一、言行不一的伪君子。这些人欺世盗名，却可以堂而皇之地自我炫耀。孔子反对"乡愿"，主张以仁、礼为原则，只有仁、礼才能使人成为真正的君子。因此，孔子认为"乡愿"是道德败坏者，是破坏道德的人。

这句话提醒我们，要注重内在的品德修养，坚持真实的自我，不要做表面上的伪君子，不要为了迎合他人或得到某种利益而违背自己的原则和价值观。同时，我们也应该警惕那些虚伪的人，不要被他们的表面所迷惑，要看到他们内心的真实面目。

17.14　子曰："道听而涂说，德之弃也。"

【白话文】

孔子说："在路上听到传言就到处去传播，这是道德所唾弃的。"

【郭干辉开心陪读】

"道听途说"是一种背离道德准则的行为。这种行为自古以来就存在。在现实生活中,有些人不仅道听途说,而且四处打听别人的隐私,然后到处传播,以此作为生活的乐趣,实乃卑鄙之小人。

因此,我们应该注重信息的来源和真实性,不要轻易相信传言,更不要将听到的传言再传播出去。在谈论别人时,也应该以事实为依据,避免无端的猜测和传言。这样,才能维护良好的人际关系,同时也不会违背道德原则。

17.15 子曰:"鄙夫可与事君也与哉?其未得之也,患得之;既得之,患失之。苟患失之,无所不至矣。"

【白话文】

孔子说:"可以跟卑鄙的人一起侍奉君主吗?当他没有得到的时候,忧患不能得到;当他得到以后,又忧患失去。如果忧患失去,那没有什么事情是做不出来的。"

【郭干辉开心陪读】

孔子在这里所描述的"鄙夫",是指那些只关注个人利益而不顾道义和原则的人。这种人在没有得到权位时,渴望得到权位,而一旦得到权位后,又害怕失去,因此会不择手段地维护自己的地位。

孔子认为,与这样的人一起侍奉君主是不合适的。因为这样的人在道德上存在严重问题,他们没有原则和底线,为了个人私利可以不择手段。这样的人如果掌握了权力,不仅会破坏国家的政治秩序,还会损害君主的形象和声誉。

因此,孔子提醒我们,在选择职业和人生道路时,不仅要考虑自己的能力和兴趣,更要注重道德和原则。我们应该选择那些符合道德规范、有利于社会发展的职业和道路,而不是只关注个人利益。同时,我们也应该警惕那些只顾个人私利的人,不要被他们的表面所迷惑,要看到他们内心的真实面目。

17.16 子曰:"古者民有三疾,今也或是之亡(wú)也。古之狂也肆,今之狂也荡;古之矜也廉,今之矜也忿戾;古之愚也直,今之愚也诈而已矣。"

【白话文】

孔子说:"古代的百姓有三种毛病,现在或许都没有了。古代狂妄的人肆无忌惮,如今狂妄的人胡作非为;古代矜持的人威严庄重,如今矜持的人动辄生气怨恨;古代愚笨的人直率憨厚,如今愚笨的人狡诈阴险。"

【郭干辉开心陪读】

在这段话中,孔子通过对比古代与现代人的行为和性格特点,表达了他对社会风气的担忧和不满。他认为古代人的狂妄、矜持和愚笨在当今社会已经逐渐消失,取而代之的是肆无忌惮、怨恨易怒和狡诈阴险的特质。

孔子的担忧并非空穴来风。随着社会的变迁和人们价值观的变化,一些传统美德和良好品德逐渐被淡忘,而一些不良行为和心态却逐渐滋生。这种变化不仅会影响个人的修养和行为表现,也会对整个社会的和谐稳定和道德水平产生负面影响。

因此,我们应该时刻警惕并反思自己的行为和心态。在追求现代化和经济发展的同时,我们不能忽视传统美德和良好品德的培养和传承。我们应该秉持真诚、正直、谦虚、宽容等优秀品质,以建立和谐的人际关系和社会秩序。只有这样,我们才能真正实现社会的可持续发展和人类文明的进步。

17.17 子曰:"巧言令色,鲜矣仁。"

【白话文】

孔子说:"花言巧语,装出讨人喜欢的脸色,这种人很少是有仁德的。"

【郭干辉开心陪读】

这是孔子对那些善于花言巧语、装出和善面目的人的尖锐批评。他认为这种行为背后往往隐藏着欺骗和不可告人的目的,是违背君子道德的。这种行为不仅会迷惑别人,也会给家庭、社会甚至国家带来不可逆转的危害。

因此，作为智者，我们应该有清醒的认识，不被表面的花言巧语所迷惑，也不该去欺骗别人。我们应该注重内在的品德修养，做一个真诚、正直、有道德的人。同时，我们也应该警惕那些"巧言令色"的人，不要被他们的表面所迷惑，要看到他们内心的真实面目。

17.18 子曰："恶紫之夺朱也，恶郑声之乱雅乐也，恶利口之覆邦家者。"

【白话文】

孔子说："我厌恶用紫色取代朱红色，厌恶用郑国的声乐扰乱雅乐，厌恶用伶牙俐齿颠覆国家。"

【郭干辉开心陪读】

这句话反映了孔子对某些社会现象的厌恶和对道德规范的坚守。孔子所厌恶的三种情况，都与道德、礼仪的沦丧有关。他强调了道德规范和传统礼仪的重要性，反对那些违背道德、破坏礼仪的行为。

在孔子的时代，紫色开始流行，但孔子认为它不应该取代朱红色，这是对传统颜色的尊重。同样，他认为郑国的声乐扰乱了雅乐，这是对传统音乐的保护。最重要的是，孔子反对那些用伶牙俐齿颠覆国家的人，这是对国家和社会的责任感。

因此，我们应该坚守道德和礼仪的规范，反对那些破坏传统和颠覆社会秩序的行为。同时，我们也应该警惕那些只追求表面效果和物质利益的人，他们可能会破坏社会的和谐和稳定。

17.19 子曰："予欲无言。"子贡曰："子如不言，则小子何述焉？"子曰："天何言哉？四时行焉，百物生焉，天何言哉？"

【白话文】

孔子说："我想不说话了。"子贡说："您如果不说话，那么我们这些学生还传述什么呢？"孔子说："天说了什么呢？四季照样运行，百物照样生长，天说了什么呢？"

【郭干辉开心陪读】

这段对话反映了孔子的教育思想和道德观念。孔子认为,教育不是简单传授知识,而是要引导学生领悟和践行道德规范。他认为,道德教育应该通过无言的方式进行,即通过言传身教、自然感化和自我修养来领悟和体验道德的真谛。

孔子的回答也表达了他对自然的敬畏和崇尚。他认为,自然的力量是伟大而无穷的,它默默地孕育着万物,生长着万物。因此,我们应该尊重自然、顺应自然、效法自然,以达到人与自然的和谐统一。

在教育方面,我们应该注重启发式教育,引导学生独立思考、自我发现和自我成长。同时,我们也要注重言传身教,以自己品行感染和影响学生。在道德修养方面,我们应该注重自我修养和自我反省,通过自我约束和自我提升来实现个人的成长和进步。

17.20 孺悲欲见孔子,孔子辞以疾。将命者出户,取瑟而歌,使之闻之。

【白话文】

孺悲想见孔子,孔子以有病为由推辞不见。传话的人刚出房门,孔子就取瑟边弹边唱,故意使孺悲听到。

【郭干辉开心陪读】

这段文字描述了孔子与孺悲之间的交往。孺悲想见孔子,但孔子以生病为由拒绝见他。然后,孔子在传话人出门后,取出瑟来边弹边唱,故意让孺悲听到。

孔子的行为表达了他对孺悲的不满和不愿与他相见。孔子通过取瑟而歌的方式,让孺悲了解到自己不想见他,但又不想直接拒绝他,以维护自己的修养和礼貌。

这段文字也反映了孔子在处理人际关系时的智慧和技巧。他使用巧妙的方式传达了自己的意愿,既不让孺悲直接面对尴尬,也维护了自己的尊严和独立性。

17.21　宰我问："三年之丧，期已久矣！君子三年不为礼，礼必坏；三年不为乐，乐必崩。旧谷既没，新谷既升，钻燧改火，期可已矣。"子曰："食夫稻，衣（yì）夫锦，于女（rǔ）安乎？"曰："安！""女（rǔ）安则为之！夫君子之居丧，食旨不甘，闻乐不乐，居处不安，故不为也。今女（rǔ）安，则为之！"宰我出，子曰："予之不仁也！子生三年，然后免于父母之怀。夫三年之丧，天下之通丧也，予也有三年之爱于其父母乎！"

【白话文】

宰我问道："三年的服丧期，太久了！君子三年不讲究礼仪，礼仪一定会荒废败坏；三年不演奏音乐，音乐一定会毁坏失传。旧谷已经吃完，新谷已经上场了，取火用的燧木已经轮换了一遍，服丧一年就可以了。"孔子说："（如果）让你在服丧期间吃大米饭，穿锦绸衣裳，你心安吗？"宰我说："心安呀！"孔子说："你心安就照这样做吧！君子服丧期间，吃美味的食物不觉得香甜，听音乐不觉得悦耳动听，住在舒适的房子里也觉得不安心，所以君子才不做那些事。如今你心安，就照这样做吧！"宰我出去后，孔子说："宰我不仁啊！孩子生下来三年之后才能完全脱离父母的怀抱。三年的服丧期，这是天下通行的丧礼。宰我难道没有从他父母身上得到过三年的爱护吗？"

【郭干辉开心陪读】

这段对话中，孔子与宰我关于服丧三年的问题展开了对话。宰我提出缩短服丧期的建议，认为三年之丧会荒废礼仪和音乐。而孔子则认为，三年的服丧期是表达对父母养育之恩的感激和怀念，是君子应该遵循的道德规范。

孔子通过问宰我"食夫稻，衣夫锦，于女安乎？"来测试他对服丧的态度。宰我回答"安"，表明他对服丧的态度与孔子所期望的不同。孔子批评宰我不懂得孝道，不珍惜父母对他的爱护。他强调了孩子出生后需要父母呵护和关爱三年才能完全脱离父母的怀抱，因此三年的服丧期是表达对父母养育之恩的感激和怀念的合理期限。

这段对话反映了古代中国的孝道观念和道德规范。孝道是中华民族的传统美德之一，它强调了对父母的尊敬、关爱和回报。在古代中国，孝道被视为一种基本的道德规范，是人们为人处世的基本准则之一。因此，孔子认为服丧三年是表达孝道的一种方式,是君子应该遵循的道德规范。

在现代社会中,虽然社会环境和价值观念已经发生了很大的变化,但是孝道仍然是我们应该尊重和传承的美德之一。我们应该时刻铭记父母的养育之恩,用行动来回报他们的爱和付出。同时,我们也应该注重培养自己的品德和道德修养,以成为一个有担当、有责任、有爱心的人。

17.22 子曰:"饱食终日,无所用心,难矣哉!不有博弈者乎?为之,犹贤乎已。"

【白话文】

孔子说:"整天吃饱了肚子,什么心思也不用,那是很难办到的啊!不是有掷骰子、下棋之类的游戏吗?干这个比闲着好。"

【郭干辉开心陪读】

这一段孔子谈论的是人不能无所事事,百无聊赖,而应该经常参与一些娱乐活动。但是,孔子并不是主张人们终日游戏玩耍,而是不要无所事事,什么心思也不用。

这是孔子对当时社会的不满,孔子认为当时的社会风气不好,人们终日无所事事,游手好闲,对社会和他人造成了负面影响。因此,孔子提出了"饱食终日,无所用心,难矣哉!"的感叹。

接着,孔子提出了一种折中的解决方案:"不有博弈者乎?为之犹贤乎已。"他建议人们可以从事一些简单的游戏和娱乐活动,以消磨时间,同时也可以锻炼自己的智力和反应能力。但是,孔子也强调了不要沉溺于游戏和娱乐之中,而是要有节制和适度。

17.23 子路曰:"君子尚勇乎?"子曰:"君子义以为上。君子有勇而无义为乱,小人有勇而无义为盗。"

【白话文】

子路问:"君子崇尚勇吗?"孔子回答说:"君子以义作为最高尚的品德。如果君子只有勇而无义,就会捣乱造反;小人只有勇而无义,就会做盗贼。"

【郭干辉开心陪读】

在这段对话中，孔子强调了"义"的重要性，认为君子应该以"义"为最高尚的品德。同时，他也指出，只有勇而无义会带来不良的后果，无论是对个人还是对社会都有害。因此，我们应该注重"义"的培养和修炼，以成为一个有道德、有担当的人。

17.24　子贡曰："君子亦有恶乎？"子曰："有恶。恶称人之恶者，恶居下流而讪上者，恶勇而无礼者，恶果敢而窒者。"曰："赐也亦有恶乎？""恶徼以为知（zhì）者，恶不孙（xùn）以为勇者，恶讦以为直者。"

【白话文】

子贡问："君子也有厌恶的事吗？"孔子说："有厌恶的事。厌恶宣扬别人坏处的人，厌恶身居下位而诽谤上位的人，厌恶勇敢而不懂礼节的人，厌恶果决敢为而固执不通事理的人。"孔子又说："赐，你也有厌恶的事吗？"子贡说："厌恶偷袭别人的成绩而作为自己的知识的人，厌恶把不谦虚当作勇敢的人，厌恶揭发别人的隐私而自以为直率的人。"

【郭干辉开心陪读】

在这段对话中，孔子和子贡都谈到了他们所厌恶的行为。孔子列举了四种他所厌恶的行为，包括宣传别人坏处、诽谤上位者、勇敢而不懂礼节以及固执不通事理。这些行为都是违背道德和礼仪的，因此孔子表示厌恶。

接着，孔子问子贡是否有厌恶的事，子贡也列举了三种他所厌恶的行为，包括偷袭别人的成绩、把不谦虚当作勇敢和揭发别人的隐私。这些行为同样也是违背道德和礼仪的，因此子贡也表示厌恶。

这段对话再次强调了道德和礼仪的重要性。我们应该遵守道德规范和礼仪，不要做违背道德和礼仪的行为。同时，我们也应该警惕那些表面上看似好但实则违背道德和礼仪的行为，避免被误导或被欺骗。

17.25　子曰："唯女子与小人为难养也，近之则不孙（xùn），远之则怨。"

【白话文】

孔子说："只有女子和小人是难以相处的，亲近了他们就会无礼，疏远了他们又会怨恨。"

【郭干辉开心陪读】

这句话反映了孔子对于女子和小人的一种看法。在孔子的时代，社会普遍存在着对女子的偏见和歧视，认为女子地位低下，难以教育和管理。而小人通常指的是那些缺乏道德和原则的人，他们往往只顾自己的利益，不顾及他人和社会的利益。

在这句话中，孔子并没有对所有女子和小人做出一概而论的评价，而是指出了与这两种人相处时需要注意的问题。他认为，女子和小人都容易受到情绪和利益的驱使，难以保持理智和道德。如果过于亲近他们，他们就会变得无礼和放肆，如果过于疏远他们，他们又会心生怨恨。

这种看法在某种程度上反映了孔子对于人类天性的看法，他认为人类存在着天生的劣根性，需要不断地进行自我修养和教育，才能达到更高的境界。但是，孔子的这种评价也容易引起人们对女子和小人的误解和偏见。因此，我们应该从更加客观和全面的角度来理解这段话，不要轻易地对特定群体做出负面评价。

同时，这段话也提醒我们在人际交往中需要保持一定的距离和分寸。在与他人相处时，我们需要尊重他们的个性和利益，不要过于亲近或者疏远。只有在适当的距离和分寸下，我们才能建立起更加健康、稳定、长久的人际关系。

17.26　子曰："年四十而见恶焉，其终也已。"

【白话文】

孔子说："年已四十还被众人所厌恶，他这一辈子也就算完了。"

【郭干辉开心陪读】

这句话是孔子对人生和成长的见解。他认为，一个人如果到了四十岁还被众人所厌恶，那么他这一生基本上也就定型了，很难再有大的改变或进步。因为在这个年龄段，人们的性格和价值观已经基本形成，很难再有大的改变或突破。

同时，这句话也提醒我们，人生不是一帆风顺的，成长和改变需要时间和努力。只有不断地学习和成长，才能逐渐完善自己，提高自己的素质和能力。因此，我们应该珍惜时间，不断地学习和进步，不要放弃追求和成长。

微子第十八

18.1 微子去之，箕子为之奴，比干谏而死。孔子曰："殷有三仁焉。"

【白话文】

微子离开了纣王，箕子成了奴隶，比干被杀害。孔子说："殷朝有三位仁人。"

【郭干辉开心陪读】

这句话是孔子对三位人物所表现出的忠诚和仁德的高度评价。尽管他们面对着不同的困境和选择，但他们都展现出了坚守信仰、关心国家和人民的品质。

微子离开纣王，是出于对暴政的清醒认识和自我保护，体现了他的智慧和勇气。箕子成为奴隶，是因为他曾经是纣王的臣子，但他并没有放弃自己的原则和信仰，而是通过自己的努力和智慧，在困境中保持了忠诚和坚韧。比干被杀害，是因为他敢于直言劝谏，冒着生命危险坚守自己的信仰和忠诚。

这句话所传达的核心价值观念是忠诚、仁德、勇气和智慧。这些品质是每个人都应该具备的，无论是在顺境中还是逆境中，都应该坚守自己的信仰和原则。同时，这句话也提醒我们，面对困境时要有勇气和智慧去做出正确的选择，保持清醒的头脑和坚忍的意志。

此外，这段话还强调了个人对社会和国家的责任和担当。作为公民，我们应该时刻关注国家和人民的利益，勇于承担责任和义务，为实现社会的繁荣和发展贡献自己的力量。这也是孔子所倡导的"仁爱"思想的具体体现之一。

18.2 柳下惠为士师，三黜。人曰："子未可以去乎？"曰："直道而事人，焉往而不三黜？枉道而事人，何必去父母之邦？"

【白话文】

柳下惠当法官，三次被罢免。有人对他说："您可以去其他国家，那里有适合您的地方。"柳下惠回答："正直地侍奉人君，在哪里不能三次被罢免官职呢？若不正直地侍奉人君，又何必要离开父母之国呢？"

【郭干辉开心陪读】

柳下惠当法官期间，由于他的正直和诚实，三次被罢免了官职。有人替他打抱不平，对他说："您可以去其他国家，那里有适合您的地方。您何必非要待在父母之邦，受人欺凌和侮辱呢？"柳下惠回答："正直地侍奉人君，在哪里也不能三次被罢免官职。若不正直地侍奉人君，又何必要离开父母之国呢？"

柳下惠的回答，一方面表明了他对于正直和道德的坚定立场，另一方面也揭示了他对国家和人民的高度责任感。他认为，作为一个有道德、有良知的人，无论在哪里都要坚持正直和诚实，这是他作为一个人、作为一个公民的基本准则。即使在官场上，也不能因为一时的挫折就放弃自己的原则和价值观。

同时，柳下惠也明确指出，离开祖国并不是解决问题的办法。如果一个人不正直地侍奉人君，那么即使离开了父母之邦，也无法逃避道德的谴责和良心的拷问。因为道德和良心是每个人内心深处的力量，它们不会因为时间和空间的改变而改变。

柳下惠的话也提醒我们，在面对困难和挫折时，要坚持自己的原则和价值观，不轻易妥协和放弃。同时也要对自己的行为负责，以正直和诚实的态度去面对生活中的各种挑战和考验。只有这样，我们才能真正成为一个有道德、有良知、有责任感的人。

18.3 齐景公待孔子曰："若季氏，则吾不能；以季、孟之间待之。"曰："吾老矣，不能用也。"孔子行。

【白话文】

齐景公谈接待孔子的礼节时说："像鲁君对待季氏那样，我做不到，我用对待季氏、孟氏的中间标准对待孔子。"又说："我已经老了，不能用了。"于是孔子离开了齐国。

【郭干辉开心陪读】

这段话描绘了齐景公对孔子的态度和言辞。齐景公是齐国的君主，而孔子是当时的一位著名学者和思想家。齐景公一开始对孔子的态度是不能像对待季氏那样对待孔子，这表明齐景公对孔子的重要性有所认识，但又不愿意给予他更高的地位或更重要的角色。然后，齐景公又表示自己已经老了，不能任用孔子，这可能是齐景公出于个人原因或者政治考虑而做出的决定。

尽管如此，孔子还是选择了离开齐国。这表明孔子对于自己的价值观和原则的坚守，他不会因为外界的压力或诱惑而放弃自己的信仰和追求。同时，这也展示了孔子对于教育事业的热爱和执着，他不愿意浪费时间和精力在一个无法实现自己教育理念的环境中。

此外，这段话还传达了一些关于孔子思想和教育理念的信息。孔子是一个重视道德、文化和教育的人，他希望通过教育来改变社会、推动进步。在面对困难和挫折时，孔子坚守自己的原则和价值观，展现了他的坚定和勇气。这种精神对我们今天的教育事业也有着重要的启示意义。

18.4　齐人归女乐，季桓子受之，三日不朝，孔子行。

【白话文】

齐国送来了女乐，季桓子接受了，三天不上朝，于是孔子离开了。

【郭干辉开心陪读】

在古代社会中，礼乐制度是维护社会秩序和道德规范的重要手段。齐国送女乐给季桓子，显然是一种不遵守礼制的行为。而季桓子接受了这种不合礼制的礼物后，连续三天不上朝，这种行为不仅违反了礼制，也表明了他对政务的不负责任。

在这种情况下，孔子选择了离开。这表明了他对于不合礼制的行为持坚决反对态度，他不愿意与不遵守礼制的人共事。同时，这也展示了孔子对于道德、礼制和责任的坚守，他不会妥协或放弃自己的价值观和原则。

此外，这句话还传递了一些关于孔子思想和人格的信息。孔子是一个重视道德、礼制和责任感的人，他对于不合礼制的言行持批评态度。同时，他也强调了个人对于社会和国家的责任和义务，他愿意为了维护道德和礼制而付出努力。这种精神对我们今天的社会也有着重要的启示意义。

18.5　楚狂接舆歌而过孔子曰："凤兮凤兮，何德之衰？往者不可谏，来者犹可追。已而已而，今之从政者殆而！"孔子下，欲与之言，趋而辟（bì）之，不得与之言。

【白话文】

楚国的狂人接舆唱着歌走过孔子的车子，说："凤凰啊，凤凰啊，为什么你的德行如此衰败？过去的已经无可挽回，未来的还可以补救。算了，算了，如今的从政者危险啊！"孔子下车想和他谈谈，他却快步避开了，孔子没能和他交谈。

【郭干辉开心陪读】

这段话描绘了楚狂接舆唱着歌走过孔子的车子，表达了对孔子德行衰败的批评，并劝诫孔子放下过去的错误，关注未来的补救。然而，接舆并不想和孔子进行深入的交谈，他快步避开了孔子。

从这段话中可以看出，接舆对孔子的德行和思想有一定的批评和质疑。他认为孔子的德行衰败，过去的错误已经无法挽回，但未来的道路还可以补救。这种批评和质疑反映了当时社会对孔子的看法和评价，也展示了接舆对于政治和社会的态度。

然而，尽管接舆对孔子进行了批评和质疑，孔子还是表现出了谦虚和开放的态度。他下车想和接舆交谈，希望能够听取接舆的意见和建议。这种谦虚和开放的态度展示了孔子对于不同意见和批评的尊重和包容，也表明了他对于自我反省和改进的追求。

此外，这段话还传递了一些关于孔子思想和人格的信息。孔子是一个不断追求进步和完善的人，他对于自己的德行和思想有着严格的要求。同时，他也关注社会和政治的问题，对于当时的政治状况和社会问题有着深刻的思考和分析。这种精神对我们今天的社会也有着重要的启示意义。

18.6 长沮、桀溺耦而耕，孔子过之，使子路问津焉。长沮曰："夫执舆者为谁？"子路曰："为孔丘。"曰："是鲁孔丘与？"曰："是也。"曰："是知津矣。"问于桀溺，桀溺曰："子为谁？"曰："为仲由。"曰："是鲁孔丘之徒与？"对曰："然。"曰："滔滔者天下皆是也，而谁以易之？且而与其从辟人之士也，岂若从辟世之士哉？"耰（yōu）而不辍。子路行以告，夫子怃（wǔ）然曰："鸟兽不可与同群，吾非斯人之徒与而谁与？天下有道，丘不与易也。"

【白话文】

长沮、桀溺一起耕田，孔子路过，让子路询问渡口。长沮问："那个拿着缰绳的是谁？"子路说："是孔丘。"长沮问："是鲁国的孔丘吗？"子路说："是的。"长沮说："那他应该知道渡口在哪里。"子路又问桀溺，桀溺问："你是谁？"子路说："我是仲由。"桀溺问："你是鲁国孔丘的门徒吗？"子路说："是的。"桀溺说："像洪水一样坏的东西到处都是，你们同谁去改变它呢？你与其跟着躲避人的人，为什么不跟着我们这些躲避社会的人呢？"说完，仍旧不停地做田里的农活。子路回来告诉孔子，孔子很感慨地说："人不可能与鸟兽同群，我不同人打交道同谁打交道？如果天下太平，我就不会与你们一起来做改变现实的事了。"

【郭干辉开心陪读】

这段话是孔子与隐士之间的对话，反映了孔子对于社会和政治的态度和追求。

从对话中可以看出，长沮和桀溺都是隐士，他们不愿意与现实社会接触，选择了远离尘嚣的生活方式。孔子则是积极入世的人，他致力于改变社会现实，推行自己的政治理念。

在对话中，长沮和桀溺都认为天下大乱，无法改变现状。而孔子认为，只要有人愿意出来改变现实，就可以实现社会的进步和改善。他强调了个人对于社会和政治的责任和义务，认为每个人都应该为社会做出自己的贡献。

此外，从孔子的回应中也可以看出他的坚韧和执着。尽管长沮和桀溺都认为天下大乱无法改变，但孔子并没有放弃自己的追求。他表示自己愿意与众人一起努力改变现实，实现社会的进步和改善。这种坚韧和执着的精神也展示了孔子对于道德、政治的追求和坚持。

18.7　子路从而后，遇丈人，以杖荷蓧。子路问曰："子见夫子乎？"丈人曰："四体不勤，五谷不分，孰为夫子？"植其杖而芸，子路拱而立。止子路宿，杀鸡为黍而食（sì）之，见其二子焉。明日，子路行以告，子曰："隐者也。"使子路反见之，至则行矣。子路曰："不仕无义。长幼之节不可废也，君臣之义如之何其废之？欲洁其身而乱大伦。君子之仕也，行其义也，道之不行已知之矣。"

【白话文】

子路跟着孔子，落在后面。遇到一个老农，用拐杖挑着除草工具。子路问道："您看见我的老师了吗？"老农说："你这人，四肢不劳动，五谷分不清，怎么顾得上你的老师呢？"于是把拐杖插在地上，锄起草来。子路拱手恭敬地站在一旁。老农留子路在他家过夜，杀鸡做饭给子路吃，又介绍他的两个儿子出来相见。第二天，子路把这件事告诉了孔子。孔子说："这是个隐士啊。"让子路返回去再看看他。子路去了，老农却已经出门了。子路说："不做官是不合乎道义的。长幼之间的礼节尚不可废弃，君臣之间的道义怎么能废弃呢？想要保持自身清洁却破坏了根本的伦理关系。君子做官，是为了实行道义。至于道行不通，早就已经知道了。"

【郭干辉开心陪读】

这段话是子路与隐士之间的对话，反映了子路对君臣之义和长幼之节的看法。从对话中可以看出，子路遇到了一个隐士。隐士是一个不愿意与现实社会接触的人，选择了远离尘嚣的生活方式。而子路是积极入世的人，他致力于跟随孔子实现政治理想。

在对话中，子路向隐士询问孔子的下落，但隐士却批评了子路对于劳动和五谷的认识，认为他还不够资格谈论孔子。这反映了隐士对劳动和生活的重视和对学问和名利的轻视。然而，当隐士留子路过夜并介绍他的两个儿子相见时，子路被隐士的家庭和亲情所感动。这表明了子路对家庭和亲情的重视和对个人生活的认同。

第二天，当子路把这件事告诉了孔子，孔子认为隐士是一个有德行的人。但当子路想要追随隐士而去时，孔子却批评了他，认为他应该继续追求自己的政治理想,而不是逃避现实。当子路再次回到隐士家中时,发现他已经出门了。子路感叹说:"不仕无义。"他认为做官是一种合乎道义的行为,因为这可以实现自己的政治理想和为社会做出贡献。同时他也强调了长幼之间的礼节不可废弃,这表明了他对家庭和亲情的重视和对个人生活的认同。

18.8 逸民:伯夷、叔齐、虞仲、夷逸、朱张、柳下惠、少连。子曰:"不降其志,不辱其身,伯夷、叔齐与!"谓:"柳下惠、少连降志辱身矣,言中伦,行中虑,其斯而已矣。"谓:"虞仲、夷逸隐居放言,身中清,废中权。我则异于是,无可无不可。"

【白话文】

隐逸的人有伯夷、叔齐、虞仲、夷逸、朱张、柳下惠、少连。孔子说:"不降低自己的意志,不辱没自己的身份,是伯夷、叔齐吧!"又说:"柳下惠、少连降低了自己的意志,辱没了自己的身份,但言语合乎法度,行为经过思虑,他们不过如此罢了。"又说:"虞仲、夷逸过着隐居的生活,放言无忌,合乎清高,废弃(原有官职)合乎权宜。我和这些人不同,没有什么是可做或不可做的。"

【郭干辉开心陪读】

这段话是孔子对历史上一些隐逸的人的评价。孔子认为,这些隐逸的人虽然选择了远离社会,但他们的行为和品格仍然值得肯定和赞扬。

首先,孔子称赞伯夷和叔齐"不降其志,不辱其身"。这意味着他们不会降低自己的意志或辱没自己的身份,他们坚持自己的原则和价值观,这种行为是值得称赞的。

其次,孔子对柳下惠和少连的评价是"降志辱身矣,言中伦,行中虑"。这意味着他们降低了自己的意志,辱没了自己的身份,但是他们的言语和行为仍然合乎规范和合理。他们的言谈举止符合伦理道德和智慧的思考。

最后,孔子对虞仲和夷逸的评价是"隐居放言,身中清,废中权"。这意味着他们选择了隐居的生活方式,放言无忌,但同时保持清高和纯洁。他们的行为虽然废弃了原有的官职,却是合乎权宜的。

综上所述,孔子对这些隐逸的人的评价是多元化的,他看到了每个人不同的性格、行为和价值观，并给予了他们不同的评价。这反映了孔子的包容性和多元化思想，他能够欣赏不同类型的人，并理解他们的选择和行为。同时，这也展示了孔子对于人格尊严和道德标准的重视。

18.9 太师挚适齐，亚饭干适楚，三饭缭适蔡，四饭缺适秦，鼓方叔入于河，播鼗武入于汉，少师阳、击磬襄入于海。

【白话文】

太师挚逃到了齐国，亚饭干逃到了楚国，三饭乐师缭逃到了蔡国，四饭乐师缺逃到了秦国，打鼓的方叔逃到了黄河边，敲小鼓的武逃到了汉水边，少师阳和击磬襄逃到了海滨。

【郭干辉开心陪读】

这句话描述了乐师们逃离鲁国的情景。这些乐师是鲁国的宫廷乐师，他们在鲁国宫廷中担任着音乐演奏和创作等任务。然而，出于时局动荡或其他原因，他们纷纷逃离了鲁国，前往不同的地方避难。

这些乐师的逃离，反映了当时鲁国的政治和社会状况。鲁国是一个文化繁荣的国家，但政治上相对动荡不安。这些乐师的逃离，可能是政治迫害或社会动荡导致的。他们的离开，也带走了鲁国的音乐文化和技术，对鲁国的文化传承和发展带来了一定的影响。

此外，这句话也展示了这些乐师在音乐领域的才华和技艺。他们在逃离过程中，仍然不忘自己的专业和兴趣，携带乐器并继续从事音乐演奏和创作。这也表明了他们对音乐的热爱和执着，对音乐的追求是他们生命中不可或缺的一部分。

18.10 周公谓鲁公曰："君子不施（chí）其亲，不使大臣怨乎不以，故旧无大故则不弃也，无求备于一人。"

【白话文】

周公对鲁公说："君子不遗弃他的亲族，不使大臣抱怨不录用他，旧友没有大的过失就不抛弃他们，不要对一个人求全责备。"

【郭干辉开心陪读】

　　这句话是周公对鲁公的教导，强调了君子应该具备的品德和态度。周公认为，君子应该重视亲情和友情，不遗弃亲族和旧友，同时也要包容和尊重他人。在用人方面，不要对一个人求全责备，应该看其优点和贡献，而不是过于苛求其缺点和不足。这种用人态度可以激发人们的积极性和创造力，有利于团队的合作和发展。

　　此外，这句话也反映了周公对于亲情、友情和信任的重视。在周公看来，亲情和友情是人际关系中最为重要的因素之一，它们可以增强人们的归属感和信任感。同时，周公也强调了信任的重要性，信任可以促进人与人之间的合作和交流，有利于建立良好的人际关系和社会秩序。

18.11　周有八士：伯达、伯适（kuò）、仲突、仲忽、叔夜、叔夏、季随、季騧（guā）。

【白话文】

　　周朝有八个有德之士：伯达、伯适、仲突、仲忽、叔夜、叔夏、季随、季騧。

【郭干辉开心陪读】

　　这句话是对周朝八个有德之士的列举和描述。这些名字可能是虚构的，也可能是真实存在的历史人物，但具体情况已经无从考证。每个名字前面都带有"伯""仲""叔""季"等排行字，这表明他们可能是兄弟或者同一家族的人。

　　虽然这些人的具体事迹和背景已经无法得知，但他们的名字被记载在《论语》中，说明他们在当时被认为是有德之人，对社会和政治有着一定的影响和贡献。这些名字也传递出了孔子对道德、品德和人格的重视，以及对家族和亲情的重视。这种观念和价值观对中国的文化和历史有着深远的影响。

　　这句话也展示了古代中国的家族观念和对于有德之人的推崇。在古代中国，家族是一种重要的社会单位，人们对家族的认同感和归属感很强。同时，人们也普遍认为有德之人应该受到尊重和崇拜，他们的品德和行为应该被传承和发扬。

子张第十九

19.1 子张曰:"士见危致命,见得思义,祭思敬,丧思哀,其可已矣。"

【白话文】

子张说:"读书人在遇到危险时能够献出自己的生命,看到有利可得时能够考虑是否符合义的要求,祭祀时能够严肃恭敬,居丧时能够悲痛哀伤,这样就足够了。"

【郭干辉开心陪读】

这句话是子张对读书人品德和行为的描述和要求。子张认为,读书人应该具备高尚的品德和行为,应该在遇到危险时能够勇敢地站出来,为了正义和真理而奋斗;在面对利益时,应该考虑是否符合道德和正义的要求,不以私利为先;在祭祀时,应该保持严肃恭敬的态度,表达对先人的敬意和感激之情;在居丧时,应该悲痛哀伤,表达对逝者的怀念和尊敬。

这些是读书人应该具备的基本素质,也是社会对他们的期望和要求。通过这些行为和品德的表现,读书人能够展现出自己的价值和影响力,为社会和人民做出更多的贡献。同时,这些品德和行为也是读书人自我修养和成长的重要方面,只有具备了这些素质,才能够更好地实现自己的人生价值和发展目标。

19.2 子张曰:"执德不弘,信道不笃,焉能为有?焉能为亡?"

【白话文】

子张说:"实行德而不能发扬光大,信仰道而不忠实坚定,怎么能算作有道德呢?怎么能算作相信道呢?"

【郭干辉开心陪读】

在这句话中,子张强调应坚持和信仰德和道。子张认为,一个人如果只是口头上讲道德,但实际上并没有在行动上加以发扬光大,或者只是表面上看似信仰某种道,但内心并不真正相信,那么这样的人就不能算作有道德的人,也不能算作真正的信仰者。

德和道是中华民族传统文化中的重要价值观和信仰,它们代表着人们对道德、正义、真理等方面的追求和信仰。然而,在现实生活中,很多人只是口头上讲讲而已,并没有真正地加以实践和信仰。这种行为和态度是很危险的,因为如果一个人没有真正的道德信仰和追求,就很容易被各种诱惑和利益所迷惑,做出违背良心和道德的事情。

因此,子张的这句话提醒我们,要真正地信仰和追求德和道,不仅是在口头上讲讲而已,更要在行动上加以实践和发扬光大。只有这样,才能够成为一个真正有道德、有信仰的人,为社会和人民做出更多的贡献。

19.3 子夏之门人问交于子张,子张曰:"子夏云何?"对曰:"子夏曰:'可者与之,其不可者拒之。'"子张曰:"异乎吾所闻。君子尊贤而容众,嘉善而矜不能。我之大贤与,于人何所不容?我之不贤与,人将拒我,如之何其拒人也?"

【白话文】

子夏的学生问子张应该怎么交朋友,子张说:"子夏是怎么说的?"答道:"子夏说:'可以交往的就和他交朋友,不可以交往的就拒绝他。'"子张说:"和我所听到的不一样。君子尊敬贤人,也能够容纳众人,称赞好人而怜悯无能的人。如果我是个很贤明的人,对别人有什么不能容纳的呢?如果我不贤明,别人将会拒绝我,我怎么能去拒绝别人呢?"

【郭干辉开心陪读】

这段话是子张和子夏对交朋友的态度和原则的不同意见的对比。子夏的观点是,应该和那些可以交往的人交朋友,对那些不可以交往的人则应该拒绝。这种观点比较简单和片面,容易导致对别人的判断过于主观和片面。

而子张的观点是,作为一个君子,应该尊重和容纳贤人和众人,称赞好人和同情无能的人。他认为，一个贤明的人应该具备包容和宽广的心态，能够容纳各种各样的人，同时也应该具备辨别是非的能力，能够区分好人和坏人。如果自己不贤明，那么别人将会拒绝自己，因此不应该轻易拒绝别人。

相比之下，子张的观点更加全面和客观，强调了交朋友时应该具备包容和尊重的心态，同时也应该具备辨别是非的能力。只有这样，才能够建立起真正健康、长久的人际关系。

19.4　子夏曰："虽小道必有可观者焉，致远恐泥，是以君子不为也。"

【白话文】

子夏说："即使是小技艺也有值得欣赏的地方，但恐怕妨碍了正道，所以君子不从事这些小技艺。"

【郭干辉开心陪读】

这句话是子夏对小技艺和正道的看法。他认为，虽然小技艺也有其值得欣赏的地方，但这些小技艺可能会妨碍人们追求更远大的目标和正道，因此君子不应该从事这些小技艺。

在现实生活中，人们往往会陷入一些琐碎的小事情中，而忽略了对更远大目标的追求。这种做法是不明智的，因为这些小事情可能会成为阻碍人们前进的绊脚石。因此，君子应该保持清醒的头脑，专注于追求更远大的目标，而不是被这些小事情所牵绊。

此外，这句话也提醒我们，要明确自己的生活目标和价值观，不要被眼前的诱惑所迷惑而偏离了自己的目标和价值观。只有坚定自己的信念和目标，才能够走得更远、更高。

19.5　子夏曰："日知其所亡，月无忘其所能，可谓好学也已矣。"

【白话文】

子夏说："每天知道些未知的东西，每月不忘记已经学过的东西，可以说是好学了。"

【郭干辉开心陪读】

这句话是子夏对好学的定义和要求。他认为，真正的好学不仅是学习新知识，还包括对已经掌握的知识和技能进行不断复习和巩固，做到"日知其所亡，月无忘其所能"。

这种学习要求是很高的，需要人们具备自律和坚持的精神。每天都要保持学习的状态，不断探索和发现新的知识和技能，同时也要定期复习和巩固已经学过的知识和技能，以免遗忘。只有这样，才能够真正做到好学不倦，不断提高自己的素质和能力。

此外，这句话也提醒我们，学习是一个不断积累的过程，需要耐心和恒心。只有不断地学习和积累，才能够取得更好的成绩和发展。

19.6　子夏曰："博学而笃志，切问而近思，仁在其中矣。"

【白话文】

子夏说："博览群书并广泛学习，能坚守自己的志向，恳切地发问求教，多考虑当前的事情，仁德就在其中了。"

【郭干辉开心陪读】

这句话是子夏对学习和修身的看法和要求。他认为，博览群书并广泛学习，可以扩展自己的知识和见识；同时坚守自己的志向，明确自己的目标和价值观，可以让自己更加坚定和自信。在学习的过程中，要不断地提问和思考，多考虑当前的事情，以便更好地掌握知识和技能。最终，通过这些努力，仁德就会在其中得以体现和发扬。

这句话告诉我们，学习和修身是相辅相成的。只有通过广泛学习、坚守志向、切问近思，才能够实现自己的人生价值和目标；同时也能够为社会做出更多的贡献。因此，我们应该在学习和修身方面不断努力，让自己成为一个有知识、有品德、有贡献的人。

19.7　子夏曰："百工居肆以成其事，君子学以致其道。"

【白话文】

子夏说："许多工匠坐在作坊里来完成他们的活计，君子则通过学习来达到他的道。"

【郭干辉开心陪读】

这句话是子夏对学习和道的看法。他认为，学习和道是相辅相成的。工匠需要在作坊中完成他们的活计，这是他们的工作和职责；而君子需要通过学习来达到他们的道，这是他们的使命和追求。

道可以理解为一种理想、信仰或价值观，是人们追求的目标和方向。通过学习，我们可以不断扩展自己的知识和见识，提高自己的素质和能力，从而更加接近道。因此，学习和道的追求是相互关联的，只有不断地学习和实践，才能够实现自己的梦想和追求。

19.8　子夏曰："小人之过也必文。"

【白话文】

子夏说："小人有了过失一定会加以掩饰。"

【郭干辉开心陪读】

子夏认为，小人在面对自己的过失时，往往会选择掩饰和否认。他们不愿意面对和承认自己的错误，更不愿意接受别人的批评和指责。这种行为不仅会让自己错失改正错误的机会，也会失去周围的人的信任和尊重。

在现实生活中，我们也常常会遇到这样的小人。他们往往只关心自己的利益和面子，而忽略了别人的感受和权益。在犯错之后，他们不仅不愿意承认错误，还会想方设法为自己找借口、推卸责任。这种行为不仅会让自己的人格和信誉受损，也会影响到周围人的态度和看法。

因此，我们应该学会勇于面对自己的过失和错误。在犯错之后，要勇于承认错误，接受批评和指责，并努力改正错误、提高自己。只有这样，才能够赢得别人的信任和尊重，让自己更加成熟和自信。

19.9　子夏曰："君子有三变：望之俨然，即之也温，听其言也厉。"

【白话文】

子夏说："君子给人的印象有三种变化：远看庄重严肃，接近时温和可亲，听他说话则严厉不苟。"

【郭干辉开心陪读】

子夏所描述的君子三变，实际上是君子在不同距离、不同角度给人的不同印象。远看时，君子庄重严肃，给人以威严之感；接近时，君子温和可亲，让人感受到其亲切和友善；听其言时，君子则显得严厉不苟，透露出其对于事情的高标准和严要求。

这种变化并不是简单的表面现象，而是反映出君子在不同情境下的不同表现和态度。庄重严肃的形象是君子对于自己和事情持高度负责的态度，温和可亲的形象是其亲和力和人际交往能力的体现，严厉不苟的言语则表明其对于标准和要求的严格遵循。

因此，我们应该学习君子的这种变化和适应能力，在不同的情境下展现出不同的形象和态度。只有这样，才能够更好地适应社会和人际交往的需要，也才能够更好地展现出自己的魅力和能力。

19.10 子夏曰："君子信而后劳其民，未信，则以为厉己也；信而后谏，未信，则以为谤己也。"

【白话文】

子夏说："君子必须先取得百姓的信任，然后才能役使百姓，如果百姓还没有信任，那么百姓就会认为是在虐待他们。君子必须先与君主亲近，然后才能进谏，如果君主还没有信任，那么君主就会认为是在诽谤他。"

【郭干辉开心陪读】

子夏认为，君子要想成功地影响和引导他人，必须先建立信任和亲近的关系。只有当君子赢得了他人的信任和尊重时，才能够有效地引领他人；如果缺乏信任和亲近关系，那么就很难达到预期的效果。

这种观点在领导、管理和教育等方面都有重要的启示意义。作为一个领导者或管理者，要想有效地领导和管理团队或组织，必须先建立信任和亲近关系。只有当团队或组织对其产生信任和尊重时，才能够真正地发挥其领导和管理作用。同样，作为一个教育者或导师，要想有效地教育和引导学生，必须先建立信任和亲近的关系。只有当学生对其产生信任和尊重时，才能够真正地发挥其教育作用。

因此，我们应该在学习和生活中注重建立信任和亲近关系。只有保持真诚、友善、可靠的行为和态度，才能够赢得他人的信任和尊重，也才能够更好地实现自己的目标和价值。

19.11　子夏曰："大德不逾闲，小德出入可也。"

【白话文】

子夏说："在德行大的方面不能逾越界限，在小德方面有些出入是可以的。"

【郭干辉开心陪读】

子夏认为，在德行方面，我们应该注重大德，即坚守道德底线和原则，不逾越界限。但在小德方面，有些出入是可以接受的，不必过分苛求。

这种思想体现了儒家思想的人性化和权变性特点。儒家注重道德修养，但并不要求人人成为圣贤，而是认为人无完人，在某些小事情上可以有不足之处，只要大方向上不出问题就行。同时，儒家也强调要分清主次，注重大局观念，不要因小失大。

在现实生活中，我们也应该借鉴这种思想，注重大德的同时，也要包容小节的不足。在评价一个人的道德修养时，应该看其在大是大非面前的态度和表现，而不是过分关注其小节方面的瑕疵。

当然，如果一个人在大德方面存在问题，就需要引起高度关注和警惕了。

19.12　子游曰："子夏之门人小子，当洒扫应对进退则可矣。抑末也，本之则无，如之何？"子夏闻之，曰："噫，言游过矣！君子之道，孰先传焉？孰后倦焉？譬诸草木，区以别矣。君子之道，焉可诬也？有始有卒者，其惟圣人乎！"

【白话文】

子游说："子夏的学生们，应当做些洒水扫地、接待宾客之类的琐事。但这些不过是末节小事，根本的东西却没有学到，这怎么行呢？"子夏听了这些话，说："噫，言游错了！君子之道，哪些先传授？哪些后传授？就好比草木一样，是区分为各种类别的。君子之道怎么可以随意歪曲、蒙蔽呢？传授学习有始有终，大概只有圣人吧！"

【郭干辉开心陪读】

　　这段话是子游和子夏对教育和学习的看法和争议。子游认为，子夏的学生们只注重洒水扫地、接待宾客之类的琐事，而忽略了根本的东西，这是不行的。他认为学生们应该先学习根本性的知识和道德原则，然后再学习具体的技能和知识。而子夏认为，君子之道是一个整体，不能随意歪曲和蒙蔽。他强调学习的系统性和次序性，认为学习应该从基础开始，逐步深入和扩展。他指出，只有圣人才能做到从头到尾、从里到外地把君子之道传授给学生们。

　　双方的观点都有一定的道理，但都有一些片面性。子游的观点过于注重根本性的知识和道德原则，而忽略了具体技能和知识的学习；而子夏的观点过于强调学习的系统性和次序性，忽略了学习的灵活性和变化性。

　　在现实生活中，我们应该注重两者的平衡和协调。既要注重基础知识和道德原则的学习，又要注重具体技能和知识的学习，同时还要灵活运用所学知识，根据实际情况进行变化和调整。只有这样，才能够真正掌握知识和技能，也才能够更好地适应社会和人际交往的需要。

19.13　子夏曰："仕而优则学，学而优则仕。"

【白话文】

　　子夏说："做官之后还有余力的就可以去学习，学习学好了还有余力，就可以去做官，以便更好地推行仁道。"

【郭干辉开心陪读】

　　这句话出自孔子的弟子子夏之口，是关于学习和做官的著名言论。其含义是，当人们在做官之后，如果还有余力，就应该去学习礼乐等治国安邦的知识；而当人们在学习学好了之后，如果还有余力，就可以去做官以便更好地推行仁道。

　　这句话表达了孔子对于教育和政治的看法和主张。孔子认为，学习和做官是相互关联的，而不是相互割裂的。做官可以促进学习，而学习又可以为做官提供理论和实践基础。

　　首先，孔子主张学以致用，认为学习的目的是解决实际问题，而不只是获得知识。因此，学习和做官是密不可分的。做官之后再去学习，可以更好地了解社会现实和政治状况，从而更好地制定政策和推行仁道。同样，学习学好了之后再去当官，可以更好地发挥自己的能力和知识，为社会做出更多的贡献。

其次，孔子主张仕而优则学，认为做官之后还有余力就可以去学习。这是因为做官并不是一件容易的事情，需要具备各种能力和知识。而这些能力和知识并不是一蹴而就的，需要不断地学习和提高。因此，孔子认为做官之后还需要不断地学习和思考，以提高自己的能力和素质。

最后，孔子主张学而优则仕，认为学习学好了之后还有余力就可以去做官。这是因为学习可以让人更好地了解社会和政治状况，从而更好地制定政策和推行仁道。同时，做官也可以为学习提供更多的实践机会和经验，让人们更好地理解和掌握知识。

19.14 子游曰："丧致乎哀而止。"

【白话文】

子游说："丧事能尽哀悼之诚即可。"

【郭干辉开心陪读】

这句话是子游对丧礼的看法，他认为在办理丧事时，应该以尽哀悼之诚为主，而不是过分铺张、追求隆重。

他认为，真正重要的是表达对逝者的怀念和敬意，而不是炫耀自己的财力或地位。这种思想与当时的社会风气相反，因为当时的习俗是追求隆重和铺张的丧礼，有些人甚至雇人哭泣。子游的思想根据孔子的传统而来，他对于当时社会风气中对丧礼过分铺张，有一个修正的论调。

这句话告诉我们，在办理丧事时，应该注重内心真实的感受和表达，而不是过分追求外在的形式和表现。真正的哀悼和怀念是从内心深处产生的，而不是通过外在的仪式和表现来证明的。因此，我们应该在丧事中注重真实的情感表达，以尽哀悼之诚为主，而不是追求隆重和铺张的形式。

19.15 子游曰:"吾友张也为难能也,然而未仁。"

【白话文】

子游说:"我的朋友子张可以说是难能可贵了,然而还没有做到仁。"

【郭干辉开心陪读】

子游在此处对子张进行了评价。他认为子张已经具备了很多优秀的品质,可以说是难能可贵了,但是还没有达到"仁"的标准。这说明子张在为人处世方面还有很多需要提高的地方。

"仁"是儒家思想的核心之一,指具有高尚的道德品质和行为规范。达到"仁"的标准需要不断努力、修身养性,不断地提高自己的修养和道德水平。而子张在为人处世方面还有很多需要改进的地方,比如,在与他人相处时可能过于强势、主观,缺乏对他人的关爱和理解。

因此,我们应该时刻警醒自己,不仅要注重自身能力的提高,还要注重自身品德的修养。只有具备了高尚的道德品质和行为规范,才能够真正做到"仁",赢得他人的尊重和信任。

19.16 曾子曰:"堂堂乎张也,难与并为仁矣。"

【白话文】

曾子说:"子张外表堂堂,难于和他一起做到仁的。"

【郭干辉开心陪读】

曾子这句话是对子张的提醒和警示。在曾子看来,子张虽然外表堂堂,但他的内心深处存在着一些问题,难以和其他人一起做到真正的"仁"。

"仁"是儒家思想中最重要的概念之一,指具有高尚的道德品质和行为规范。在儒家看来,"仁"是所有美德的集合,是成为一个真正的人的必要条件。而曾子认为,子张在某些方面与"仁"的标准还有差距,因此难以和其他人一起达到这个目标。

曾子的这句话提醒我们,一个人的外表和才华并不能决定他的内心品质和道德水平。我们不能只看到表面的东西,而应该更加注重内在的品质和行为。只有真正具备了高尚的道德品质和行为规范,才能够成为一个真正的人,也才能够真正做到"仁"。

19.17 曾子曰:"吾闻诸夫子,人未有自致者也,必也亲丧乎!"

【白话文】

曾子说:"我听说,人不会自我充分显露感情,如果有,一定是在父母死亡的时候。"

【郭干辉开心陪读】

曾子这句话表达了对于人性的一种深刻理解。他认为,人们在日常生活中往往会有所掩饰、有所保留,无法完全展现出自己的真实情感和内在品质。只有在面对生死大事的时候,人们才会真正地释放出内心深处的情感和思想。

这句话也体现了儒家对亲情和孝道的重视。在儒家思想中,亲情和孝道是最为重要的价值观之一。当父母死亡时,人们会感到极度的悲痛和思念,这时才能够真正地表现出自己对亲情的珍视和对生命的敬畏。

因此,我们应该珍视亲情和重视孝道,尽可能地尽到自己的责任和义务。在面对生死大事的时候,也要学会释放自己的情感和思想,真正地面对自己和他人。只有这样,才能够成为一个真正的人,也才能够真正做到"仁"。

19.18 曾子曰:"吾闻诸夫子,孟庄子之孝也,其他可能也;其不改父之臣与父之政,是难能也。"

【白话文】

曾子说:"我听说,孟庄子的孝顺行为,别人也可以做得到;他不改变父亲在职时期的老干部和政治措施,别人是难以做到的。"

【郭干辉开心陪读】

孟庄子是鲁国的大夫,他在孝顺父母方面表现出色,被认为是一个非常孝顺的人。曾子称赞孟庄子的孝顺行为,但是更加强调他在不改变父亲在职时期的老干部和政治措施方面的难能可贵。

在古代社会,政治权力更迭往往会导致官员的更换和政策的变化。然而,孟庄子在继承父亲职位后,并没有改变他父亲在职时期的老干部和政治措施,这被认为是非常难能可贵的。因为这种行为体现了对于父亲的尊重和对于前任政绩的认可，同时也表现了孟庄子自己的胸怀和气度。

曾子的这句话告诉我们，孝顺不仅是对父母的敬爱和照顾，更是一种对家庭、家族、国家的忠诚和担当。在继承前人的基础上进行改革和发展，是一种非常可贵的品质。我们应该学习孟庄子的这种难能可贵的品质，不仅要尽到孝顺父母的义务，还要在个人和社会生活中表现出对于前任的尊重和认可。

19.19 孟氏使阳肤为士师，问于曾子。曾子曰："上失其道，民散久矣。如得其情，则哀矜而勿喜！"

【白话文】

孟氏任命阳肤做法官，阳肤向曾子请教。曾子说："在上位的人丧失正道，民心离散已经很久了。你如果审知犯罪实情，就应该怜悯他们，而不要自鸣得意。"

【郭干辉开心陪读】

曾子在这里强调应对民众给予同情和关注，他认为在上位的人应该注重正道，关注民心离散的问题，并且在处理案件时要哀悯民众，不要自鸣得意。这种思想体现了儒家对社会公正和平等价值观的重视，同时也强调了法官的责任和良心。

在实践中，法官应该注重证据和事实，公正地审理案件，保护弱势群体的权益。同时，也应该关注社会背景和民心离散的问题，采取适当的措施和方法来解决问题，促进社会的和谐与稳定。

总之，曾子的这句话提醒我们，作为社会公正的维护者，法官应该具备高度的道德良知和责任感，关注民众的利益和社会的稳定，为社会的公正和平等做出积极的贡献。

19.20 子贡曰："纣之不善，不如是之甚也。是以君子恶居下流，天下之恶皆归焉。"

【白话文】

子贡说："商纣的暴行，不像现在传说的这样厉害。所以君子憎恨居于下流，使天下一切坏名声都归到他的身上。"

【郭干辉开心陪读】

子贡在此处表达了自己对历史人物纣王的看法。他认为，纣王的不善并不像人们传说的那样严重。但是，由于他的行为和品德被人们所憎恶，他的恶名被归结为天下最坏的名声。

这句话告诉我们，一个人的名声往往是由其行为和品德决定的。如果一个人的行为和品德不好，那么他的名声也会随之变坏。但是，我们也应该客观地看待历史人物，不要轻易地将所有的恶名都归结到一个人的身上。

在现实生活中，我们也应该注重自己的行为和品德，不要让自己成为别人口中的"下流"之人。同时，我们也应该客观地看待历史人物和事件，不要轻易地将所有的恶名都归结到一个人或一个事件上。只有这样，我们才能够更好地认识历史和现实，为自己的成长和发展打下坚实的基础。

19.21　子贡曰："君子之过也，如日月之食焉。过也，人皆见之；更也，人皆仰之。"

【白话文】

子贡说："君子的过错好像日食月食一样。有过错时，人们都看得见；改正过错的时候，人们都仰望着他。"

【郭干辉开心陪读】

子贡在这里用了一个非常形象的比喻来描述君子对过错的看法和态度。他认为，君子的过错就像日食月食一样，虽然人们能够明显地看到它的存在，但是当它被纠正的时候，人们也会非常敬仰和仰慕君子。

这个比喻告诉我们，人无完人，每个人都会犯错。但是，一个真正的君子并不会因为自己的过错而感到羞愧或者遮遮掩掩，相反他会坦诚地面对自己的错误并且积极地改正它们。这种坦诚和勇气会得到人们的尊重和敬仰。

在我们的日常生活中，我们也应该学习君子的这种态度。当我们犯错时，不要害怕或者逃避承认自己的错误，而是要勇敢地面对并且积极地改正它们。

只有这样，我们才能够不断地进步和成长，赢得别人的尊重和信任。

19.22 卫公孙朝问于子贡曰："仲尼焉学？"子贡曰："文武之道未坠于地，在人。贤者识其大者，不贤者识其小者，莫不有文武之道焉，夫子焉不学？而亦何常师之有？"

【白话文】

卫国的公孙朝问子贡说："仲尼的学问是从哪里学来的？"子贡说："周文王和武王的道，并没有失传，还留在人间。贤能的人可以了解它的根本，不贤的人只记住了细枝末节，周文王和武王之道是无处不在的。夫子从什么地方不能学习？又为什么要有固定的老师呢？"

【郭干辉开心陪读】

子贡在此处表达了自己对于孔子学问来源的看法。他认为，孔子的学问不是从某个人或某个特定地方学来的，而是从周文王和武王的"道"中学习而来。这个"道"指的是一种普遍存在的人生道理和智慧，它无处不在，人们可以通过学习先贤的智慧和经验来获得这个"道"。

此外，子贡还强调了每个人对知识和智慧的追求不应该受到时间和空间的限制。

在现实生活中，我们也应该学习子贡的这种态度。我们应该通过广泛阅读和学习来提升自己的智慧和境界，而不是仅局限于某个特定的领域或某个特定的学习方式。只有这样，我们才能够真正获得自己所需要的知识和智慧，为自己的成长和发展打下坚实的基础。

19.23 叔孙武叔语大夫于朝曰："子贡贤于仲尼。"子服景伯以告子贡，子贡曰："譬之宫墙，赐之墙也及肩，窥见室家之好；夫子之墙数仞，不得其门而入，不见宗庙之美、百官之富。得其门者或寡矣，夫子之云不亦宜乎！"

【白话文】

叔孙武叔在朝廷上对大夫们说："子贡比仲尼更贤。"子服景伯把这一番话告诉了子贡。子贡说:"就用围墙比喻吧,我家围墙只有齐肩高,从墙外可以看到里面房屋的美好。我老师的围墙有几仞高,找不到大门走进去,就看不见里面宗庙的雄美、房屋的富丽。能够找到大门的人或许很少,叔孙武叔那么讲,不也是很自然吗?"

【郭干辉开心陪读】

子贡在此处用了一个非常形象的比喻来描述自己和孔子之间的差距。他认为,孔子的智慧和道德境界就像是一座高耸的围墙,普通人很难进入其中,也很难理解其中的奥妙。而自己的智慧和道德境界则像是一座矮小的围墙,人们可以轻易地看到里面的美好。

这个比喻告诉我们,孔子作为一位伟大的哲学家和教育家,他的智慧和道德境界是非常高深的,普通人很难达到他的高度。而子贡作为孔子的弟子,虽然也很优秀,但是与孔子相比还是有一定的差距。

在现实生活中,我们也应该认识到自己的不足,不要过于自以为是。我们应该保持谦虚和敬畏的心态,不断学习和进步,才能够不断提升自己的智慧和境界。同时,我们也应该尊重和学习那些比自己更优秀的人,从他们身上汲取更多的智慧和经验,为自己的成长和发展打下坚实的基础。

19.24 叔孙武叔毁仲尼,子贡曰:"无以为也,仲尼不可毁也。他人之贤者,丘陵也,犹可逾也;仲尼,日月也,无得而逾焉。人虽欲自绝,其何伤于日月乎?多见其不知量也。"

【白话文】

叔孙武叔诽谤仲尼。子贡说:"这样做是没有用的!仲尼是毁谤不了的。别人的贤德好比丘陵,还可超越过去,仲尼的贤德好比太阳和月亮,是无法超越的。虽然有人要自绝于日月,对日月又有什么损害呢?只是表明他不自量力而已。"

【郭干辉开心陪读】

叔孙武叔诽谤仲尼,子贡认为这样做是没有用的。因为仲尼的贤德是诽谤不了的,他的智慧和道德境界非常高深,无法被超越。就像太阳和月亮一样，虽然有人想要自绝于它们，但是对于它们没有任何损害。相反，这种行为只会暴露出诽谤者的不自量力。

在现实生活中，我们也应该尊重和学习那些比自己更优秀的人，不要轻易地去诽谤或攻击他们。因为这些人的智慧和成就往往是无法被超越的，我们应该从他们身上汲取更多的智慧和经验，为自己的成长和发展打下坚实的基础。

19.25　陈子禽谓子贡曰："子为恭也，仲尼岂贤于子乎？"子贡曰："君子一言以为知，一言以为不知（zhì），言不可不慎也。夫子之不可及也，犹天之不可阶而升也。夫子之得邦家者，所谓立之斯立，道（dǎo）之斯行，绥之斯来，动之斯和。其生也荣，其死也哀，如之何其可及也？"

【白话文】

陈子禽对子贡说："您对仲尼那样恭敬，难道他比您更贤能吗？"子贡说："君子的一句话就可以表现他的智识，一句话也可以表现他的不智，所以说话不可以不慎重。我们老师不可企及的地方，正像天不能够顺着梯子爬上去一样。假如我们老师得到国家去治理的话，要什么会有什么，要百姓做百姓就做，安抚百姓百姓就来，动员百姓做事情，百姓就会齐心协力。他活着时荣耀，死了令人哀痛，别人怎么可能赶得上他呢？"

【郭干辉开心陪读】

这段话是子贡对陈子禽质疑他对孔子的恭敬态度的回应。子贡明确表示，他对孔子的尊敬是出于对孔子的智识和品德的敬仰，而非仅因为孔子是他的老师。

首先，子贡提及"君子一言以为知，一言以为不知，言不可不慎也"。这句话，明确表达了说话的重要性，说话的内容和方式都需要慎重考虑。这是因为，君子的一句话可以表现出他的智慧和学问，也可以表现出他的不智和无知。因此，君子在说话时需要谨慎，避免产生误解或不必要的麻烦。

其次，子贡描述了孔子作为一位伟大领袖的品质和影响力。他指出，孔子具备立于礼、引导百姓、安抚百姓和动员百姓的能力。这些能力使得孔子在生前受到荣耀，死后令人哀痛。子贡通过这种方式表达了孔子在他心目中的崇高地位，并强调了孔子无法被超越的伟大品质。

最后，子贡以"如之何其可及也？"结束他的回应，表达了对于试图超越孔子的想法的不可行性的认识。这句话的意思是，"这怎么可能是可以企及的呢？"这表明在子贡看来，试图超越孔子是不可能的，因为孔子的智慧和品德是如此的崇高和伟大，无法被超越。

尧曰第二十

20.1 尧曰:"咨!尔舜,天之历数在尔躬,允执其中。四海困穷,天禄永终。"舜亦以命禹。曰:"予小子履,敢用玄牡,敢昭告于皇皇后帝:有罪不敢赦,帝臣不蔽,简在帝心。朕躬有罪,无以万方;万方有罪,罪在朕躬。"周有大赉,善人是富。"虽有周亲,不如仁人。百姓有过,在予一人。"谨权量,审法度,修废官,四方之政行焉。兴灭国,继绝世,举逸民,天下之民归心焉。所重:民、食、丧、祭。宽则得众,信则民任焉,敏则有功,公则说。

【白话文】

尧对舜说:"唉!你,舜啊,上天安排的使命落在你的身上,要切实保持中庸之道。如果天下百姓都处于困苦贫穷之中,上天赐给你的禄位就会永远终止。"舜也以同样的训诫告诫禹。商汤说:"我小子履,敢用黑色的公牛,明明白白地告于伟大的天帝:我不敢擅自赦免有罪的人,也不敢隐瞒天帝的臣仆的罪过,一切都由天帝的心来决定。我若有罪,不要牵连天下万方;若万方有罪,责任都由我来承担。"周朝大封诸侯,使善人都富贵起来。"虽有亲族,却不如施仁政给百姓;百姓有了过错,就在于我一人。"谨慎地检查权力和法度,修复废弃的官府,于是政令在全国通行无阻。恢复被灭亡的国家,接续断绝了的世族,提拔隐逸的人才,天下的百姓便心悦诚服了。所重视的四件事:人民、粮食、丧礼、祭祀。宽厚就能得到众人的拥护,诚实就能得到别人的任用,勤敏就能取得成绩,公正就能使众人满意。

【郭干辉开心陪读】

这一段话,主要讲述了古代帝王尧、舜、禹的治国理念和周朝的治国策略。

首先，尧对舜说的一段话中，他强调了保持中庸之道的重要性。中庸之道是指处理问题时采取适中的态度，既不过于激进，也不保守过度。在舜的身上，尧希望他能秉持这种中庸之道，以平和的态度来治理国家。如果百姓都处于困苦贫穷之中，那么国家的繁荣和稳定就无法维持，因此尧告诫舜要关注民生，让百姓过上幸福安康的生活。

其次，舜也对禹提出了类似的训诫。禹作为舜的继承者，也被要求秉持中庸之道，以治理好国家。同时，商汤也用黑色的公牛来祭祀天帝，表达了他对天帝的敬畏和不敢擅自赦免有罪之人的决心。商汤强调自己若有罪，不要牵连天下万方；若万方有罪，责任都由他来承担。这种担当和责任精神是古代明君所推崇的品质之一。

再次，周朝大封诸侯，使善人都富贵起来。这句话说明了周朝实行仁政的一个方面，即赏善罚恶，让有善行的人得到应有的回报。同时，周朝也强调亲族的重要性，但更注重施仁政给百姓。这意味着一个好的领导者应该把百姓的利益放在首位，而不是偏袒亲族或个人利益。

最后，周朝所重视的四件事：人民、粮食、丧礼、祭祀。这四件事都是与人民的生活息息相关的。重视人民，关注他们的生活和福祉，是古代政治思想中的核心之一。同时，粮食、丧礼、祭祀等都是古代社会生活中重要的方面，也是领导者必须关注的事项。

在这段话中，古代帝王们的治国理念和策略都体现了仁爱、公正、诚信、责任等价值观。这些价值观对一个领导者来说是非常重要的，它们不仅适用于古代社会，也适用于现代社会。一个好的领导者应该秉持这些价值观，关注人民的生活和利益，实行仁政，维护社会稳定和公正。同时，领导者也应该具备担当和责任心，勇于承担责任，不偏袒亲族或个人利益，关注国家的长远发展和人民的福祉。只有这样，才能赢得人民的信任和支持，实现国家的繁荣和发展。

20.2 子张问于孔子曰:"何如斯可以从政矣?"子曰:"尊五美,屏四恶,斯可以从政矣。"子张曰:"何谓五美?"子曰:"君子惠而不费,劳而不怨,欲而不贪,泰而不骄,威而不猛。"子张曰:"何谓惠而不费?"子曰:"因民之所利而利之,斯不亦惠而不费乎?择可劳而劳之,又谁怨?欲仁而得仁,又焉贪?君子无众寡,无小大,无敢慢,斯不亦泰而不骄乎?君子正其衣冠,尊其瞻视,俨然人望而畏之,斯不亦威而不猛乎?"子张曰:"何谓四恶?"子曰:"不教而杀谓之虐;不戒视成谓之暴;慢令致期谓之贼;犹之与人也,出纳之吝谓之有司。"

【白话文】

子张问孔子:"怎样做才可以从政呢?"孔子回答说:"尊崇五美,摒弃四恶,这样就可以从政了。"子张问:"什么是五美?"孔子说:"君子给百姓好处却不耗费财力,让百姓劳作却不让他们怨恨,追求仁德却不贪婪,泰然自得却不骄傲,威严却不凶猛。"

子张问:"什么是惠而不费?"孔子说:"因势利导从而使百姓受惠,这不就是给百姓好处却不耗费财力吗?选择适合百姓劳动的地方让他们去劳作,又有谁会怨恨呢?追求仁德而得到了仁,又有什么可贪婪的呢?君子无论人多人少,事大事小,都不敢怠慢,这不也是泰然自得却不骄傲吗?君子衣冠整齐,目不斜视,严肃端庄让人望而生畏,这不也是威严却不凶猛吗?"

子张问:"什么是四恶?"孔子说:"不进行教育就杀戮叫作虐;不事先告知就要求立即做成叫作暴;不按时告知民众而突然限期叫作贼;同样是给人以财物,出手吝啬叫作小气。"

【郭干辉开心陪读】

这段文字是孔子与子张的对话,主要讨论了如何从政的问题。孔子提出了"尊五美,屏四恶"的观点,即推崇五种美德,摒弃四种恶行。

首先,孔子所说的"五美"是指君子应该具备的五种美德,分别是惠而不费、劳而不怨、欲而不贪、泰而不骄、威而不猛。这些美德都是从民生的角度出发,强调领导者应该关注百姓的利益和福祉,让百姓得到实实在在的好处,同时也要有正确的心态和行为,不贪婪、不骄傲、不凶猛,保持公正和清明。

其次，孔子解释了"五美"的具体含义。对于"惠而不费"，孔子认为应该因民之所利而利之，即根据百姓的利益去制定政策，让百姓得到好处的同时也不耗费国家的财力。对于"劳而不怨"，孔子认为应该选择适合百姓劳动的地方让他们去劳作，这样百姓才会心甘情愿地付出劳动，而不会产生怨恨情绪。对于"欲而不贪"，孔子认为应该追求仁德而得到仁，而不是贪婪地追求个人私利。对于"泰而不骄"，孔子认为君子应该保持平和的心态，无论人多人少、事大事小，都不敢怠慢，不骄傲自大。对于"威而不猛"，孔子认为君子应该保持严肃端庄的态度，让人望而生畏，但同时也不能过于凶猛和残暴。

最后，孔子指出了"四恶"，即"不教而杀谓之虐""不戒视成谓之暴""慢令致期谓之贼""犹之与人也，出纳之吝谓之有司"。这些恶行都是领导者应该避免的，不进行教育就杀戮、不事先告知就要求立即做成、不按时告知民众而突然限期以及出手吝啬都是不正确的行为。这些行为不仅会失去民心，还会对国家的稳定和发展造成负面影响。

20.3　孔子曰："不知命，无以为君子也；不知礼，无以立也；不知言，无以知人也。"

【白话文】

孔子说："不懂得天命，就不能成为君子；不懂得礼，就不能立足于社会；不懂得分辨别人的言语，就不能真正了解人。"

【郭干辉开心陪读】

这句话是孔子对君子修身养性的重要性进行的阐述。孔子认为，要成为君子，必须懂得天命、礼和言。天命是指人生的使命和责任，君子应该知道自己的人生目标和责任，并尽力去完成。礼是社会规范和道德准则，君子应该遵循礼的规范，以德立身，不做违背道德的事情。言是人们的言语和表达方式，君子应该懂得分辨别人的言语，了解别人的真实意图和情感，从而更好地与人交往。

我们需要理解这段文字的背景和含义。此段文字出自《论语》，是孔子对于君子人格养成的三个重要方面的论述。

"不知命,无以为君子也。""命"在此处是指天命、命运,孔子认为每个人都应在自己的人生中遵循天命的安排,履行自己的使命。一个君子如果不懂得这一点,就无法明确自己的人生目标和责任,也就无法完成自己的使命,无法成为一个真正的君子。

"不知礼,无以立也。""礼"在此处是指社会的规范、道德准则和礼仪,是人们行事的标准和依据。孔子认为,一个君子如果不懂得礼,就无法在社会中立足。因为人是社会性的动物,我们需要遵循一定的社会规范和道德准则才能与他人和谐相处。君子应该明白这个道理,在社会中遵循礼的规范,不做违背道德的事情,才能赢得他人的尊重和信任。

"不知言,无以知人也。""言"在此处是指人们的言语和表达方式。孔子认为,通过言语我们可以了解一个人的真实意图和情感。一个君子如果不懂得分辨别人的言语,就无法了解别人的真实想法和情感,也就无法与人建立真正的沟通和联系。因此,君子需要懂得如何倾听和理解别人的言语,才能与人建立良好的关系。

这句话是孔子对于君子人格养成的三个方面的论述,旨在告诉我们在生活中需要注重修身养性,明确自己的使命和责任,遵循社会的规范和道德准则,同时也要懂得倾听和理解别人的言语,才能成为一个真正的君子。这些道理对我们现代人来说同样具有重要的启示意义。

参考文献

［1］(宋)朱熹撰.四书章句集注(新编诸子集成)［M］.北京：中华书局，2011.

［2］张以文译注.四书全译［M］.长沙：湖南大学出版社，1989.

［3］杨伯峻.论语译注［M］.北京：中华书局，2009.

［4］李泽厚.论语今读［M］.北京：世界图书出版公司，2019.

［5］张燕婴译注.论语［M］.北京：中华书局，2022.

［6］鲍鹏山编校.论语：正音诵读本［M］.北京：中国青年出版社，2017.

后 记

　　《开心读〈论语〉》即将付梓！在这一美好时刻，我自然分外激动。

　　有人说，解读《论语》不是一件小事情，更不是一件容易的事情，这需要扎实深厚的理论功底，更需要非同寻常的学术勇气。这话自然没错，因为对我来说，《开心读〈论语〉》一书的出版，本来就是一个意外的惊喜。这个意外惊喜的出现，缘于我的小女儿郭文馨的降生。2010年3月30日，她降生到我家，其时，正赶上社会上复兴国学的热潮。

　　虽然我是大学中文系汉语言文学专业毕业，但毕竟没有受过系统的国学训练与熏陶，国学功底之浅，无须赘述。而深入、系统地学习《论语》这部伟大经典，更是我此前从未有过的事情。所幸的是，对国学的热爱让我主动置身于学习国学的大潮之中。从女儿郭文馨5岁开始，我便陪伴她学习国学经典。先从背诵开始，不到三五年时间，她就背诵完了《大学》《中庸》《论语》《孟子》《孝经》《易经》《道德经》《孙子兵法》等。接着，我就从字面上为她一一进行了讲解。

　　随着女儿年龄的增长，特别是她上学以后，她要做的事情多了起来，时间不好分配，尤其是她当面听我讲国学的时间实在难于安排。于是我就将讲解的内容写成文字，通过微信发给她，让她在有空时自行阅读。这样，既没有妨碍她完成学校布置的作业，又解决了她没有较长时间学习国学的苦恼，且父女双方都能开开心心，乐在其中，真是非常惬意。这，就是本书中"开心陪读"一词最初的由来。经日积月累，就形成了《开心读〈论语〉》一书的初步构想。

　　随着对《论语》一书研读不断深入，我对"开心"读《论语》的理解又有了新的认识。我认为，所谓"开心"，首先应当是打开紧闭的心门，尽情接受《论语》智慧的洗礼。如果不能打开心扉，阅读《论语》的效果和收获就会大打折扣。其次应当是开开心心地阅读《论语》，不要把阅读和学习《论语》

视为畏途，也不要认为它是一门高不可攀的学问，把自己弄得像个苦行僧似的，一点都不轻松。这样的话，就降低了对《论语》的阅读体验，很难从中获得愉悦并取得良好的情绪价值，其收获亦难保证。所以，我力推"开心"读《论语》这一简单且收效甚好的学习主张。今天，我将此书交付出版发行，是想让更多的人从中受益。这样一来，这本书的出现，是个意外，也不完全是个意外。

然而，在我身上发生的意外还真不少，比如，我所从事的律师工作。按照通常的理解，我学的是汉语言文学专业，毕业后即成为一名中学语文老师，所学专业和所从事的职业都与律师工作无缘。然而，就在1993年2月我去拜访了一位朋友之后，这一情况就悄然开始发生变化。

那位朋友当时正从事法律服务工作，但还没取得正式律师资格。当我饶有兴致地向他询问起法律服务工作这方面的一些情况时，他漫不经心地说了一句："你若想考律师资格，说不定比我先考上。"他是言者无意，我倒是听者有心。后来我就留心这一方面的事情，并于1995年7月报考了律师资格。从当年8月开始，我正式学习法律课程，迎接当年10月的全国律师资格考试。功夫不负有心人，我只用了不到两个月的时间，就自学完了大学法律专业四年的全部课程，并考上了全国律师资格。而同时，我还承担着两个高三班语文教学的任务。此后，我就成了一名正式律师，走上了律师执业岗位。这不是一个意外吗？

其实，上面谈到的所谓意外，都源于一个更大的、更深的意外中的意外，那就是我的求学时代。虽然我只上了一所普通大学湘潭师范学院（现湖南科技大学），但意外地遇上了国内一大批顶级名师为我们上课。由于当时的湘潭师范学院升格为本科学校不久，师资力量相对薄弱。为了弥补这一不足，学校就通过与北京师范大学合作办学的形式，从该校延请了20多位著名教授和专家来为我们八六级中文系学生授课。这些老师所讲的课程都臻于化境，达到了国内顶尖、世界著名的高度，例如，刘庆福教授的马克思主义文艺理论课、李复威教授的当代文学课、王宁教授的中国古代文字训诂学课、韩兆琦教授的《史记》研究课、李岫教授的茅盾研究课、李稚田教授的民俗学课、王一川老师的西方美学课等等。

王一川老师现为北京大学教授，博士生导师，北大艺术学院院长。当时，他是北京师范大学派来的第一个给我们授课的老师，才二十七八岁，是我国

<<< 后 记

授予的第一批文学博士之一,初出茅庐,风华正茂。

  王一川老师的课讲得实在太精彩了。他博闻强记,讲课时引述的材料,如一大段一大段的中西方文论,都是直接背诵给我们听;他讲课观点新颖,不乏真知灼见;他语言优美而动听,丰富而多彩,既形象生动,又变幻多姿,讲课如同朗诵散文一般,听课的人无不拍案叫绝,整个阶梯教室堂堂爆满。一天下午上课,同学们提前赶来抢占座位,人多得如潮水般涌动,因开门稍慢,阶梯教室一楼的大门便"啪"的一声被挤破了,大块的玻璃掉下来,散落一地。这种盛况,为我平生所仅见。

  前来听课的,除了我们本校中文系师生,还有其他系的很多师生,本省一些兄弟院校如湖南师范大学、湘潭大学的师生,也闻讯赶来旁听。一天晚上上课时,坐在我旁边的一位50来岁的女教授,是特意从湖南师范大学赶过来的,听了王一川老师的课后,激动地对我说:"什么叫后生可畏?这就是后生可畏!"

  王一川老师对我一生影响巨大。他影响我的,并非他所讲的西方美学本身。老实说,他讲的西方美学课程的内容,现在我除了能讲出其中几个人的名字,如苏格拉底、柏拉图、黑格尔、叔本华、尼采、弗洛伊德、萨特、海德格尔,以及一些名词,如存在主义美学、深层美学、高峰体验等以外,其他都已随老师远去。但是王老师的那种治学精神、那种才情、那种讲课的神采,却永远刻在了我的脑海,成了我终生学习的典范。

  我最应当感谢王一川老师的,是他特别教给了我读书的方法。他给我们讲授西方美学时,采用集中授课的方式,每天四节课,但讲完这一门课程也需要20多天的时间,所以他必须在我们学校老师公寓临时住上一段时间,这就给了我一个去私下拜访他的机会。

  又一天下午,王老师讲完课回公寓时,我便邀了一位同学李应征一道陪王老师同行,一路走,一路聊,不知不觉就到了他的临时寓所。在他的临时寓所坐定后,我特意向王老师请教了一个问题:"您读了这么多书,又读得这么好,这么深入,这么富有真知灼见,不知您是怎么做到的?您读书有什么秘诀吗?可不可以教教我?"王老师浅浅一笑说:"也谈不上什么秘诀,讲究读书方法是最重要的。"我急切地说:"您就教教我读书的方法吧!"王老师很爽快,就教了我终生受用无穷的读书方法。他充满智慧地对我说:"读书的方法成千上万,但往往因人而异。我认为,无论你要进入哪一个学术或研究领域，先要找到一本或一套能够代表这一领域最高水准的书籍，然后从头至尾地、系统地、反复地、多角度地研读，直到把它读得滚瓜烂熟，倒背如流，并化为自己的血肉，变成自己的观点。当你与别人谈及这方面的问题时，你所发表的意见和观点应当如出己口。这样，你就有了基础，然后你再在这个基础上去阅读、研究其他相关材料，就像滚雪球一样，让你在这一领域的雪球越滚越大。有了这个基础，就有了一个聚光点，一个灯泡，周围的材料就会被它所照亮。这就是古人治学最常用的读书方法，叫作读破一本法！"王老师一席话，如拨云见日，让我即刻懂得了读书真是有方法的，并让我亲身感受到了名师指点的妙处。

自此，我就按照王一川老师所教方法去读书、去实践，终于比较熟练地掌握了这种读书方法。大学毕业前的最后一个学期，我运用这种方法去攻读中国人民大学蒋培坤先生的《审美活动论纲》一书，并受其启迪写出了我的大学毕业论文《自由生命的象征：从人类审美活动看自然美》。毕业后，我将其中一部分发表在1993年的《益阳师专学报》上。1995年，我又按照这一读书方法去学习法律，不到两个月的时间，就学完了报考全国律师资格的全部书籍。后来，我还采用这一读书方法辅导过很多人读书、考证，都收到了奇效。

除了北京师范大学派来的老师，湘潭师范学院本校也有不少名师，如周建设老师、夏昭炎老师、范进军老师、朱昭鸿老师、陈靖武老师、曹铁根老师、曾毓美老师、张铁燕老师、郭世佑老师、冷世球老师、谭良春老师、陈质颖老师、张学知老师、陈本红老师等，他们都如一盏盏明灯，照亮了我的求学之路。

周建设老师，现为首都师范大学教授，博士生导师，副校长。当年他教我们的逻辑学课程，他的讲课风采同王一川老师有异曲同工之妙。他授课时只需一支粉笔，各种材料和实例便旁征博引，信手拈来，像汩汩的泉水在黑板上自然流淌。他总是面带微笑，充满了睿智与青春活力。周老师的逻辑学知识，他的讲课风采和治学精神，他的英姿勃发又平易近人的气质，都是我们每一个同学所公认的神一般的存在。在我们撰写毕业论文前夕，周老师还为我们上了毕业论文撰写的辅导课，同学们听了无不赞叹。我毕业参加工作以后，无论是当老师，还是从事律师执业工作，无论是撰写学术论文还是法律文书，周老师当年给我们所讲的课程都给我带来了说不尽的好处和便利。

后 记

讲授美学课程的夏昭炎老师，同时又是我毕业论文的指导老师。当年撰写毕业论文时，我本来已选好了关于巴金研究的课题，而且已为此做了一些准备。可是过了一个寒假，我的思想突然发生了一些改变，觉得大学四年中，自己偏爱理论，读得最多的也是理论书籍，如文学理论、美学、哲学、逻辑学等，并且我在大一时就得到了朱昭鸿老师的特别指点，后有王一川老师、周建设老师的深度影响和指导。如果毕业论文不写这些方面的内容就无法反映自己四年所学的真实水平，于是我便萌生了更改毕业论文题目的想法。

大学四年的最后一个学期，一开学，就遇到夏昭炎老师给我们上美学课，用的教材正好是中国人民大学蒋培坤先生的《审美活动论纲》一书。第一次上美学课时，我就向夏昭炎老师透露了想更改毕业论文题目的想法。夏老师问我想改成什么，我说想改成写美学内容的论文。夏老师一下子来了兴趣，便接着问我想写美学中哪一方面的内容。我说想写关于自然美方面的论文。夏老师听了，便对我说："自然美方面的内容比较难写，可不可以考虑美学中其他方面的内容？"我说："我不怕困难！"于是夏老师便把我叫到一僻静处，让我把写自然美的主要想法说一说，我就立即进行了陈述。夏老师一听，觉得有点新意，就同意帮我把毕业论文题目改了，并亲自担任我的毕业论文指导老师。

正式进入毕业论文撰写环节后，夏老师对我的指导既高明又简洁，既轻松又严格，且一环套一环，让我很快就完成了毕业论文的写作，并取得了很好的效果。具体指导时，他没有太多说教，一开始便对我说："你先把论文写作构想写出来，只讲主要观点，无须展开，也不要论证，1000字左右，3天时间完成。"我按照要求立即把论文写作构想写完，按时交给了他。夏老师看了我的论文写作构想，比较满意，又要求我照此论文写作构想拟一份详细的写作提纲，把需要表达的思想观点包括中心论点和分论点等一一列出来，也不要进行论证，字数3000字，一个星期完成。我又按照要求把写作提纲拟好，按时交给了他。夏老师仔细看了我的论文写作提纲后，认为只有个别地方需进行调整，对此他非常满意。于是他就对我说："你就按此提纲写一个初稿，需材料翔实，论证严密而有力，并详细注明所引用材料的出处。文字8000左右。"我点头答应。紧接着，他又问我："你20天可以交稿吗？"我说："不要20天，3天即可交稿。"夏老师笑着对我说："3天交稿，吹什么牛？"我认真地对夏老师说："不是吹牛，而是您给我的时间一多，我就松弛了，怕到时反而交不了稿。"夏老师严肃地说："那好，3天就3天，我会准时来收稿件的。"

第二天，我吃完早餐就开始撰稿，心无旁骛，注意力高度集中地写了一整天，一直写到晚自习后寝室熄灯，写完了论文的序言、第一部分和第二部分，只剩下最后一个部分和结语没有写完。第二天，我本想继续写完，奈何全身乏力，好像虚脱了一般。这一天就没写一个字。到了第三天，我依然是这个状况，也没写一个字。可是，到了第四天上午，夏老师准时来收稿件了。

我本来住在学生宿舍楼的二楼，夏老师在楼下大声叫我，却没听到有人回答，便寻到我们寝室，也没找到我。他一个寝室一个寝室地找，直到找到404寝室时，才发现我在同其他几个同学聊天吹牛。夏老师说："你光知道吹牛了，你的稿件呢？你承诺3天交稿的，我来收稿件了！"我不好意思地对夏老师说："老师，还有最后一部分和结语没有写完，我保证今天中午前写完，下午送到您手里。"下午，我如约把论文初稿送到了夏老师的家里，师母还热情地招待我吃了一顿晚餐。

夏老师花了好几天时间，对我的论文初稿字斟句酌地进行了审读，然后再次把我叫到他的家里，就我的论文初稿进行了一次长谈，指出了其中存在的一些问题，并教给了我一些表达技巧，最后给了我具体的修改意见。此后，我就按照夏老师给我的修改意见认真对论文进行了修改，然后工工整整地誊写好，就正式交卷了！后来，这篇论文成为当年我校中文系优秀的6篇毕业论文之一。接着，我凭此文参加了我校中文系毕业论文答辩，将毕业答辩的气氛推向了高潮。

夏老师不仅指导有方，而且爱生如子，受人尊敬与爱戴。他退休以后，又回到家乡继续开办农家书屋，不遗余力地播种文化，并荣获第七届全国道德模范、湖南省首届"最美乡贤"、第二十七届书博会"十大读书人物"、第二届全民阅读大会"乡村阅读推广人"等荣誉称号。现在，他虽年近90高龄，依然活跃在我国教育界、学术界和文化界。夏老师，您是我们永远的人生楷模！您的这种永不停息的奋斗精神，将永远引领弟子们奋力前行！

往事如烟。屈指数来，我大学毕业已34年，人生中的很多过往早已了无印痕，唯有这段求学经历，这些接受恩师们教诲的点点滴滴却历久弥新，永生难忘。

大学毕业以后，虽然我没有做出什么像模像样的成绩，但我还是做好了自己的本职工作，在一定的范围和一定程度上受到了他人和社会的认可，收

<<< 后 记

获了人生的幸福、快乐和满足。这些，都得益于上述恩师们的精心教导、严格培养、细心呵护和精神熏陶。我何其有幸，竟受业于如此众多的大师和名师！

行文至此，我突然领悟到，其实人生并没有什么真正的意外，一切皆有缘分，是上苍的垂怜让我与这么多大师、名师结缘！我仰望苍穹，向上苍深致谢意，感谢上苍对我的眷顾与垂爱！同时，我也在此向我的恩师们，我的泰山北斗们，致以我最诚挚的敬意！

在即将完成《开心读〈论语〉》这本书稿的美好时刻，我忘不了我的恩师们，忘不了我的泰山北斗们。我虽然不拘冗繁地回忆了我在求学生涯中的点点滴滴，但这都是我的由衷表达，是我尊师重道的真情流露。尊敬的读者朋友们，请体察我真心一片！

《论语》作为儒家思想的瑰宝，承载了孔子及其弟子们的智慧与哲理。然而，对很多人来说，它或许是一本束之高阁、难以亲近的经典。在年少之时，我也曾有过这样的感受，觉得《论语》文字古朴而深奥，难以理解其中的真谛。但随着岁月的流转，当我再次翻开这部典籍时，我发现，其实孔子的智慧就在我们的日常生活之中，只是需要我们用心去体会和领悟。

正是基于这样的体悟，我决定在陪伴女儿阅读《论语》的基础上，撰写《开心读〈论语〉》这本书。我希望通过我的笔触，能够将《论语》中的智慧与现代生活紧密相连，让读者朋友们在轻松愉快的阅读中，感受到孔子的智慧与魅力。

在写作这本书的过程中，我力求做到深入浅出、通俗易懂。我先是对《论语》中的每一句经典，按照最忠实于原意的方式将其翻译成了"白话文"，然后结合现代生活的实际对其进行了详细的解读和阐述，作为本书的"开心陪读"。我希望，这些"陪读"能够帮助读者们更好地理解孔子的思想，同时也能够激发大家对于生活的思考和感悟。然而，尽管我花费了大量时间和精力研读体悟孔子博大精深的思想和智慧，但限于本人才疏学浅，我对孔子思想和智慧的传达也难尽其万一。好在读书主体是聪慧明达的诸位读者，就当我是你们朝圣之路上陪侍左右的一个忠实而长久的小伙伴吧！

当然，我非常注重这本书的趣味性。毕竟，"开心"读书是我所追求的重要理念之一。我希望，诸位读者在阅读这本书的过程中，不仅能够领略到孔子的智慧，更能够感受到阅读的乐趣。因此，我在书中融入了一些幽默元素和轻松笔调,也为原文中一些生僻字、多音字进行了注音,以减少读者查阅的辛苦与不便,我真心希望能够让读者们在轻松愉快的氛围中,与我一同探索孔子的智慧之道。当然,我更希望读者诸君在阅读《论语》这一智慧宝典时能"打开心扉",尽情地接受智慧的洗礼!

在陪伴女儿郭文馨阅读《论语》的过程中,我深感这部著作博大精深,也开始领悟到教育的真谛。同时,我也发现,在这个世界上,最珍贵的莫过于时间与陪伴。在我的引导与陪伴下,女儿郭文馨不仅健康成长,而且收获了丰富的知识和文化底蕴。我要感谢我的女儿郭文馨,是我们父女的相互陪伴,让我获得了阅读经典的快乐,度过了人生中一段美好的旅程,完成了对《论语》的一次独特解读与感悟。我希望这本《开心读〈论语〉》能够激励更多的人去阅读、去理解、去感悟、去应用、去传承古代经典,让中华文化的智慧在现代社会中继续发扬光大。

在完成这本书稿的最后一刻,我仿佛感到与孔子进行了一次跨越时空的对话。他的智慧,如同涓涓细流,滋润着我的心田。我希望通过我的努力,能够将这份智慧传递给更多的人,让它在现代社会中焕发出新的光彩。

回首撰写这本书的日日夜夜,每一个字、每一个句子,都凝聚着我对《论语》智慧的敬仰与热爱。我深知,自己对于《论语》的理解还有很多不足之处,但我愿意以此为起点,继续深入研读,不断探索下去。

本书撰写完毕后,我的恩师周建设、夏昭炎教授又先后欣然赐序给我,这是对愚生最大的奖掖,同时也是对我的莫大鞭策,愚生将永存感激,并继续自强不息,负重砥砺前行,以报师恩于万一。

再次感谢每一位支持我的老师和朋友们,是你们的鼓励与期待,让我走得更加坚定与自信。愿我们在智慧的道路上携手同行,共创更加美好的未来!

郭干辉

二〇二四年四月记于益阳职业技术学院